2020
中国化妆品蓝皮书

中国化妆品蓝皮书编委会　编写

2020

中国健康传媒集团
中国医药科技出版社

图书在版编目（CIP）数据

2020 中国化妆品蓝皮书 / 中国化妆品蓝皮书编委会编写 . — 北京：中国医药科技出版社，2021.4

ISBN 978-7-5214-2119-4

Ⅰ.① 2… Ⅱ.①中… Ⅲ.①化妆品—产业发展—研究报告—中国— 2020 Ⅳ.① F426.7

中国版本图书馆 CIP 数据核字（2020）第 218097 号

美术编辑　陈君杞
版式设计　也　在

出版　**中国健康传媒集团** | 中国医药科技出版社
地址　北京市海淀区文慧园北路甲 22 号
邮编　100082
电话　发行：010-62227427　邮购：010-62236938
网址　www.cmstp.com
规格　710×1000mm $^1/_{16}$
印张　19 $^3/_4$
字数　320 千字
版次　2021 年 4 月第 1 版
印次　2021 年 4 月第 1 次印刷
印刷　三河市万龙印装有限公司
经销　全国各地新华书店
书号　ISBN 978-7-5214-2119-4
定价　**108.00 元**

获取新书信息、投稿、为图书纠错，请扫码联系我们。

序

欣闻《2020 中国化妆品蓝皮书》即将付梓，该书的出版很有意义，值得祝贺。

近年来，我国化妆品产业蓬勃发展、充满活力，展现出快速健康发展的无限潜力；化妆品产品质量不断提高，创新产品不断涌现；人民群众用妆安全和用妆需求得到更好保障。

伴随着化妆品产业的高歌猛进，化妆品监管工作乘势而上、夯实基础、取得突破，呈现出逐步走向科学发展的崭新面貌。在"四个最严"要求指引下，我国化妆品法规和标准体系的四梁八柱已经形成，一系列法规、标准、配套文件密集发布；化妆品审评审批制度改革取得积极进展，审评流程再造，审评效率提升；化妆品监管技术支撑体系逐步完善，标准体系、安全评价体系和风险监测体系的框架搭建完成；最严格的监管得到进一步强化和落实，对重点环节和重点产品的监管效率全面提速；化妆品监管能力整体跃升，化妆品检查员队伍建设、智慧监管工作有序推进，上市后监管协作机制、化妆品安全科普宣传等共同提升社会共治效果；支持复工复产的创新机制落地见效，容缺受理等"政策驰援"助力企业发展，奋力夺取疫情防控和经济社会发展双胜利。

2020 年 6 月 29 日，国务院发布《化妆品监督管理条例》，从贯彻落实"放管服"改革要求、严守质量安全底线、完善监管措施、加大对违法行为的惩处力度四个方面对化妆品生产经营活动及其监督管理予以规范。这是一次对化妆品监管制度体系的深刻变革，也是化妆品行业生态系统的重大重构，其政策效果必将在未来逐步显现。

新一轮拔天倚地、催人奋进的政策改革大幕已经开启，我国化妆品产业高质量发展的号角已经吹响！但是，在看到我国化妆品产业面临发展机遇的同时，必须正视我们面临的问题和挑战。总体来看，我国化妆品产业整体实力特别是创新能力与发达国家相比还有很大差距；我国化妆品企业多、小、散，研发投入占比较低的状况短期难以改变；行业发展质量和效益不高、创新力不足、品牌认可度低、非法添加等安全问题时有发生的状况依然存在。如何充分发挥《化妆品监督管理条例》的制度优势，赋予其实施的生动内涵，是新时代再出发的"必答题"。化妆品行业必须正视现实、未雨绸缪、研究对策。

《2020中国化妆品蓝皮书》正是以新时代化妆品产业变革为背景，客观地反映化妆品产业风起云涌的改革浪潮；忠实地记录产业与监管齐头并进的前进脚步；深刻地反映行业发展中的各种矛盾与问题。该书集中体现了近年来我国化妆品行业监管政策和产业发展的研究成果，为推动我国化妆品产业高质量发展提供了有力的智库支撑。相信《2020中国化妆品蓝皮书》的出版，将打造化妆品行业交流的新平台，对政府有关部门决策和企业制定发展规划具有重要参考价值。在此，感谢中国健康传媒集团中国医药报社为组织编写本书付出的辛勤工作，并预祝新书出版发行工作圆满顺利。

人才济济国运兴。借此机会，希望有越来越多的专家学者和业内同仁共同关注化妆品行业理论研究工作，对化妆品产业发展的重点难点问题进行具有广度和深度的调查研究，形成更多高质量的研究成果，为提高化妆品监管工作的科学化、法治化、国际化、现代化水平，为推动我国化妆品产业持续高质量发展贡献更多智慧。

相信随着我国化妆品治理体系和治理能力现代化的加快推进，化妆品产业在新的监管环境下，必将迈向高质量发展的新征程。

焦 红

2020 年 11 月

前　言

历经 7 个多月的时间，经过编委会和 50 余位作者的共同努力，《2020 中国化妆品蓝皮书》终于和广大读者见面了。

2020 年，我国化妆品监管法规体系发生了深刻变革。6 月 29 日，国务院发布《化妆品监督管理条例》，替代了已经施行 30 余年的《化妆品卫生监督条例》，为落实"放管服"改革要求、规范化妆品生产经营活动奠定了坚实的法治基础。此后，十余项配套规章和政策文件密集征求意见，中国化妆品监管法规的"四梁八柱"加速构建。在化妆品产业蓬勃发展，法律体系不断完善，技术创新不断突破的时代背景下，《2020 中国化妆品蓝皮书》应运而生。

为全面展现化妆品行业发展新面貌，表达独立思想和见解，保证文章的专业性，增强文章可读性，我们反复听取了各方意见，最终将内容结构确定为六个部分，包括总论、法规篇、监管篇、行业篇、区域篇及附录。总论回顾了"十三五"时期化妆品监管工作成果，展望"十四五"时期的发展思路，同时，以翔实的数据深入全面分析了我国化妆品产业现状，勾勒出"化妆品行业在调整中健康发展"的趋势；法规篇对《化妆品监督管理条例》进行权威解读，为新法规的执行落地明理释义，解惑释疑；监管篇介绍了我国化妆品技术审评、标准建设、检验检测、监管科学研究等方面的发展现状，针对监管实践中存在的问题和矛盾给出建设性意见；行业篇选取技术、专利、化妆品原料等视角，全景分析我国化妆品产业现状，把脉行业发展新动向；区域篇以上海东方美谷、浙江"美妆小镇"、广州"白云美湾"三大化妆品产业聚集区为例，分析区域性产业发展亮点和趋势，这一产业组织形态在集聚生产要素、优化资源配置、加快制度创新、营造产业生态环境等方面发挥着越来越重要的作用；附录则对我国化妆品领域2020年重大、热点事件进行了点评分析，对自2019年以来的化妆品政策法规文件进行了梳理。

本书报告中涉及的政策文件发布情况均更新到2021年1月。由于作者来自不同单位、部门和岗位，每篇报告中所使用的数据、资料来源不尽相同，为充分尊重每位作者的意见，本书编委会并没有对每篇报告强求一致，请广大读者理解。

在本书的编写过程中，我们得到了国家药品监督管理局领导的大力支持，得到了中国食品药品检定研究院、北京工商大学、上海市食品药品安全研究会、中国保健协会化妆品发展工作委员会，以及上海市、广东省、浙江省化妆品监管机构等单位有关领导和专家的指导与支持。每一位作者也都付出了辛勤劳动，在这里对大家一并表示感谢。

回顾过去的一年，化妆品法律体系建设取得新突破，标准体系建设步伐加快，化妆品审评审批制度改革深入推进，产业蓬勃发展。我们希望化妆品蓝皮书能够伴随"美丽经济"的昂扬发展一路前行，成为行业历史的记录者和行业研究的重要参考。

中国化妆品蓝皮书编委会

2021年1月

| 目 录 |

总 论

法 规 篇

监 管 篇

行 业 篇

区 域 篇

附 录

总　论

◎ 鼎故革新"十三五"　凝心聚力"十四五"

◎ 化妆品行业在调整中健康发展

鼎故革新"十三五" 凝心聚力"十四五"

——中国化妆品监管工作回顾与展望

颜江瑛

化妆品作为满足人民群众对美的需求的消费品，是人民群众对健康美丽生活新期待的具体体现。当前，我国化妆品监管工作面临前所未有的形势，化妆品法规体系以前所未有的速度加快完善，化妆品技术支撑体系以前所未有的力度系统构建，我国化妆品产业生机蓬勃，面临前所未有的发展机遇。同时，随着人民群众生活水平不断提高，公众对化妆品给予前所未有的关注，社会各界对化妆品监管事业发展的支持力度空前，我国化妆品监管事业和化妆品行业发展正迎来新的历史时期。

2021年是中国共产党百年华诞，也是全面建设社会主义现代化国家新征程、向第二个百年奋斗目标进军的开局之年。我们要认真总结"十三五"时期化妆品监管工作，全面分析《化妆品监督管理条例》实施后工作形势，研究"十四五"时期发展思路，健全完善新发展格局下的化妆品监管体系，全力保障人民群众用妆安全。

一、回顾"十三五"化妆品监管规划目标圆满完成，2020年工作取得新成就

过去的五年，特别是2018年机构改革以来，是化妆品监管事业鼎故革新、开基立业、承前启后、继往开来的重要时期。新一轮机构改革首次设置了化妆品监管司，国务院出台了《化妆品监督管理条例》（以下简称《条例》），这都是具有里程碑意义的大事。在国家药监局党组的正确领导下，全国药品监管系统坚持以人民为中心的发展思想，全面落实"四个最严"的要求，以法

规制度建设和监管能力建设为重点，加强技术支撑体系建设，严厉打击违法违规行为，强化风险防控和社会共治，有力保障了公众用妆安全和药品监管工作大局，"十三五"时期化妆品监管工作的主要发展目标和任务顺利完成。

（一）法规体系建设开启新时代

习近平总书记指出"坚持顶层设计和法治实践相结合，提升法治促进国家治理体系和治理能力现代化的效能"。在探索中国化妆品法治建设过程中，我们深入学习领会习近平法治思想，把践行法治理念作为化妆品监管的基本方略，描绘中国化妆品法治建设蓝图。

《条例》的出台实施，奠定了化妆品法治建设的根本基础，开启了"化妆品制度化、法制化、规范化管理"新时代。《条例》出台后，全面规范化妆品上市前管理的《化妆品注册备案管理办法》随后颁布，而进一步加强事中事后监管的《化妆品生产经营监督管理办法》，我国首部专门针对牙膏监管工作的部门规章《牙膏监督管理办法》，还有《化妆品标签管理办法》《化妆品生产质量管理规范》等配套规范性文件和一系列技术指南也在持续制订完善，中国化妆品法规体系"四梁八柱"正在逐步完善。

（二）监管体系建设翻开新篇章

按照系统完备、科学规范、运行高效的监管体系建设目标，国家药监局整合资源、配强监管力量，逐步建成了职责清晰、分工明确、协同配合的化妆品监管体系。

国家药监局单独组建了化妆品监管司，统一负责化妆品上市前和上市后监管工作。中国食品药品检定研究院成立了化妆品检定所、化妆品安全评价中心、技术监督中心，专门负责化妆品检验检测、抽检组织、特殊化妆品及化妆品新原料安全评价等工作；国家药监局食品药品审核查验中心、药品评价中心、信息中心、高级研修学院、行政事项受理服务和投诉举报中心等技术支撑单位也分别设立了专门的处室或者指定专人，承担化妆品监督检查、不良反应监测、信息化建设、队伍培训、行政许可和投诉举报受理等工作。国家层面的化妆品监管力量不断增强。

在省级层面，绝大多数省级药监局参照国家药监局机构设置，单独设置了化妆品监管处。大多数省局还专门设置了直属派出机构或者直属检查事业单位，参照国家药监局配置了相应的技术支撑机构。基本达到了"监管有队伍、工作有力量、技术有支撑"。

此外，国家药监局还确定了以标准管理、安全评价、风险监测、信息化为基石的化妆品技术支撑体系建设目标，与江南大学、北京工商大学两家国内知名高校建立化妆品监管科学基地，建立了包括国内顶级医疗机构和检验机构等在内的10家国家药监局化妆品重点实验室，充分调动社会资源，发挥"外脑"优势，立足全球科技前沿，开展化妆品监管科学研究，为化妆品科学监管提供新标准、新方法、新技术。

至此，我国已形成了统一权威、上下协同、内外互补的化妆品监管体系，为下一步专业化、规范化、科学化监管打下了较好基础。

（三）放管服改革取得新突破

国家药监局持续贯彻落实"放管服"要求，着力做到"放下去，管起来，服好务"。

把该放的"放下去"。国家药监局发布《关于在全国范围实施进口非特殊用途化妆品备案管理有关事宜的公告》，在总结前期试点成果的基础上，将首次进口普通化妆品备案管理由自贸区试点推广至全国。制定发布化妆品注册和备案检验管理工作规范，将检验机构由资格认定调整为备案管理。

把该管的"管起来"。国家药监局实时公开产品备案信息，加强备案质量督查，通过国产普通化妆品备案质量督查和量化分级管理措施，提高化妆品备案工作质量，通过外审与内审相结合的审评模式，加快推进外审转内审的审评机制转变，加大检验机构检查力度，努力向精准监管、有效监管和公正监管推进。

让服务"跟上来"。国家药监局将进口普通化妆品由3个月左右的审批时限调整为提交受理资料后即完成备案。化妆品生产许可审批时限从60个工作日压缩至30个工作日。积极推行特殊化妆品延续告知承诺制改革，审评审批时限由原来的115个工作日压缩到15个工作日。指导地方优化化妆品生产许可工作，实现许可申报、受理、审批、发证全程网上办理，让"数据多跑路，企业少跑腿"。在新冠疫情期间，国家药监局采取"容缺受理"措施，开通专家咨询邮箱，应急开发了临时在线审评（查看）系统等，大幅提高审评速度，全部审评"按时限、零积压"，妥善解决了疫情期间的申报审评问题，为企业复工复产、创新发展提供有力支持。

（四）严守安全底线取得新成效

习近平总书记指出，"坚持底线思维，增强忧患意识，提高防控能力，着力防范化解重大风险"。2018 年以来，药品监管部门以问题为导向，综合运用监督抽检、飞行检查、不良反应监测、投诉举报、风险监测等监管手段，全方位、多角度加强事中事后监管。

国家药监局连续两年开展化妆品"线上净网线下清源"专项行动，严厉打击非法添加、假冒伪劣等违法行为。2020 年持续保持高压态势，强化案件查处，查办化妆品案件 11900 件，责令停产整顿 478 家，通过专项整治降低风险隐患。同时，通过加强实时监测提高防控能力，在全系统的不懈努力下，2019 年已实现化妆品不良反应报告数每百万人口 97 份，提前实现并超过"十三五"规划提出的每百万人口 50 份的目标。强化监测结果运用，对严重不良反应报告依法调查处理，对违法行为依法严肃查处。

儿童化妆品等高风险产品一直是监管的重中之重。国家药监局坚持底线思维，近年来连续开展高风险产品重点监管，并通过抽检检查强化震慑作用，重点针对儿童护肤类、祛痘/抗粉刺类、面膜类、祛斑/美白类等高风险产品加大抽检力度。近三年以来，完成化妆品抽检 47130 批次，创新抽检不合格产品通告形式，加大对违法的打击力度。

（五）建立全国"一盘棋"新机制

在国家药监局的统筹指导下，各地结合实际，探索体制创新，顺畅工作机制，建立备案质量督查、抽检检查评估、案件查办激励等新机制，构建"一盘棋"格局。

为进一步提高化妆品备案工作质量，国家药监局建立国产普通化妆品备案质量督查机制，通过国产普通化妆品备案质量督查，将质量督查结果纳入药品安全工作考评体系，杜绝"一备了之"。同时，建立化妆品监督抽检检查评估机制，采取"以查代训"的方式，通过省局自查、实地检查、综合评估三个环节，全面检查和评估国抽工作开展情况，综合开展工作绩效排名，对成绩突出的予以通报表扬，对存在问题的责令限期整改，促进了抽检工作整体水平的提升。此外，国家药监局还建立了重大案件查办激励机制。连续三年对在专项行动中查办重大典型案件的单位和有功人员予以通报表扬，激励了基层监管部门和执法人员主动出击、严惩违法的士气和决心。重点课题联合调研可以有效解决监管重点和难点问题，国家药监局积极联合有关省局、科研院所、行业协会等，针对监管重点和难点，共同开展调查研究，2020 年组织了 11 项联合调研，调研成果得到很好运用。

（六）推动社会共治打开新局面

《条例》的出台是进一步推动化妆品社会共治的良好契机。国家药监局在《条例》出台后强化政策宣传解读，引导鼓励各方积极参与到监管工作中来。

2019—2020 年，国家药监局连续两年举办全国化妆品安全科普宣传周活动，特别是 2020 年，积极克服疫情带来的影响，充分利用网络平台，开展了形式多样的宣传活动，引导消费者走出化妆品使用误区，提升安全用妆素养。为积极推动智慧监管，探索"互联网 +"在化妆品监管领域的运用，在首届全国化妆品安全科普宣传周启动仪式上，国家药监局发布了化妆品监管 APP，目前该 APP 用户已近 200 万。

此外，国家药监局积极建立化妆品监管协作机制，调动协会、企业、专家等多方面力量，充分参与法规标准制定、普法宣传等工作。在国际交流合作方面。2020 年，国家药监局以观察员身份参加国际化妆品监管联盟（ICCR）年度会议，加入了 ICCR 框架下的 3 个技术工作组，我国化妆品监管的国际影响力和话语权逐步提升。

二、准确把握化妆品高质量发展新局面

党的十九届五中全会明确了我国"十四五"时期经济社会发展的主要目标，提出了到 2035 年基本实现社会主义现代化的远景目标，为国家未来发展擘画了宏伟蓝图。"明者因时而变，知者随事而制"。我们要全面分析面临的"时"和"势"，统筹中华民族伟大复兴战略全局和世界百年未有之大变局，

立足新发展阶段、贯彻新发展理念、构建新发展格局，推动监管与产业共同实现高质量发展。

（一）开创化妆品高质量发展新局面必须对"新发展阶段"保持清晰的战略认识

第一，立足使命，牢记根本宗旨

为中国人民谋幸福、为中华民族谋复兴，是中国共产党人的初心使命，是我们一切工作的出发点和落脚点。当前，我国社会主要矛盾已经转化为人民日益增长的美好生活需要和不平衡不充分的发展之间的矛盾。化妆品是满足人民对美的需求的日用消费品，与人民群众生活息息相关，安全高质量的化妆品是人民群众追求美好生活的重要组成部分，更是新发展阶段人民群众对美好生活的新期盼。我国化妆品行业市场规模全球第二，年复合增速全球第一，这充分说明了化妆品需求不断增长，产业发展不断壮大，对监管工作提出的要求越来越高。面对新阶段人民群众的新期盼，我们要坚持以人民为中心，筑牢化妆品安全底线，追求高质量发展高线。

第二，立足监管，提高治理能力

"法者，治之端也。"法治是治理体系和治理能力现代化最基本最稳定最可靠的保障，开创化妆品高质量发展新局面，要更好发挥法治的引领、规范、保障作用。《条例》基于风险管理理念，落实"放管服"改革要求，规范生产经营活动，加大处罚力度，规范市场秩序，为建立高效的监管体系奠定了法治基础，提供了坚强保障。

但是，我们也要看到，《条例》带来的深刻变革："完善标准体系建设"落实最严谨的标准、"实行全过程监管"落实最严格的监管、"加大惩处力度"落实最严厉的处罚、"确保监管要跟上"落实最严肃的问责。《条例》及其配套规章、规范性文件推动了新的治理体系的建设，这一体系在我国乃至国际上都是全新的，确保新法规平稳、顺利实施，建立新的治理体系，提高治理能力，是摆在我们面前的重大课题，是我们面临的新挑战，我们都要经历这一"阵痛期"，需要涅槃重生。

第三，立足产业，优化发展结构

化妆品产业作为我国"美丽经济"的重要组成部分，近年来发展迅猛，在看到发展机遇的同时，必须正视我们面临的问题和挑战。从产业规模看，我国化妆品产业呈现多、小、散、低的特点；从产品特点看，品种日益丰富，但国产化妆品创新不够，品牌认可度不高；从企业诚信看，非法添加、假冒伪劣、虚假宣传等时有发生，企业法规意识、风险意识、质量意识、责任意识不强。整体上，我国化妆品产业正处于快速成长与结构优化的叠加期，我国虽然是化妆品消费大国，但距离化妆品制造强国还有一定的差距。

我们要充分考虑如何处理好监管与发展的关系、创新与安全的关系、守底线与追高线的关系，为企业的发展提供良好的监管环境，既要严格监管，又要促进发展、扶持帮促，鼓励企业回到技术和质量竞争的本质，引导企业重研发、重管理、重安全、重信用，优化产业结构，促进行业高质量发展。

（二）开创化妆品高质量发展新局面必须深刻把握"新发展理念"的丰富内涵

习近平总书记强调，"新发展理念是一个整体，坚持创新发展、协调发展、绿色发展、开放发展、共享发展，全党全国要统一思想、协调行动、开拓前进。"我们要完整把握、准确理解、全面落实，把新发展理念贯彻到化妆品监管工作全过程和各领域。

一是坚持创新发展。十九届五中全会提出"坚持创新在我国现代化建设全局中的核心地位，把科技自立自强作为国家发展的战略支撑。"鼓励创新是《条例》立法的重要思想之一，面对新技术、新业态、新模式，我们必须创新监管理念、监管方式和监管方法，支持鼓励技术和管理创新，优化企业创新制度环境，释放产业的创新活力。

二是坚持协调发展。坚持系统观念，推动构建全国"一盘棋"格局，着力解决监管能力不平衡的问题。要全面落实"四个最严"要求，坚持全过程监管，把利益链转化为生产流通各环节的责任链，环环相扣，真正达到"法网恢恢，疏而不漏"，要以《条例》实施为契机，完善监管制度，提升监管能力，强化技术支撑，实现权威监管、系统监管、科学监管、高效监管。实现监管与产业互促共进，同向而生。

三是坚持绿色发展。化妆品直接作用于人体，质量安全直接关系群众健康。要坚持绿色、和谐、持续的发展理念，从"制造"向"质造"转变，督促指导企业产品安全指标更加可靠，生产制造过程控制更加精确，产品质量更加可控，生产工艺更加科学环保，要鼓励企业把可回收、可循环、可利用等绿色环保理念逐渐运用到化妆品上来，引导企业增强法规意识、质量意识、环保意识、风险意识，落实主体责任，走可持续发展道路。

四是坚持开放发展。化妆品产业国际化程度高，做足开放发展这篇文章，对于化妆品高质量发展具有重要推动作用。我国化妆品行业年均复合增速快，但是高端市场占有率不高，仍以国外品牌为主。要鼓励企业走出去参与国际竞争，重视以国际循环提升国内大循环的效率和水平。要加强国际交流，吸收借鉴国际经验，发挥我国参与国际合作和竞争的优势，提升中国监管部门在国际上的话语权。

五是坚持共享发展。"爱美之心，人皆有之，质量安全，事关万家。"化妆品安全需要社会各方共同参与，不断推动社会共治。要督促指导相关行业协会进一步提高自律意识，强化对行业的督促和引导，促进产业健康发展。要利用信息化手段，提高智慧监管水平，加大信息公开力度，保护消费者权益。要做好科普宣传工作，加大化妆品安全科普宣传和消费者教育力度，引导公众科学、理性消费，提升人民群众安全用妆的能力水平，营造健康有序的发展环境。

（三）开创化妆品高质量发展新局面必须在融入"新发展格局"中展现担当作为

当前，世界正经历百年未有之大变局，贸易保护主义抬头，加之疫情影响，各国内顾倾向加大，不确定性、不稳定性因素日益增多。同时，我国经济正处在转变发展方式、优化经济结构、转换增长动力的攻关期，面临着结构性、体制性、周期性问题相互交织所带来的困难和挑战。在这样的大背景下，我们必须更好地统筹利用好经济社会稳定、市场规模巨大这个优势，加快产业转化升级，推动高质量发展，为积极融入"双循环"，下好"先手棋"，创造良好条件。

一是积极服务国内大循环。内需旺盛和消费升级是中国市场"强大"之源。化妆品产业具有技术创新快、利润空间大、发展动力强的特点。据统计，2020年社会消费品零售总额比上年下降3.9%，而化妆品类零售额同比上升

9.5%，要在服务国内大循环的要求下，积极作为，强化监管，扶持民族品牌，提振消费信心；持续释放政策红利，引导企业提高研发能力，以创新链促进产业链发展，以高质量发展培育经济发展新动能，优化市场供给，使化妆品产业与消费形成良性循环。

二是推动国内国际双循环相互促进。新发展格局决不是封闭的国内循环，而是开放的国内国际双循环。要通过高水平开放促进深层次产业结构优化，在学习借鉴国际先进监管经验的基础上，进一步强化国际监管合作，积极参与国际规则和标准的制定，加快国内制度规则与国际接轨，推动国内化妆品企业走出国门、民族品牌走向国际。

三是打造市场化、法治化、国际化的营商环境。良好的营商环境，是构建"双循环"发展格局的重要基础，也是实现高质量发展、实现治理体系和治理能力现代化的内在要求。作为监管部门，我们要落实"放管服"改革要求，最大限度优化和缩减审批流程和时间，加快新品上市流通速度，营造创新的制度环境；建立"亲清"政商关系，践行依法行政与"阳光监管"，更大程度激发市场主体活力，营造公平有序的市场环境。

三、展望"十四五"化妆品监管工作

2021年是"十四五"开局之年，也是化妆品"法规建设年"，我们要坚持以习近平新时代中国特色社会主义思想为指导，深入学习贯彻党的十九大和十九届二中、三中、四中、五中全会精神，贯彻落实中央经济工作会议决策部署，按照立足新发展阶段、贯彻新发展理念、构建新发展格局的要求，以习近平总书记"四个最严"要求为根本导向，守底线保安全、追高线促发展，全力推动《条例》及配套文件的贯彻实施，全面提升监管能力，加大对违法违规行为的打击力度，切实保障人民群众用妆安全，为化妆品监管"十四五"规划开好局、起好步，以优异成绩向建党100周年献礼。

（一）突出目标引领，着力强化体系建设

在当前经济社会发展和化妆品监管法规变革的新时期，以实现化妆品全过程管理的目标为引领，着力强化监管法规和技术支撑等体系建设。一是健

全化妆品监管法规体系，集中力量推动《化妆品生产经营监督管理办法》《牙膏监督管理办法》两部规章制订出台，加快《化妆品注册备案资料规范》《化妆品标签管理办法》《化妆品生产质量管理规范》等配套规范性文件制定发布，用法规制度巩固和深化改革成果，建成以《条例》为核心，行政法规、部门规章、规范性文件和技术指南相辅相成的化妆品监管法规体系。按照"六稳""六保"的要求，合理规划法规实施过渡期，逐步推进法规落实到位，保障化妆品产业健康有序发展。二是构建化妆品标准体系，落实"最严谨的标准"要求，理顺和完善标准管理体系，协调组建化妆品标准化技术委员会和分技术委员会，加强标准化管理，推进标准提高行动计划，逐步完成技术规范向国家标准转化，启动急需急用标准的制修订。三是加强化妆品安全评价体系建设，建立专业化、职业化的审评员队伍，在试点基础上持续推进化妆品审评由专家外审制向审评员内审制的转变，建立化妆品审评和研制现场检查的衔接机制，建立专家咨询制度和争议解决机制。四是完善化妆品风险监测体系，进一步整合化妆品审评审批、检验检测、监测评价、现场检查、执法稽查等信息，推动构建统一完整的风险监测系统，进一步拓宽风险监测覆盖面，全面提升风险识别、判断和控制能力。五是健全化妆品信息化体系。以监管需求为导向，以统一框架、统一标准、统一管理、统一服务为原则，坚持大系统、大平台、大数据的思路，推动建设集约化、智能化的化妆品应用支持体系，推进智慧监管应用。

（二）突出问题导向，着力强化责任担当

目前我国化妆品企业参差不齐，监管力量有待加强，需要从重点环节、重点产品、重点领域入手，着力补齐监管短板，整体提升化妆品安全治理能力。一是突出对重点环节的监管，全面落实注册人备案人制度，严格审核注册人、备案人的资质，把好行业准入第一关，加强对注册人、备案人的政策指导和监督，督促其建立并执行生产质量管理体系和履行不良反应监测、产品召回等义务，整体提升化妆品行业质量管理水平。二是突出对重点产品的监管，针对儿童化妆品等重点产品制定特殊的监管政策，从产品研发、注册备案、生产和经营全过程加强监管。对风险较高儿童化妆品的品种在生产环节全覆盖抽检，对母婴用品店、商场等经营儿童化妆品场所重点检查。三是

突出对重点领域的监管，化妆品网络销售已经成为消费者购买化妆品的重要途径，利用网络销售假冒伪劣化妆品的行为屡禁不止，要继续聚焦网络经营环节，持续开展新一轮"线上净网线下清源"专项行动，继续发挥重大案件查办激励机制作用。

（三）突出创新激励，着力强化高质量发展

创新是发展的源动力，要持续深化改革，创新监管方式方法，推动化妆品行业高质量发展。一方面，要完善创新管理制度。以原料管理创新为突破口，推动注册人备案人制度、质量安全负责人制度、不良反应监测制度、处罚到人制度、风险监测与评价制度等协同创新，为产业创新和高质量发展保驾护航。另一方面，要加强对行业创新的引领。通过审评审批制度创新，优化审批流程，鼓励企业加快产品研发；通过监管科学的创新，推动新标准、新方法、新技术的运用，激励企业创新投入，丰富产品种类；通过网络监管手段的创新，强化网络整治，促进新业态健康发展；通过社会共治创新，引领行业协会、科研院所、新闻媒体、公众等积极参与化妆品安全治理。持续释放政策创新的红利，在坚守"安全底线"的前提下，坚持传承中发展、创新中发展、开放中发展，鼓励行业高质量发展。

（四）突出能力建设，着力强化水平提升

夯实队伍基础、提升监管水平，是保障化妆品安全的关键。要通过法规体系建设和《条例》的宣传普及，使监管人员和从业人员知法、懂法、守法、用法；通过技术支撑体系建设，提升监管能力；通过信息化建设，提高监管效率。一是提升技术审评和核查能力。《条例》的实施对化妆品审评和备案工作提出了更高的要求，要建立完善国产、进口普通化妆品备案质量督查机制，统一化妆品技术审评和备案后技术核查标准，全方位提升技术审评和核查能力。二是提升稽查执法办案能力。强化检查稽查联动，强化行政执法与刑事司法衔接，落实处罚到人要求，严惩重处违法违规行为，保持高压震慑态势。三是提升风险监测能力。推进国家化妆品不良反应监测评价基地建设，逐步实现化妆品安全风险的主动监测、科学研判、及时预警和有效处置。

（五）突出政治引领，着力强化作风建设

要把党的政治建设摆在更加突出位置，形成鲜明的政治导向，为"十四五"期间高质量发展提供坚强政治保障。一是加强政治理论学习，深入学习贯彻习近平新时代中国特色社会主义思想，增强运用马克思主义立场、观点、方法分析解决监管实际问题的能力，不断提高政治判断力、政治领悟力、政治执行力，在监管工作中始终践行保障人民群众健康安全的初心使命。二是着力提升监管队伍素质，加强法规宣传培训力度，强化监管部门和监管人员对法规政策的掌握、领悟和执行能力，以国家级检查员、审评员队伍建设为抓手，全面提高监管队伍专业化水平；三是要坚定不移全面从严治党，持续推进正风肃纪，一体推进"不敢腐、不能腐、不想腐"机制，加强自身建设，强化自我约束，自觉接受监督，练就担当作为的硬脊梁、铁肩膀、真本事，努力锻造一支忠诚干净担当的药监干部队伍，树立监管部门清正廉洁的良好形象。

征途漫漫，惟有奋斗。我们要更加紧密地团结在以习近平同志为核心的党中央周围，切实增强"四个意识"，坚定"四个自信"，自觉践行"两个维护"，不忘初心，牢记使命，继续奋斗，勇往直前，努力开创化妆品监管的新局面！

（作者单位：国家药品监督管理局）

化妆品行业在调整中健康发展

——我国化妆品行业发展概况

一、化妆品产业发展概况

（一）全球化妆品产业概况

近年来，全球化妆品市场增长呈现波动变化态势。统计数据显示，2009—2018 年，全球化妆品产品市场规模由 2009 年的 3867 亿美元增至 2018 年的 4880 亿美元，复合年均增长率为 2.6%[1]。

2009 年受金融危机影响，东欧、北美、澳洲地区出现负增长，导致大盘整体下滑，随后 2010 年及 2011 年经历了两年修复性反弹。2015 年受到欧元区需求持续疲软以及拉美经济走弱的影响，全球化妆品市场规模同比下滑 7.3%，此后开始触底回升，2018 年创下 2012 年以来最好表现。

从全球化妆品市场份额占比情况来看，美国占全球化妆品市场份额最高，达 18.3%。其次是中国和日本，占比分别为 12.7%、7.7%，排名分列二、三。中国化妆品行业市场规模虽然是全球第二，但年复合增速全球位列第一，2009—2018 年期间，中国化妆品市场规模年复合增长率达 9.9%（图 1）。

根据联合国商品贸易统计数据库（UN Comtrade）[2]统计数据显示，全球前三大化妆品消费国——美国、中国和日本在 1998—2017 年的 20 年间，化妆品类产品进出口贸易总额和总量整体呈上升趋势（图 2）。

---

[1] 资料来源：Euromonitor，国元证券研究中心。

[2] 联合国商品贸易统计数据库自 1962 年以来存储了超过 10 亿笔贸易数据记录。http://data.un.org/Data.aspx?q=cosmetic&d=ComTrade&f=_l1Code%3a34，以上统计数据不包括中国香港和台湾地区。

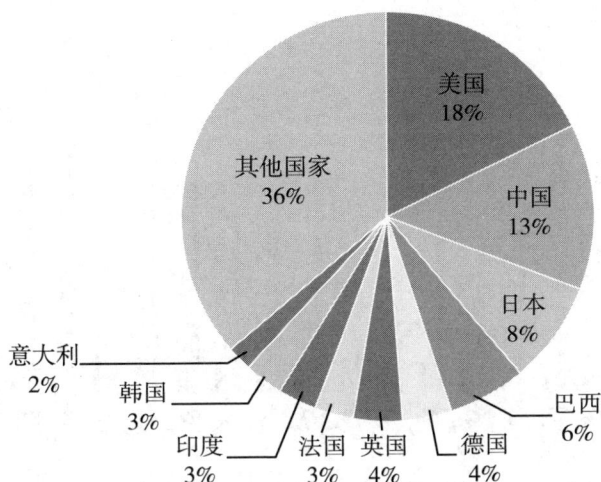

图 1　2018 年全球排名前十位的化妆品消费国市场份额

在进出口贸易总额方面，美国化妆品类产品进出口贸易总额呈周期式增长，日本化妆品类产品进出口贸易总额保持相对稳定，中国化妆品类产品进出口贸易总额逐年递增。随着对外贸易规模不断扩大，中国化妆品市场的国际性趋势明显，在国际市场上的份额越来越大，进出口贸易总额占全球进出口贸易总额的比例由 1998 年的 0.68% 上升到 2017 年的 4.18%。其中，中国与美国进出口贸易总额的差距从 1998 年的 15.37 倍缩小到 2017 年的 2.22 倍（图 2）。

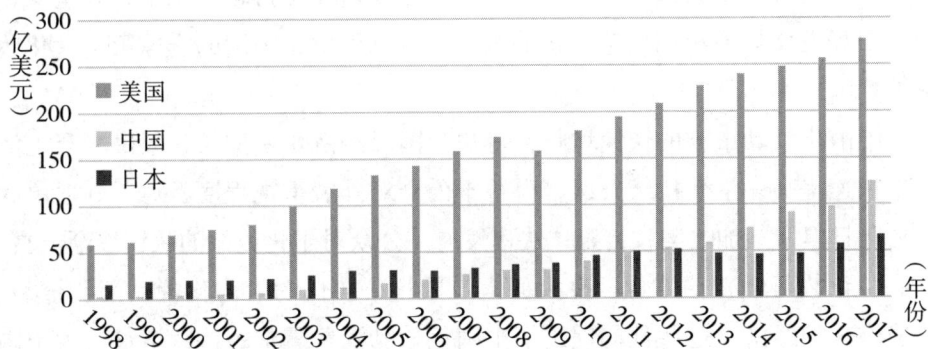

图 2　1998—2017 年美国、中国、日本三国化妆品类产品进出口贸易总额

在进出口贸易总量方面，美国化妆品类产品进出口贸易总量上下波动较大，中国进出口贸易总量保持稳步递增，日本进出口贸易总量基本稳定，增

幅不明显（图3）。

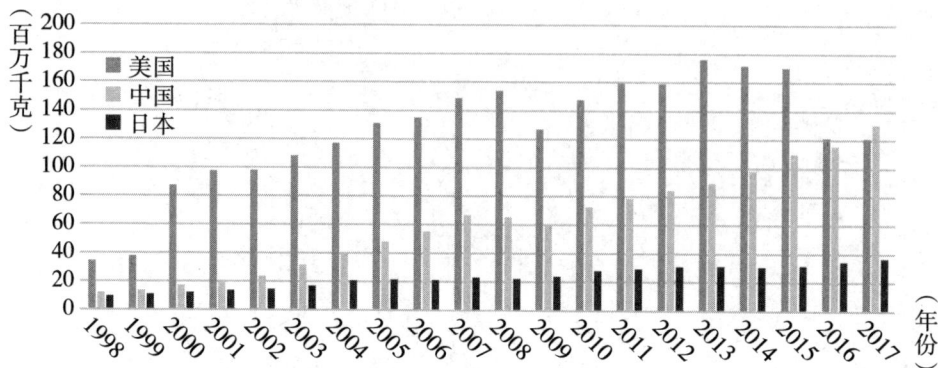

图3　1998—2017年美中日化妆品类进出口贸易总量

全球化妆品市场进出口贸易国的位次变化近20年波动很大。数据显示，美国从1998年的第2位下降到2017年的第7位；日本从1998年的第24位下降到2017年的第54位，降幅显著；中国从1998年的第22位上升到2017年的第10位，上升幅度较大。可见，中国化妆品参与国际贸易呈现强劲势头。

（二）中国化妆品产业概况

中国化妆品市场整体处于成长阶段，市场增速保持较高水平，是全球化妆品市场发展规模年均增速最快的国家，也是仅次于美国的全球第二大化妆品消费国。

中国化妆品市场的快速增长，得益于国民经济快速增长；人民群众生活水平快速提高，消费持续升级，得益于公众对外表重视程度、对美好形象的追求与日俱增。加之美妆自媒体快速发展，公众对于化妆品的认识逐渐丰富，护肤、化妆习惯普遍养成。庞大的人口数量，较低的人均化妆品消费金额，快速增长的经济，这些共同促进了中国化妆品消费需求的持续增长，为中国化妆品产业发展奠定了坚实的基础。

根据国家统计局数据，2019年化妆品类商品零售类总额增长12.6%，而2019年社会消费品零售总额增长8.0%。这是化妆品连续第三年高于社会消费品总额增速，同时在社会零售子品类中增速位居第二，仅次于日用品类13.9%

增速（图 4）。

图 4

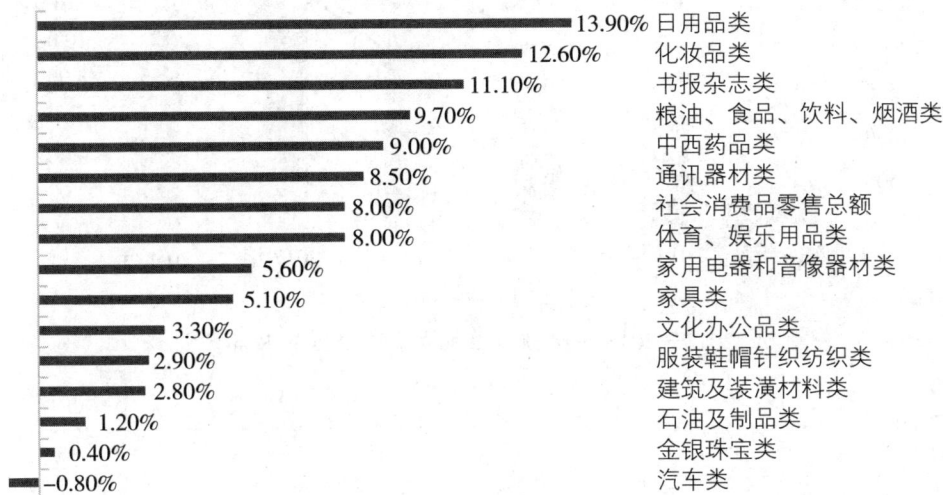

| 13.90% 日用品类
| 12.60% 化妆品类
| 11.10% 书报杂志类
| 9.70% 粮油、食品、饮料、烟酒类
| 9.00% 中西药品类
| 8.50% 通讯器材类
| 8.00% 社会消费品零售总额
| 8.00% 体育、娱乐用品类
| 5.60% 家用电器和音像器材类
| 5.10% 家具类
| 3.30% 文化办公品类
| 2.90% 服装鞋帽针织纺织类
| 2.80% 建筑及装潢材料类
| 1.20% 石油及制品类
| 0.40% 金银珠宝类
| -0.80% 汽车类

图 4　2019 年全国零售商品子品类总额增速情况

根据国家药品监督管理局数据显示，截至 2019 年底，全国共有 5096 家持证的化妆品生产企业，但多为中小企业，真正能与大型跨国企业相抗衡的为数不多。

近年来，限额以上批发和零售业化妆品的零售额保持较高增长，由 2013 年的 1625 亿元增长到 2018 年的 2619 亿元，年均增长率为 10.01%；2018 年亿元以上化妆品类零售市场成交额 68.59 亿元，同比增长 2.16%；亿元以上化妆品类批发市场成交额 230.7 亿元，同比下降 10.85%；亿元以上化妆品交易市场摊位数 29313 家，较 2017 年的 23805 家减少近 600 家，成交额为 299.29 亿元，较 2013—2018 年成交额有所下降（图 5）。

近年来，中国放开对进口化妆品的限制，国际化妆品巨头加速拓展中国市场，中国化妆品市场参与国际贸易的活跃度显著增强。

根据联合国商品贸易统计数据显示，1998 年，我国化妆品类产品进出口贸易总额不足 4 亿美元，到 2017 年，迅速扩大到近 125 亿美元，年均增长率为 18.78%。其中，出口总额由 2.99 亿美元增长到 47.55 亿美元，年均增长率为 14.83%；进口总额由 0.89 亿美元增长到 76.81 亿美元，年均增长率为 24.97%。中国化妆品的国际贸易由顺差逐渐转变为逆差（图 6）。

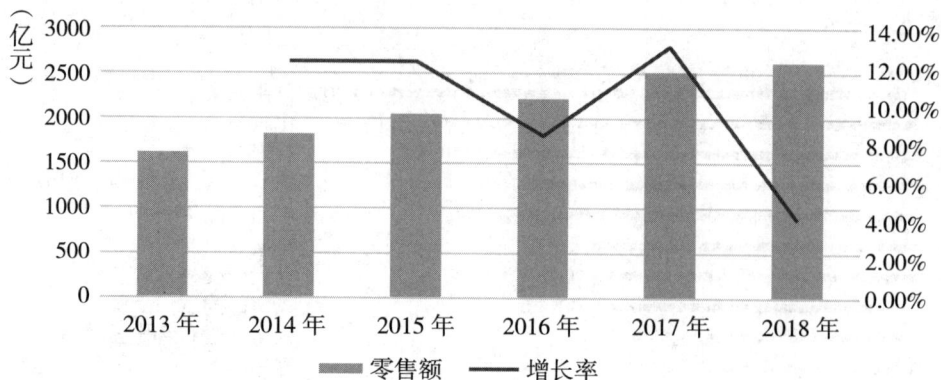

图5　2013—2018年限额以上批发和零售业化妆品零售额

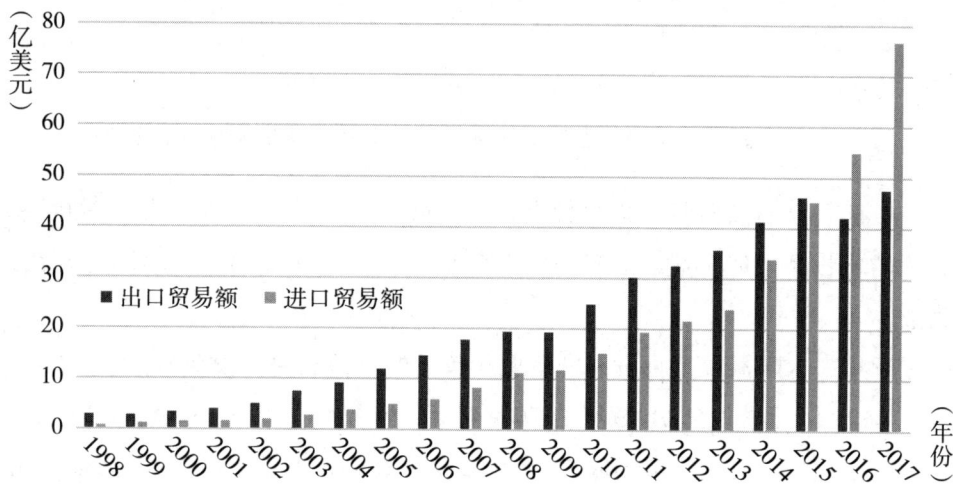

图6　1998—2017年中国化妆品类产品进口和出口贸易总额

　　虽然我国已是化妆品全球第二大市场，但与发达国家相比，我国化妆品渗透率仍处于低位。从化妆品（护肤品＋彩妆）的人均消费水平上看，2019年我国人均消费额仅为31.1美元，仅为美国的约1/4，更是远低于文化相似的日韩地区（分别为199.4、169.2美元）[①]。根据欧睿国际统计数据显示，2018年度发达国家化妆品人均消费水平大约是我国人均消费水平的5倍，我国的化妆品市场仍存在巨大发展空间（图7）。

----

① 数据来源：欧睿国际、平安证券研究所。

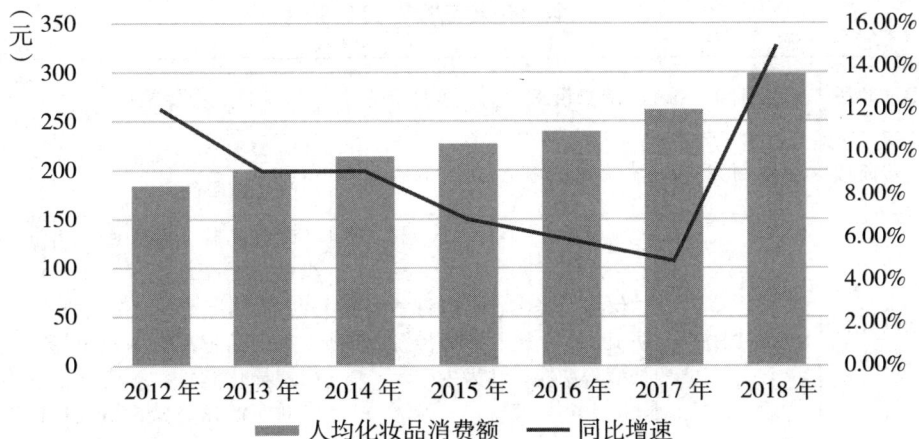

图 7　2012—2018 年中国人均化妆品消费额变化趋势

据欧睿国际统计数据显示，2012—2017 年我国跻身市场份额前 20 名的
国产化妆品公司由 6 家增加至 8 家，合计市场份额由 7.6% 增长至 14.3%。在
此期间，不仅百雀羚、美加净、自然堂等老牌化妆品公司重新进入大众视野，
还催生了众多依靠电商茁壮成长的品牌。随着销售渠道的多元化与消费升级
带来的需求增长，国产品牌市场占有率有望进一步提升（图 8）。

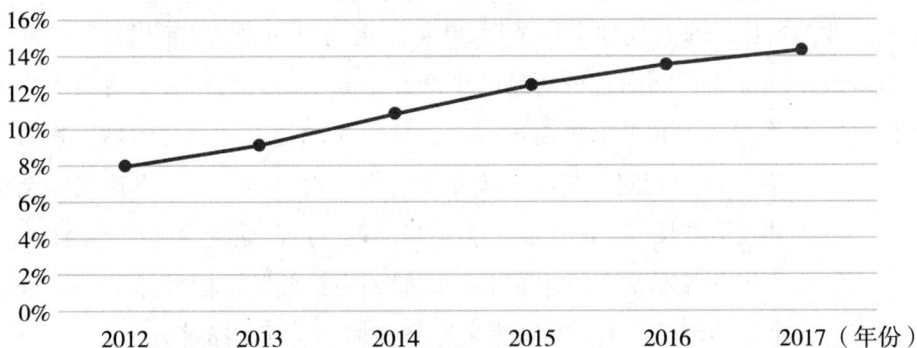

图 8　2012—2017 年国产化妆品公司 TOP20 市场占有率

1. 化妆品产业发展历史

改革开放以来，中国化妆品消费终端需求不断变迁，国内外品牌竞争格
局不断调整。化妆品产业发展总体可以分为三个阶段，每个阶段的化妆品消
费需求、行业增速、渠道特征及行业格局等方面，均具有不同特点（表 1）。

表 1 中国化妆品产业发展阶段

发展阶段	时间	消费诉求	渠道特征	品牌格局
起步阶段	1978—1985 年	润肤	商店	以本土品牌为主，其中上海品牌风靡全国
法制完善阶段	1986—2000 年	保湿、美白、防晒、祛斑、祛痘等功能	以百货、商超等传统渠道为主	国际品牌入驻中国，占据一线城市高端市场；本土品牌发力中低档市场、错位竞争 本土品牌占据中档市场、进行差异化竞争，顺应功能性推出对应产品，成长出一批优秀本土品牌
快速成长阶段	2001 年—至今	需求全释放、大众及高端快速发展	传统渠道日益饱和，化妆品专营店及电商等渠道迅速崛起	国际品牌布局中档市场、与本土品牌开始正面竞争 新一批中档本土品牌借专营店及电商渠道等东风快速崛起，逐步向中高端领域渗透

（1）起步阶段（1978—1985 年）。中华人民共和国成立后，在我国原化妆品主管机构——轻工业部的领导下，化妆品虽逐步形成一个独立的工业体系，但由于人们在思想上把化妆这一行为与资产阶级生活方式联系到一起，致使这一产业的发展几乎在原地徘徊了近 30 年。直到 20 世纪 70 年代末期，随着改革开放不断深入，国内各种商品的生产开始起步，人们物质生活与文化水平提升，对美的认识和需求也逐步提高，化妆品的消费才与日俱增。1981—1985 年"六五"计划期间，我国化妆品生产企业由寥寥数百家迅速发展至千余家，生产量成倍增长，新的产品种类不断涌现，产品质量得到很大提升①。

该时期我国化妆品消费诉求主要以润肤为主，此阶段国外品牌尚未进入中国市场，化妆品市场以本土品牌为主，如美加净、郁美净等。

（2）法制完善阶段（1986—2000 年）。随着化妆品市场迅速发展，化妆品安全问题接踵而至。化妆品企业为了谋取利益，或生产低质量的化妆品，或添加有害物质，从而损害了消费者的身体健康。为保障消费者权益，规范国内化妆品市场，1986 年 12 月，轻工业部颁发《化妆品生产管理条例》（目前已

---

① 化妆品监管趋严，实则是一部产业精进史 [EB/OL]. 2019-03-08. https://www.sohu.com/a/299847401_329832.

失效），并于 1987 年元旦起试行，我国化妆品生产管理工作进入法制监管新时代。1989 年 11 月，卫生部出台《化妆品卫生监督条例》，并于 1990 年元旦正式施行。1991 年，针对该条例，卫生部颁发《化妆品卫生监督条例实施细则》。

该时期我国化妆品消费诉求由简单的润肤向多元的保湿、美白、防晒、祛斑、祛痘等转变，越来越注重产品的功能性。这一阶段，化妆品销售渠道主要以百货、商超为主。国外品牌开始进入中国，并且逐渐占据国内一线城市的高端市场，本土品牌针对市场诉求、纷纷推出定位中档的功能性产品，且主要定位大众市场，但未能形成与国际品牌正面竞争的能力。

（3）快速成长阶段（2001 年—至今）。进入 2000 年以后，中国化妆品产业不论是规模还是品牌数量，均迎来了新的增长阶段。据国家统计局统计数据显示，2008—2018 年，我国化妆品类成交额复合增速为 17.2%。在居民可支配收入不断提升、国人对外在形象要求与认知提高，以及核心消费人群结构变化等一系列因素驱动下，中国化妆品市场进入快速发展阶段。

2. 化妆品产业特点

（1）市场规模持续增长，发展空间巨大。随着中国经济快速增长，我国化妆品消费能力迅速崛起，国民越来越愿意在美上下功夫，越来越愿意为了美而花费，化妆品领域市场规模持续增加。2017 年，中国化妆品行业市场规模为全球第二，占全球市场的 11.5%，增速上已经成为全球第一。2013 年，中国超越日本成为世界仅次于美国的化妆品消费大国。放眼全球，美、中、日位居全球化妆品消费前三，中、韩、印等新兴市场过去十年引领全球增长，而日本、欧美市场已趋于饱和。2018 年，我国限额以上企业化妆品类零售额已达 2619 亿元，同比增长 9.6%。

对比我国和全球化妆品市场规模增速的情况，我国已是带领全球化妆品行业发展的重要市场。2018 年全球化妆品市场规模达到 4880 亿美元，其中中国化妆品市场规模占据全球 12.7% 的份额。虽然中国化妆品行业市场规模全球第二，但增速全球居于首位。从 2016 年开始，中国化妆品市场规模触底反弹，高速增长。2009—2018 年，中国化妆品行业年均复合增速为 9.9%，比美国的 3.3% 高出 6.6 个百分点。由此可见，我国化妆品行业处于快速增长阶段，未来具有更大的发展空间。

在居民可支配收入不断提升及消费观念转变的影响下，化妆品已经成为继衣食住行外的重要消费品类。

根据国家统计局限额以上批发和零售业零售额数据，自 2017 年 5 月起，我国化妆品消费额同比增速开始进入高位，增长显著快于食品、粮油、饮料、烟酒、服装等消费品。2017 年化妆品类零售额达 2514 亿元，增幅在经历了 2011—2016 年的缓慢下降后，2017 年限额以上企业化妆品类零售额增幅强劲反弹，增幅达 13.1%，2018 年化妆品类零售额达到了 2619 亿元，同比增长 4.2%，高于同期社会消费品零售总额增速 0.2 个百分点，充分显示了化妆品作为"朝阳行业"的活力。

（2）本土品牌蓬勃发展，但高端市场仍以国际品牌为主。随着化妆品市场不断发展，消费者品牌意识逐步提高，国内化妆品市场进入品牌营销时代。虽然目前中国化妆品市场仍然是外资企业占据主导地位，但近年来，外资品牌市场占有率呈现逐年下降趋势。2008—2017 年间，宝洁的市场占有率同期下降了 5.9%，资生堂、联合利华的市场占有率分别下降了 0.7%、0.5%。与之相反的是，随着人民生活水平的提高与消费升级的驱动，国人对化妆品的需求明显提升，国产化妆品重新崭露头角，市场份额迅速扩大，呈现复苏迹象。对于本土企业而言，从企业数量看，进入国内化妆品市场份额 TOP10 的本土企业由 2008 年的 1 家扩增到 2017 年的 3 家；从市场占有率看，国内化妆品市场份额 TOP10 中本土企业的总体市场占有率由 2008 年的 3.97% 上升至 2017 年的 18.02%（表 2）。

表 2　2008 年与 2017 年我国化妆品行业 TOP10 及其市场占有率

市场排名	2008年		2017年	
	公司名称	市场占有率（%）	公司名称	市场占有率（%）
1	宝洁	16.0	宝洁	10.1
2	欧莱雅	7.4	欧莱雅	8.5
3	联合利华	3.6	资生堂	3.1
4	资生堂	3.5	高露洁	2.8
5	安利集团	3.3	联合利华	2.8
6	高露洁	2.8	上海上美	2.6

续表

市场排名	2008年		2017年	
	公司名称	市场占有率（%）	公司名称	市场占有率（%）
7	拜尔斯道夫	2.6	雅诗兰黛	2.5
8	强生	2.4	爱茉莉太平洋	2.5
9	玫琳凯	1.9	百雀羚	2.3
10	完美	1.8	伽蓝集团	2.2

据腾讯 2019 年 5 月发布的 2019 年《国货美妆洞察报告》[①]显示，2018 年以来，我国本土化妆品已成为各大销量榜单的逆袭黑马，国货美妆品类的消费增速已然超过欧美、日韩品牌，跃居第一。从市场份额来看，民族品牌占56% 的市场份额；从消费者购买意愿来看，42% 的消费者更愿意选择国货美妆品牌，九成消费者表示未来会再次购买国货美妆。

从消费需求来看，国家经济由高速增长阶段转向高质量发展阶段，国内消费者对高品质产品的需求不断提升，高端化妆品消费占所有化妆品消费比例逐渐提升。据欧睿国际统计数据显示，2013—2017 年我国高端化妆品消费规模占整体比从 21.35% 上升至 26.08%，而大众产品消费规模占整体比由78.65% 下降到 73.92%（图 9）。

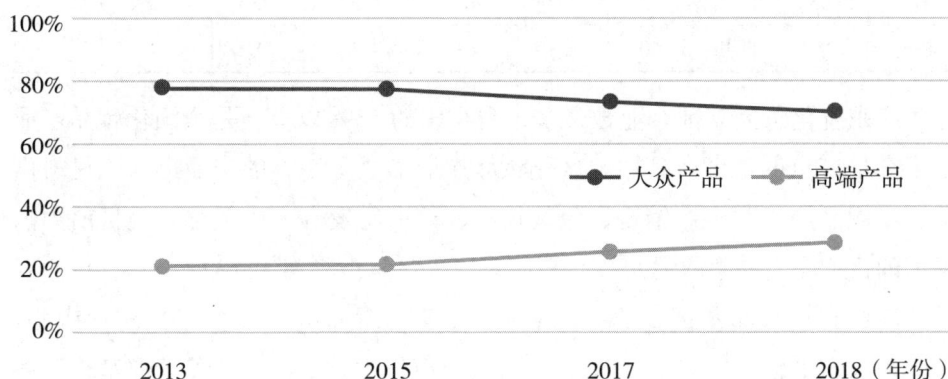

图 9　2013—2018 年中国不同档次化妆品消费占比情况

---

① 腾讯 . 国货美妆洞察报告 [EB/OL]. 2019–05–06. https://new.qq.com/omn/20190508/20190508 A0GBNZ.html.

近年来，本土企业积极建立品牌形象，在国内及海外知名度不断上升，并且顺应市场需求，纷纷推出高端化妆品，本土企业的品牌市场份额逐渐提升，与外资品牌形成竞争。但从整体看，本土企业仍然是研发投入力度不足，在关键原料与配方的研发环节落后于国际巨头，特别是高端彩妆市场方面，本土企业打开市场仍然还有一段比较长的路要走。

（3）产业分布相对集中，区域特色显著。我国化妆品产业布局在大陆主要集中在珠江三角洲与长江三角洲地区。根据国家药品监督管理局化妆品生产许可证信息管理系统服务平台数据显示，2014年，我国共有化妆品企业4316家，截至2019年底，共有5096家持证的化妆品生产企业，同比增长18.07%。化妆品生产企业主要集中在东南沿海地区，以广东、浙江、江苏和上海为主要聚集区，这三省一市的化妆品生产企业数量占我国化妆品生产企业的77.24%（统计数据不包括中国香港和台湾地区）（表3）。

表3　2019年化妆品获证企业分省（区、市）统计

省份	数量	省份	数量	省份	数量	省份	数量	省份	数量
广东	2849	湖北	81	湖南	55	河北	39	甘肃	13
浙江	554	天津	75	江西	55	黑龙江	31	内蒙古	7
江苏	308	辽宁	67	云南	53	重庆	24	宁夏	4
上海	225	北京	66	陕西	42	海南	23	青海	4
山东	165	广西	62	吉林	40	新疆	23		
福建	98	四川	60	安徽	40	贵州	18		

广东省化妆品获证企业数最多，占全国的55%以上，是全国化妆品产业链配套最齐全的地区。其白云区化妆品产业形成了完整的产业链，原材料供应、半成品加工、生产销售、包装物流、培训研发等一应俱全，是目前国内最大的化妆品交易集散地。

浙江省化妆品获证企业数位居第二，其化妆品行业初步形成"一中心、两基地、三平台"格局。"一中心"指杭州市作为"中国化妆品产业基地"和浙江化妆品品牌、研发、设计、营销中心；"两基地"指湖州"美妆小镇"和金华彩妆工业园区，其中，金华市化妆品生产企业298家，占全省53.8%，是全省乃至全国彩妆生产制造主产区；"三平台"是以杭州为中心的全国最大网

络化妆品销售平台、以义乌为中心的全国最大化妆品出口商贸平台和以宁波等地区为中心的进口产业平台。

江苏省化妆品获证企业数位居第三，其诞生了中国第一家化妆品生产企业"扬州谢馥春"和多家全国百强店铺，化妆品零售业在国内较发达。

上海市化妆品获证企业数位居第四，其奉贤区大力推进美丽健康产业，积极开展国家、市、区三级技术中心创新体系建设，产业集群涵盖美容护肤品、香水、日化用品等多个领域。奉贤区内的"东方美谷"成为中外化妆品企业的集结地、化妆品品牌的策源地、化妆品品质的保障地，是上海大力打造的美丽健康产业高质量发展新名片。

（4）化妆品行业贸易逆差显著，倒逼本土企业转型升级。自 2014 年以来，中国美容化妆品及护肤品进口增长迅速，进口数量及进口金额均呈现快速增长的趋势。根据海关总署对外公布的数据显示，2018 年中国美容化妆品及护肤品出口量 20.88 万吨，同比增长 15.6%。出口金额 24.69 亿美元，同比增长 21.5%。2019 上半年美容化妆品及护肤品进口量 10.59 万吨，同比增长 19.2%。进口金额 41.35 亿美元，同比增长 46.5%。值得注意的是，虽然我国化妆品出口量较大，并呈逐年上升趋势，但却以外商投资企业出口为主体，真正的本土品牌产品出口数量较少（图 10）。

商务部 2019 年 8 月发布的《主要消费品供需状况统计调查分析报告》[①] 显示，消费者购买进口化妆用品比重最高，58.0% 的消费者购买进口化妆用品占同类消费品的比重超过 10%，其中 31.5% 的消费者购买比重超过 30%。近年来，中国通过多次降低化妆品进口税率来开放市场，关税降低使得进口商品销售规模扩大，境外消费回流，相关国产品牌价格优势因关税下调被削弱，中国化妆品行业贸易逆差明显。短期看对国产化妆品品牌规模扩张造成一定打击，但从长期来看，降低关税有利于营造公平竞争的环境，推动国内企业提高产品质量，提升产业升级，倒逼国内相关产业提高竞争力。

根据中国美容化妆品及护肤品进出口情况可以看出，中国化妆品贸易进口金额大于出口金额，呈现贸易逆差，化妆品贸易出现不平衡态势。

① 中华人民共和国商务部. 主要消费品供需状况统计调查分析报告 [EB/OL]. 2019-08-12. http://www.changzhi.gov.cn/xxgkml/szfgzbm/sswj/jcxx_844/tjxx_847/201908/t20190812_1733621.shtml.

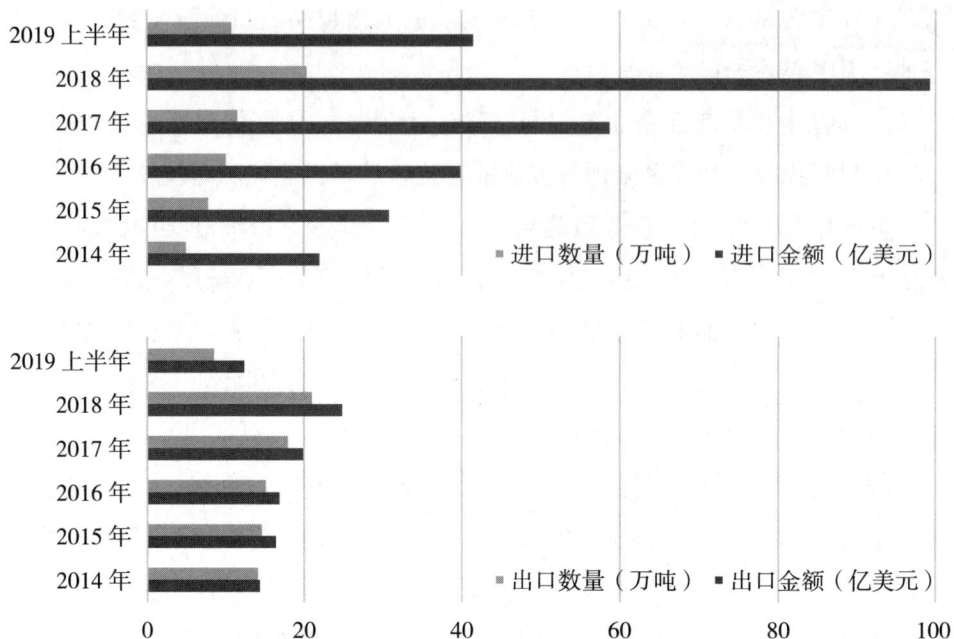

图 10　2014—2019 上半年中国美容化妆品及护肤品进出口情况

（5）新兴消费渠道不断崛起。电商营销已经成为互联网发展时期我国产品销售极为重要的渠道，对线下实体店带来了较大冲击。电商渠道在信息展示、信息传播、信息分享等方面的优势，打通了不同定位护肤品品牌在不同区域的渠道限制。国际品牌可以通过电子商务低成本开发低线城市，而国内品牌也有机会获取核心城市消费市场。电商渠道增长迅猛，社交平台迅猛发力，尤其是拼多多、抖音、快手、小红书、微博等社交平台上 KOL（Key Opinion Leader，关键意见领袖）的专业普及和品牌商的营销推广，消费者用妆需求更加多元，注重品牌策划、技术研发及市场营销的国内护肤品企业通过加大投入，依靠本土优势，逐步崛起。

据艾媒咨询统计数据显示，从 2014 年至 2018 年，化妆品网购的渗透率从 53.4% 提升至 74.2%。随着中国电商环境发展愈发成熟，网购将继续成为中国用户购买化妆品的最重要渠道，而化妆品网购市场规模也将持续增长。

3. 化妆品产业链

化妆品产业链主要包括研发、原料设备供应与生产、品牌和渠道四个重要环节。研发方面，包括品牌自主研发、原料商与生产商研发，以及与外部

（如高校、医院）合作研发等方式，高端化妆品通常在研发环节具备一定壁垒。生产方面，除部分较大品牌方自主生产外，主要通过代工厂来完成，包括 OEM（贴牌生产）、ODM（原创生产）、OBM（自有品牌生产）三种代工生产方式。品牌方面，品牌端在产业链中占据主导地位，主要通过渠道分销方式以及部分直销方式，链接下游渠道。高端化妆品品牌甚至中高端化妆品品牌几乎被欧美国际大牌垄断，在市场占据主导地位；本土品牌溢价能力不足，产品大多靠"高性价比"优势在中低端市场上占主导。渠道方面，主要包括线上和线下两种渠道。其中，线上渠道中的新兴渠道如拼多多、小红书等平台，凭借低价拼团或社交裂变方式吸引了众多消费者，成为增量增流利器，销售额快速增长（图 11）。

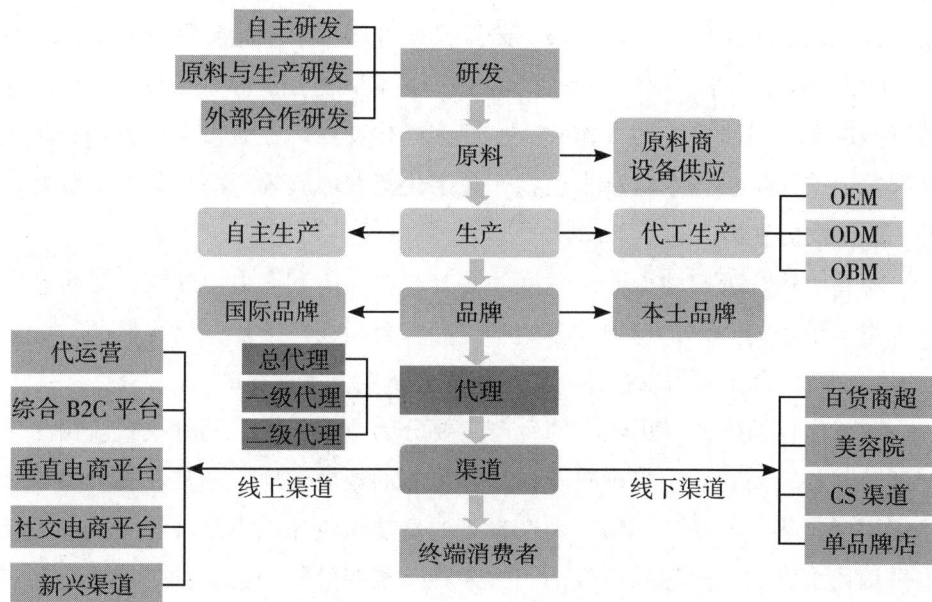

图 11　化妆品产业链

（1）化妆品研发。化妆品研发创新是科学与艺术的结合。广义上来讲，化妆品研发包括产品概念、内容物、产品形态、包装等；狭义上来讲，主要指提升化妆品功效方面的研发工作，融合了医药学（西医、中草药等）、生物学（细胞工程学等）、基因科学、化学（精细化工等）、营养学等多种学科。

研发尤其是狭义角度的研发，是不断提升商品品质的关键。化妆品企业的研发部门涵盖基础研发、配方开发、安全性测试、包装设计等部门，研发费用率普遍在 2%~3.5%。在研发费用方面，目前本土品牌研发费用率与外资品牌基本相当，但由于规模差异较大，研发费用的投入量级仍有显著差距。

当今化妆品消费市场，愈发注重个性化以及产品性价比，各品牌转向更多的细分产品，以满足不同等级个户群体的需求，这是当前以及未来相当长一段时期研发领域发展的大方向。

2019 年 11 月，中国健康传媒集团健康中国研究院会同中国保健协会化妆品发展工作委员会，选取行业内若干在研发方面具有代表性的国内外企业，针对研发人员、投入、职能、合作类型、研发方向、未来投入等内容进行调研。调研数据显示，在研发规模方面，本土品牌龙头企业高度重视研发，研发机构规模超过 100 人已有数家。研发投入方面，本土品牌中每年对研发投入的销售占比为 3%~5% 的企业居多。在研发模式方面，企业研发机构所包含的职能以及与科研机构的合作模式呈现多样化特点。在研发方向方面，本土品牌主要关注生物技术、草本植物、数字化消费体验等，而外资企业除此之外，还涉及仿生学。

随着消费升级拉动行业景气度的提升，增强研发实力、加快产品更新已成为本土企业的共识，越来越多的本土品牌公司在持续扩张研发队伍，寻求与医院、高校合作，力求在原料研发与配方研发上实现突破。

（2）化妆品生产。化妆品的生产主要分为自产、代工两种模式。由于生产环节需要较高的固定资产投资，具有显著的规模效应，通常仅有大型化妆品集团会自建生产基地，用于生产旗下的高端化妆品，小品牌与大众品类较多采用代工模式。国际品牌宝洁、欧莱雅、雅诗兰黛、资生堂等均在全球多地设有工厂；国内品牌上海家化、上海上美、珀莱雅等规模较大的本土企业同样在多地设有工厂。但随着产品品类逐渐丰富，企业产能扩张慢于市场增长，大部分公司仍会将一些产品交由代工厂生产。

自改革开放以前，中国化妆品 OEM 代加工得到蓬勃发展。化妆品 OEM 指按原单位（品牌单位）委托合同进行产品开发和制造，用原单位商标，由原单位销售或经营的合作经营生产方式。作为一种低成本、高效率的生产加工方式，OEM 为中国化妆品行业的发展起到了极大的推动作用。

OEM 模式下，大多数企业在掌握产品核心技术和建立成熟销售渠道后，便不再直接进行生产，而是让其他企业代为生产。如此，企业只需支付材料成本费和加工费，而不必承担设备折旧、自建工厂、生产管理等方面的支出，还可随时根据市场变化按需下单，有助于促进企业提高经营能力和管理水平，关注资本运营。目前，全国有 7 万多个化妆品品牌方，持证化妆品生产企业截至 2019 年年底为 5096 家，化妆品品牌市场的蓬勃发展带来了化妆品生产企业 OEM 业务的繁荣。

（3）化妆品品牌。品牌塑造包含两个层面，一是确定品牌的定位与主打概念，二是围绕这一定位开发对应产品、并开展适宜的营销活动，将品牌定位有效传达至目标消费群体。良好的品牌形象叠加优质的产品用户体验，可帮助品牌建立强大的品牌力，在市场竞争中形成品牌壁垒。

国产品牌多主打纯天然，或以中国传统文化为突破口，定位中医、草本等概念，以民族情怀吸引消费者。在近年来全球特别是亚洲消费者追求"自然""健康"且兼具功效性的美容护肤趋势下，依托我国博大精深的中医药、中草药文化作为研发理论基础的民族中草药化妆品，成为中国化妆品的特色，也是中国化妆品品牌与强大的外资品牌角逐市场的重要武器。1998 年，上海家化首创护肤品东方草本概念，利用中草药古方、结合西方技术与工艺推出高端护肤品品牌"佰草集"。经过近 20 年的发展，佰草集是目前中国唯一与欧美日韩高端护肤品在同一梯队、同一渠道（百货）内竞争的本土品牌。2000 年前后，百雀羚草本、相宜本草、自然堂、美肤宝等以草本护肤为理念的品牌相继创立。

纵观当前本土化妆品品牌经营现状，与国际知名品牌相比仍有较大的差距。本土化妆品企业要实现品牌建设，需加强品牌策划，寻找满足市场需求的诉求点，通过营销创新和渠道优化，积累市场竞争资本，注重文化营销，利用品牌文化力号召消费者。

（4）化妆品渠道。化妆品渠道主要包括线上、百货、商超、化妆品专营店、直销、专业线渠道、电视购物等。2010 年以前，中国化妆品销售以实体渠道流通为主，KA（Key Account，重点客户门店，主要指沃尔玛、家乐福、屈臣氏等大型连锁）及百货渠道相对强势。2010 年后，电商渠道快速崛起。2018 年，电商渠道超越 KA，成为日化及个护用品的第一大销售渠道，而线下渠道中仅 CS 渠道（Customer Satisfaction，指日化产品在终端销售中的化妆品店、日化店、精品店等构成的销售终端网络系统）市场占有率稳中有升，KA、百货等传统渠道下滑严重。

①线下渠道。传统线下渠道包括 KA、百货、CS 店等。KA 渠道依托于沃尔玛、家乐福等大型商超，具备营业面积大、客流量大的特色，产品覆盖日化用品与大众类美妆产品。百货渠道包括购物中心与化妆品百货店，品牌档次比 KA 渠道高，更注重消费者体验与服务，是国际知名中高端化妆品牌线下主战场。CS 渠道为化妆品专营店，通常为多品牌加盟代理经营。近几年崛起的单品牌店以品牌管理和展示为核心，为顾客提供单品牌销售与服务。此外，线下还存在着不依托实体门店的直销方式，依靠多层级的销售人员直接对接消费者，著名日化直销品牌包括安利、玫琳凯等。

②电商渠道。2009 年起，化妆品电商迎来爆发式增长，电商渠道占有率由不足 1% 飙升至 2018 年的 27.4%，超越 KA、百货等传统强势渠道，成为化妆品市场零售额占比最高的渠道。在经历过 2009—2012 年的爆发式增长后，2013—2018 年电商渠道增速虽有放缓，但复合年均增长率仍高达 25.6%，景气度显著高于其他线下渠道。

电商渠道的崛起打破了百货、商超渠道的垄断优势，哺育和孵化了一批美妆"淘品牌"，如阿芙精油、御泥坊、百雀羚、自然堂、韩束、欧诗漫等很多本土品牌，均利用电商渠道实现了弯道超车。2016 年，国际品牌欧莱雅、雅诗兰黛、爱茉莉太平洋等开始重视渠道下沉，深耕电商渠道。2018 年，化妆品品类网络零售额增速达到 36.2%，电商渠道的份额在迅速攀升，销售额占比率从 2010 年的 2.6% 飙升至 2018 年的 27.4%，成为化妆品第一大销售渠道。

而根据中国互联网协会 2019 年 7 月发布的《2019 中国社交电商行业发展报告》[①]显示，2019 年中国手机网购用户规模达 6.1 亿，社交电商购物用户规模达到 5 亿，预计 2019 年社交电商占比网络零售规模超过 20%，2020 年将超过 30%。化妆品电商渠道占比还将继续上升。

相较线下渠道，电商渠道可提供全面的消费者数据与行为偏好记录。企业可根据消费大数据开发适应市场需求的产品，制定适宜的营销策略，同时

① 中国互联网协会. 2019 中国社交电商行业发展报告 [EB/OL]. 2019-07-09. http://www.sohu.com/a/32620768_181884.

可依据消费者标签实现精准投放。电商渠道在扮演品牌主要销售渠道的同时，也成为了企业重要的数据来源之一。

4. 化妆品产业特色区域

中国化妆品企业主要聚集在广东、上海、浙江。其中，广东的广州白云区、上海的"东方美谷"、浙江的"美妆小镇"均已形成了产业规模，成为最重要的三大化妆品产业聚集地。

（1）广州白云区。作为全国化妆品产业主要集聚地之一，广州拥有全国最大的化妆品产业集群，起步早、规模大，有丰富的生产经营经验和稳定的市场占有率。

广州的化妆品产业大部分集中在白云区，化妆品持证企业相当于广州其他各区之和。在白云区 29.6 万户登记注册的企业（个体户）中，从事化妆品相关业务的约 2.5 万户，主要集中在化妆品生产、销售、原材料供应、半成品加工等领域。根据《广州市白云区化妆品产业发展报告》统计数据显示，目前全区化妆品持证生产企业 1300 多家，约占全国 26%、广东省 45%。与这样庞大的市场体量相对应的，是完备的产业链，整个白云与化妆品产业配套的设计、研发、包装、物流、培训等行业企业一应俱全。

据 2019 年"第三届中国化妆品国际高峰论坛"透露，广州市白云区化妆品产业实现快速发展，2018 年，白云区化妆品行业实现规上工业总产值 49.1 亿元，同比增长 14.1%；实现限上销售额 29 亿元，同比增长 15.8%。2019 年一季度规上工业总产值达 13.9 亿元，同比增长 19.3%；限上销售额 10.4 亿元，同比增长 30.6%。据 2019 年上半年数据显示，白云区化妆品出口约 1300 批次，货值超 4000 万美元[①]。

化妆品产业是白云区的支柱产业之一，是白云区经济的重要组成部分，同时也是广州市新兴的经济增长点，是推进新型城市化以及产业转型升级的重要力量。为了将传统资源优势和发展潜力转化为新型产业优势，2018 年，白云区成立了化妆品产业发展领导小组，制定了《白云区化妆品产业提质增效三年行动计划》，提出建设千亿级规模"白云美业大湾区"的设想。同时，白云区也在推进化妆品产业集聚发展，优化产业布局，按照"北产南贸"发

---

① 数据来源：http://www.ce.cn/xwzx/gnsz/gdxw/201908/15/t20190815_32922968.shtml。

展布局打造化妆品产业发展平台，北部规划打造化妆品专业生产和孵化园区，南部规划打造化妆品总部和营销展示中心，并实施一系列惠企政策，为区内规限上化妆品企业带来政策"红利"。

按照规划，白云区积极推进打造千亿级产业平台。计划到 2020 年，要实现规限上化妆品企业"双 100"，即规模以上化妆品工业企业 100 家，产值规模超 100 亿元；限额以上化妆品商业企业 100 家，销售规模超 100 亿元；规限上化妆品企业全库税收保持年均 10% 以上的增速。

（2）上海东方美谷。上海东方美谷——生物科技园区设立于 2001 年，园区占地 18.49 平方千米，地处上海奉贤区中部，园区从 2009 年起逐步进行产业结构调整、升级和优化，转变经济增长方式。2015 年 11 月，上海奉贤区加大扶持力度，加快推进"东方美谷"建设。具体措施：调整资源配置布局，整合美容化妆品、生物医药等产业基础，聚焦占地少、投入强、产出高、发展好的美丽健康产业。东方美谷提出"跨界以至无界"的理念，计划把总部经济、文化创意、旅游休闲、电子商务、体育运动、金融服务、时尚产业、奢侈品等跨界产业进行整合，以形成一个以美丽健康产业为核心、多种产业共生共赢的"美丽健康产业联盟"（图 12）。

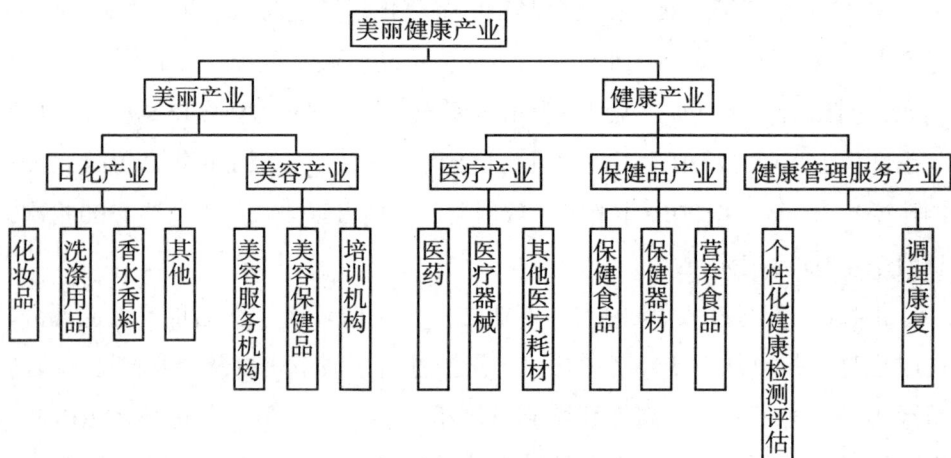

图 12 上海东方美谷产业结构

2017 年，上海市政府印发《关于推进上海美丽健康产业发展的若干意见》，为"东方美谷"送来 13 条政策"大礼包"，扶持奉贤区在全国打造以美丽健康为主导的产业集群。目前，东方美谷已然形成了涵盖美容护肤品、香水、日化用品、保健品等多个门类的美丽健康产业集群，积聚了一批有代表性的企业品牌，美丽健康产业相关联的规模以上企业达 126 家。其中，美容化妆品相关门类的企业达 65 家，占上海市化妆品企业数量四分之一以上。东方美谷生产的化妆品销售额超 200 亿，占据上海市化妆品销售总额的 40%[①]。

2016 年，"东方美谷"美丽大健康产业工业总产值超过 200 亿元，2018 年总产值达 251.55 亿元。2019 年一季度，东方美谷累计完成产值 106.3 亿元，占奉贤规模以上工业总产值比重的 19.2%，较三年前提升 7.4%；同时实现税收 22 亿元，同比增幅达 21.1%，展现出强劲的盈利能力[②]。

2019 年 11 月 2 日至 4 日期间，主题为"美丽，无所不在"的 2019 东方美谷国际化妆品大会在上海市奉贤区举行。大会吸引了来自全球 20 多个国家和地区的企业领袖、业内专家学者，共同交流探讨世界化妆品产业发展道路，是化妆品行业内颇有影响力的国际盛会。

（3）浙江美妆小镇。浙江美妆小镇位于浙江省湖州市吴兴工业开发区（埭溪），园区总投资 105 亿元，总规划面积 10 平方千米，2019 年完成财政收入 6.5 亿元，同比增长 23.88%，位居全区前列[③]。美妆小镇摆脱传统制造业路径依赖，坚持"三生融合""四位一体"理念，引进高端化妆品产业及配套项目，打造以化妆品生产为主导的全产业链，总体构建"一核三区"的空间布局，即化妆品产业核、产业服务区、旅游休闲区和创意体验区。在构建化妆品全产业链的同时，充分挖掘产品文化内涵，结合当地深厚历史文化底蕴以及良好自然生态环境，融入文化、时尚、休闲、旅游等元素，突出"产、城、文、人"的有机融合，通过特色塑造、魅力展现和品牌推广，将美妆小镇打造成中国美妆产业集聚中心、中国美妆文化体验中心和国际时尚美妆博览中心。

美妆小镇作为浙江省十大示范特色小镇、省级行业标杆小镇和化妆品行业领袖峰会永久会址所在地，正以前所未有的姿态加速崛起。依托第五届化妆品行业领袖峰会新签约欧思兰等 6 个产业项目、网红直播中心以及 NALA

---

① 联商网. 中国美妆产业千亿级成长魔法三十多年增长约 850 倍 [EB/OL]. 2018–12–03. http://www.linkshop.com.cn/web/archives/2018/414856.shtml.

② 北国网. 看奉贤东方美谷如何"引凤入巢"产城融合 [EB/OL]. 2019–12–02. http://www.cnr.cn/rdzx/cxxhl/zxxx/20191202/t20191202_524881039.shtml.

③ 数据来源：浙江省湖州市吴兴美妆小镇管委会。

（娜拉美妆）等 5 个供应链平台项目，总投资 75 亿元。其中，美妆小镇供应链平台全面启动，成功引进布诗、NALA 等 5 个重点项目，实现国外品牌进入中国市场线上、线下全渠道覆盖，预计年交易额将超百亿元。

2015 年美妆小镇"萌芽"之初，几乎"一无所有"；到 2019 年的"开花结果"，产业集聚、功能融合、要素齐全，短短几年内，从后起之秀到与广州白云区、上海"东方美谷"形成化妆品行业"三足鼎立"局面，这座位于湖州吴兴区的小镇已然经历了一场"美丽蜕变"。美妆小镇自启动创建以来，成功举办第二届国际玫瑰文化节、第五届化妆品行业领袖峰会，连续五年被邀请参加法国 360 化妆品展会、韩国美容博览会、中国美博会等国内外重大展会。

5. 跨境电商对化妆品产业的影响

（1）化妆品跨境电商市场现状。随着我国人民生活水平的提高，消费能力的不断提升，以及新一代消费者随着互联网发展在购物行为上的变化，电子商务发展在过去 10 多年有了质的飞跃。2000 年前，消费者购买境外产品主要是通过海外旅行或托亲友代购的形式购买海外产品。2010 年前，以电商平台形式的海淘、代购模式开始逐渐盛行，2014 年随着网购保税进口模式的合法化，保税模式业务为跨境电商的发展带来了质的飞跃。2016 年后政府部门进一步明确了跨境电商相关管理措施，使得业务模式逐渐走向规范化。根据商务部发布的 2018 年《主要消费品供需状况统计调查分析报告》[①] 调研数据显示，消费者对进口化妆品的购买意愿达到 49%，排名第二，仅次于最高的进口食品饮料的购买意愿（55%），其中主要的购买群体年龄范围在 25~39 岁，成为主力消费群体。

对于不少消费者来说，购买进口化妆品已趋于常态。根据天猫"双十一"活动公开销售数据显示，2019 年销售 TOP5 的行业中，个护美妆行业排名第三，其中外资化妆品牌成最大赢家，前十品牌全部为外资品牌。除了消费者的需求扩大外，进口关税的下调和非特备案制度的全国推行，更是成为进口化妆品市场的巨大驱动力。

根据中国海关数据显示，近年我国化妆护肤等产品进口数量及金额呈波

---

① 商务部. 主要消费品供需状况统计调查分析报告 [EB/OL]. 2018-05-28. http://www.gov.cn/xinwen/2018-05/28/content_5294195.htm.

动增长趋势，2009—2017 年我国化妆护肤产品等进口分析见表 4。

表 4　2009—2017 年中国化妆护肤等产品进口分析

年份	数量（千克）	金额（千美元）
2009	27789683	707412
2010	36186824	939106
2011	45269759	1236315
2012	51567783	1347488
2013	55358917	1501430
2014	70557107	2440131
2015	109444405	3490781
2016	139566437	4443772
2017	118213280	6451316

（2）进口化妆品跨境电商管理问题凸显。2019 年 1 月 1 日，《中华人民共和国电子商务法》正式实施，这是我国首部电子商务领域的综合性法律。该法不仅对电商经营者、电商平台经营者、争议解决等作出了明文规定，更是对大数据搭售、刷单等行业乱象进行了规范性约束，为我国电商事业的健康发展奠定了基础。但在目前网络交易量越来越大的化妆品领域，跨境电商管理仍存在部分突出问题亟待解决。

①安全卫生隐患不容忽视。在一般贸易监管模式下，首次进口的化妆品必须进行毒理学试验，即利用啮齿类动物作为试验品进行刺激性测试。但多数欧盟国家迫于当地动物保护协会的压力，明文禁止对化妆品开展相关动物实验，跨境电商零售化妆品全部按个人物品监管，这就意味着进境化妆品有可能与我国的安全性要求不符。

②进口环节存在质量监管盲区。机构改革后，检验检疫整体职责划入海关，海关对进口化妆品实施检疫监管，对安全卫生项目进行监测，关注的重点由产品质量转向税收，不再要求事前批批查验，而是以风险分析为基础实施比例极小的抽查，这种监管模式无法真正促使商家落实产品责任，对侵权违法行为也缺乏及时有效的综合治理措施。

③虚假交易、低价申报的风险依然存在。由于进口的化妆品价格受品牌、功效、工艺等因素影响较大，海关难以掌握具体的价格信息，也缺少相应的审价机制，难以发现通关时不如实申报行为，进口化妆品虚假交易、低价报关的隐患将会大量存在。

（3）跨境电商对化妆品产业的影响。从客观上来说，进口品牌增长会对国产品牌造成冲击，极大地挤占本土品牌的市场空间，但同时也带来了新的产品体系、先进的营销及管理经验，对本土品牌来说也是一种刺激，促使本土品牌不断增强实力。

①用户端。消费者拥有更为便捷的渠道购买国际产品，相比于传统大贸高额的附加税收费用，消费者可以买到与国外价位相近的产品。另外，跨境产品的品类较国内市场更为丰富多样，尤其体现在一些仅限定于某些国家和地区上市销售的产品，或者在国内大贸上市需要经过较长时间进行准入注册的品类（配方奶粉、化妆品、医疗器械、保健食品、农药等代表类别）。

②经济推动。跨境电商在试点城市的推行，有力地推动了地方经济的发展。不同试点城市的优惠政策各有不同，在一定时间内形成了区域范围的跨境电商业务特色。同时，对于出口产品，跨境电商建立了全新的业务通道，帮助国内产品更便捷地拓展国际贸易业务。

③电商平台发展。国内电商平台企业纷纷拓展业务，开发了国际板块和全球购的服务项目，使我国的电商发展速度领先于全球。

④促进投资。外商投资兴趣加大，外资品牌在中国持续投入电商服务和营销项目。

⑤税收优惠。对跨境电商实施综合税，相比于大贸在增值税上有 7 折优惠，同时不征收关税，税收层面鼓励电商业务的发展。

二、中国化妆品企业上市情况

（一）国内化妆品企业上市概况

20 世纪 90 年代行业发展初期，外资日化品牌占据绝对优势地位。2000年以来，以"立白""纳爱斯""拉芳""六神""大宝""郁美净""隆力奇"

等为代表的民族品牌逐渐发展壮大；如今，以"自然堂""百雀羚""韩束"等为代表的国产护肤品牌也强势突围，在市场上占领大量的份额。随着日化行业的不断发展，民族品牌纷纷在提高产品质量、增加产品附加值、加强品牌建设等关键环节上不断加大资金及技术投入，逐步发展壮大。

在国货美妆崛起趋势下，高利润高品牌附加值的化妆品领域持续涌入新鲜血液，一些公司纷纷筹划上市、扩张版图。目前，中国本土日化上市公司主要有上海家化、拉芳家化、珀莱雅、天夏智慧（索芙特）、青岛金王、广州浪奇、两面针、名臣健康、丸美、御家汇等。根据同花顺财经金融数据显示，广东丸美生物技术股份有限公司于 2019 年 7 月上市，目前公司总市值已超过上海家化，且市值差距呈扩大之势。另外，珀莱雅的市值上升较为明显，与起初市值相近的拉芳家化拉开了较大差距，成为国内化妆品行业的三大巨头之一（图 13）。

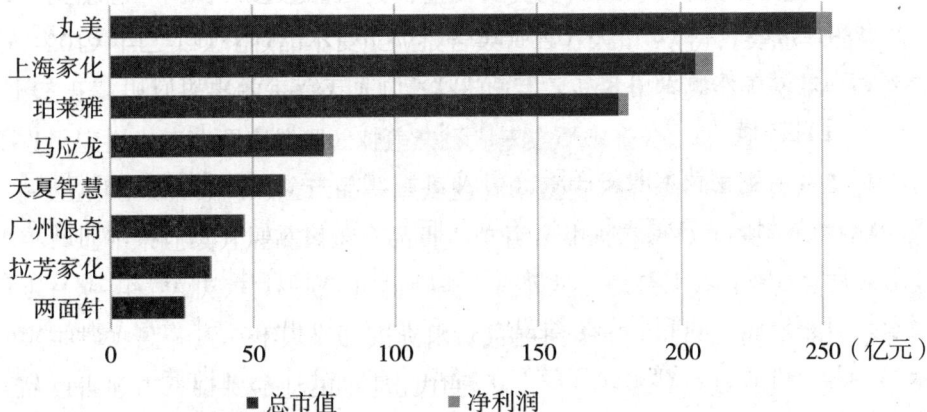

图 13　2019 年中国化妆品上市公司总市值和净利润

但是在日化领域，非上市企业的竞争力同样不可小觑，就主品牌市场占有率与销售额来说，百雀羚和自然堂遥遥领先，且超过上海家化的主品牌佰草集。上海家化的营收目前虽位列行业顶层，但未上市的百雀羚、伽蓝集团、上美等集团在后面紧追不舍，营收差距在不断缩小。随着新型渠道的不断涌现，化妆品行业的零售模式也在发生巨大变化，包括上海家化、珀莱雅等成熟公司需要迎接更多来自线上渠道新锐品牌的压力。

（二）典型本土企业概况

我国化妆品市场发展过程较为曲折，经历了从本土品牌繁荣到外来品牌快速占据市场，再到本土品牌逐渐复苏三个阶段。中国人自古以来就有追求美的传统，因此我国化妆品产业历史较为悠久，1830年就产生了著名的"扬州谢馥春"香粉铺，1862年"孔凤春"诞生，1898年"广生行"化妆品公司在中国香港创立——这是中国第一家现代化民族化妆品企业，上海家化的前身。"谢馥春""孔凤春"等品牌都曾在国际舞台上崭露头角。改革开放后，民族品牌重新启航，曾有短暂的风光，但在随后外来品牌的侵蚀下，又渐渐偃旗息鼓。近几年，随着人民生活水平的提高与消费升级的驱动，国人对化妆品的需求明显提升，叠加电商这一新渠道的普及，国产化妆品重新崭露头角，呈现复苏迹象。

比较目前已上市的本土企业，广东丸美、上海家化和杭州珀莱雅三大企业总市值排名前三，被业内称为中国化妆品行业的"三大巨头"。总体来看，上海家化营收规模领先，但珀莱雅和丸美股份的盈利能力和营运能力更优，各公司在产品结构、渠道布局、营销投放等方面呈现差异化发展。

1. 企业发展

广东丸美生物技术股份有限公司成立于2000年，是中国领先的护肤品企业，以卓越的眼部护理著称化妆品界，拥有全球最大最专业的眼部肌肤研究中心，于2019年7月25日在上海证券交易所上市。在中国拥有超1000个百货公司专柜，超15000个精品加盟店，于2007年推出第一代大单品弹力蛋白眼精华和"弹弹弹，弹走鱼尾纹"的经典广告。公司是国内唯一一家抗衰老产品营收占比超70%的化妆品公司，在抗衰老领域积累了数百万的客群和先进技术，打造差异化的竞争优势。

上海家化联合股份有限公司是中国日化行业历史悠久的民族企业之一，前身是成立于1898年的中国香港广生行，于2001年在上海证券交易所上市。上海家化专注于美容护肤、个人护理、家居护理三大领域，以"研发先行、品牌驱动、渠道创新、供应保障"为经营方针，践行"创新领先、增长领先、品质领先"的发展战略。

珀莱雅化妆品有限公司成立于2003年，专注于运用先进的海洋科技，发掘深海驻颜能量，为亚洲千万女性提供全面、全新的护肤体验，深受大众消费者的青睐和信任。自创立以来，珀莱雅公司凭借先进的营销方式，以及对化妆品消费市场的准确把握，销售业绩保持了稳定、快速增长的良好态势。目前，珀莱雅公司已成为化妆品行业集研发、生产、销售为一体的大型化妆品集团之一，于2017年11月在上海证券交易所上市。珀莱雅一直坚信以质量为导向的营销理念，以权威专家和创新科技为坚强后盾，形成了一整套科学、严谨的管理体系。

2. 产品结构

丸美长期坚持眼部护理的研究，2019年31%的营收源于眼部护理，如精华、眼霜等大单品。公司已营造出眼部抗衰老的头部专业品牌的形象，并积极往其他抗衰老领域延伸。依托自身研发优势、生产优势和经销网络优势，采取与主品牌差异化的市场定位，打造了以"天然食材养肤"为理念的大众化品牌"春纪"以及以"自信时尚"为品牌核心内涵的彩妆品牌"恋火"，形成了中高端与大众化相结合、护肤品与彩妆相结合的多层次品牌结构。

上海家化的前身是成立于1898年的中国香港广生行，公司专注于美容护肤、个人护理、家居护理三大领域。公司旗下拥有多个知名品牌，其中双妹和佰草集是行业中为数不多的高端国货品牌。从品牌端看，公司各子品牌覆盖了不同定位、价格带和客群，品牌矩阵较为完善。从产品结构上看，公司个人、家居护理产品占比较重，公司资源没有完全投入到化妆品领域中。

珀莱雅公司成立于2006年，主品牌"珀莱雅"主打"海洋科技护肤"概念，旗下主要品牌大多在大众或平价市场竞争，覆盖各年龄段消费者，近年来同时着力打造明星单品（热度可持续3~5年）与爆款产品（迎合消费者阶段性需求）。从产品结构上看，公司护肤品占比达86%，占比较高（图14）。

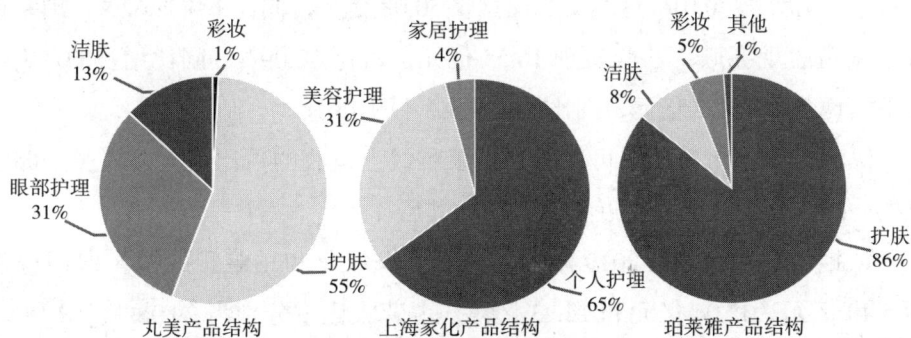

图14　2019年丸美、上海家化、珀莱雅产品结构

3.销售渠道

从销售渠道看，丸美以经销为主、直营为辅，坚持推行渠道和品牌相匹配、线上线下平稳协同发展的全渠道策略，加大渠道创新和支持力度，推广优秀店铺运作模式。其中，线下渠道主要有日化专营店、百货专柜、美容院等，主要通过经销模式进行运营；线上渠道主要为天猫、唯品会、京东等电商平台，主要通过直营、经销模式进行运营。

上海家化借助于营销方面的调整，通过积极推进新媒体应用，更加注重口碑营销，社交媒体投入占比提升至 50% 以上，积极抓住微博、微信、小红书、抖音等营销红利并跟投热剧和综艺，同时进行传统优质媒体投放。在招新方面，充分利用华美家系统实现全品牌联动招新，建立了家化优选小程序商城并初步建立私域流量运营模式，继续深化探索百货渠道的 O2O 一体化工作，并取得了明显的效果。

珀莱雅自 2017 年上市以后，珀莱雅积极拓展线上渠道建设，除与各电商平台紧密配合外，还与微博、微信、抖音、美拍等社交媒体及 KOL 展开深度合作，通过抓住社交人群喜好、社交平台的拉新节点，推出爆款产品，快速提升公司线上营收。丸美和珀莱雅线上占比向 50% 逼近，上海家化由线下主导；线下丸美、珀莱雅重点发展 CS，上海家化重点以商场和母婴为主且线下网点最多、分布最广。

随着我国电商行业趋于稳定，化妆品线上销售渠道逐渐多元化。2019年，丸美线上实现营收 8.08 亿元，占比 44.89%，同比增长 22.89%；线下实现营收 9.92 亿元，同比增长 8.2%。上海家化线上实现营收 25.83 亿元，占比 34%，同比增长 30.01%；线下实现营收 50.08 亿元，同比下降 2.62%。珀莱雅线上渠道表现亮眼，营收实现 16.55 亿元，占比 53.09%，同比增长 60.97%；线下实现营收 14.62 亿元，同比增长 9.8%（图 15）。

纵观三家上市公司，可以看到珀莱雅线上营收的占比最大，超过全部营收的一半，丸美线上占比近 45%，紧随其后。

从销售费用来看，2019 年，丸美、上海家化和珀莱雅的销售费用分别为 5.40 亿元、32.04 亿元和 12.23 亿元，占营收比重分别为 29.98%、42.18%、39.16%。

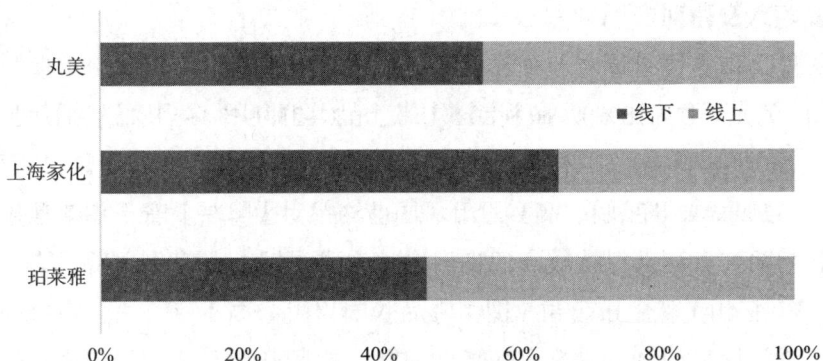

图 15　上市公司线上线下营收占比

4. 产品研发

与国际大牌化妆品企业相比，国内众多化妆品企业在研发投入方面有所欠缺，导致产品品牌知名度与核心竞争力相对较弱，在高档化妆品领域难以与国际大牌抗衡。丸美、上海家化和珀莱雅均有品牌走高端化路线，投入较大的人力、物力和财力支撑产品研发。

2019 年，三大公司的研发费用分别为 0.449 亿元（+32.66%）、1.73 亿元（+15.60%）、0.746 亿元（+45.56%）。其中，珀莱雅研发费用增速在行业内处于领先水平，丸美研发费用在两年内增长近一倍，而同为化妆品市值前三之一的上海家化的研发费用体量较大，但增速较为缓慢。三大公司的研发费用占总营收比重均在 2% 以上，与国际化妆品企业的研发投入水平（3%）看齐。三大企业中，丸美研发费用率最高，达到 2.49%；珀莱雅和上海家化分别为 2.39%、2.28%（图 16）。

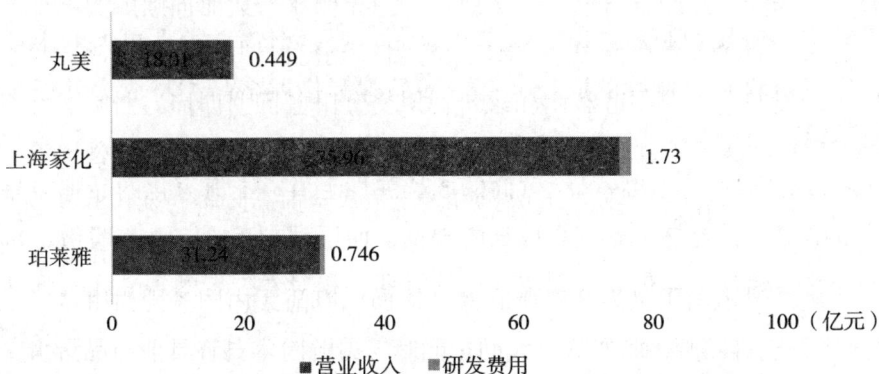

图 16　2019 年三大化妆品上市公司研发费用

5. 收入及盈利

从营收和净利润看，上海家化遥遥领先。2019年，丸美股份实现营业收入18.01亿元（+14.28%），净利润5.15亿元（+23.99%）；上海家化营业收入75.96亿元（+6.43%），净利润5.57亿元（+3.09%）；珀莱雅营业收入达31.24亿元（+32.28%），净利润3.93亿元（+36.73%）。从增速上看，珀莱雅在营收和净利润两大方面都保持较高的稳健增长，成为继上海家化之后，第二家营收突破30亿的美妆上市公司（图17）。

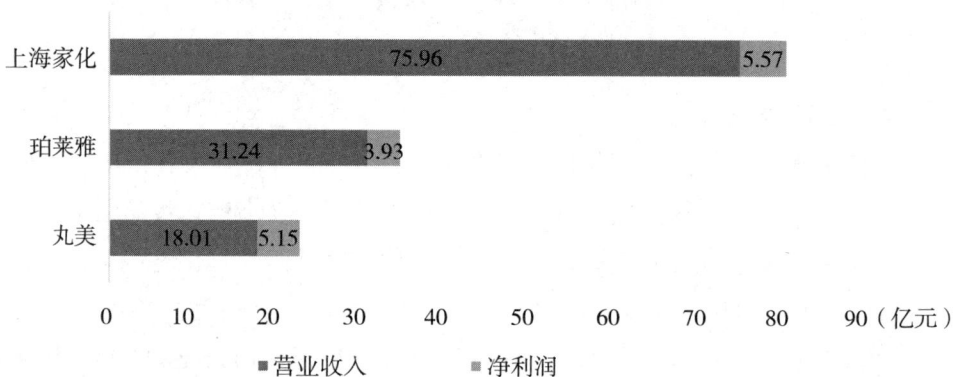

图17　2019年三大化妆品上市公司营业收入和净利润

目前在我国，无论是外资还是本土品牌，其单独影响力均有限，市场格局较为分散，主要原因是单一化妆品品牌难以满足消费者全品类的需求，且产品同质化背景下单品牌用户黏性较低，在这种情况下，对于化妆品运营商来说，集合品牌数量越多，产品覆盖品类越广，其占据化妆品市场份额就越大，因此一直以来，打造多品牌和拓展多品类成为化妆品运营商提升市场份额的必经之路，未来化妆品行业运营商要抢占更大的市场份额，实现营收利润持续的成长，打造多品牌和拓展多品类将成为其成长的重要手段。

从目前国内三大化妆品运营商的成长弹性上看，上海家化的品牌与品类覆盖范围最广，容易限制其高成长的弹性，而反观珀莱雅与丸美股份，目前其二者的品牌与品类仍处于加速开拓的时期，相对看二者的未来成长弹性或许更大。

三、化妆品产业政策环境

（一）国外化妆品政策环境

一个安全、有效的化妆品市场监管体系是促进化妆品行业快速增长的关键要素。化妆品的生产和销售是一个全球化产业，为确保产品安全，防止对使用者健康产生不良影响，所有国家和地区均对化妆品实行法规管控。

在定义方面，欧盟的化妆品系指用于人体外部（皮肤、毛发、指甲、口唇和外阴部）或牙齿以及口腔黏膜的物质或制品，主要起清洁、香化或保护作用，以达到保持良好状况、改变容颜或消除体臭的目的。美国的化妆品指用涂擦、散布、喷雾或其他方法适用于人体的物品，能起到清洁、美化、促使有魅力或改变外观的作用，但不包括肥皂。加拿大的化妆品包括用于清洁、改善或改变面部外观、皮肤、头发或牙齿而制造、销售或提供的任何物质或物质混合物，并且包括除臭剂和香精。日本的化妆品指为了清洁和美化人体、增加魅力、改变容貌、保持皮肤及头发健美而涂抹、散布于身体或用类似方法使用的物品，是对人体作用缓和的物质。韩国的化妆品是指使人体清洁、美化、增添美丽，让容貌变得亮丽，维持肌肤毛发的健康，或者为了增进，作为使用在人体的物品，起到缓和作用的物品。

在法规方面，欧盟化妆品监管的重要法规是化妆品法规 EC 1223/2009，自 2009 年 12 月 30 日颁布后进行了多次修订，重点是对禁限用物质、防腐剂等清单变更。美国化妆品监管的重要法规是《联邦食品、药品和化妆品法案》（Food, Drug and Cosmetic Act，FD&C Act），自 1938 年颁布后，后续无修订版本。在美国，化妆品不仅要满足 FD&C Act，还需要满足美国各州根据实际情况颁布的各州级法规的要求。加拿大化妆品监管的重要法规有 3 部，分别是《食品和药品法案》（Food and Drug Act）、《食品和药品法规》（Food and Drug Regulation）、《化妆品法规》（Cosmetic Regulation），均进行过修订。2017

年 11 月，加拿大开展征求关于化妆品禁限用物质清单的公众意见[1]，意见新增 4 种物质列入禁用物质清单和新增 3 种物质列入限用物质清单。日本化妆品监管的重要法规是《药事法》[2]，于 1960 年由日本厚生劳动省制定。日本对化妆品不实行审批制，但规定企业向当地卫生部门备案产品名称，并对产品的质量和安全性负全部责任[3]；韩国化妆品监管的重要法规是《化妆品法》[4]，对化妆品的制造、进口以及销售等相关事项进行规定，以提高国民保健、发展化妆品产业为目的，是化妆品业界最高级别法规，也是最基本的化妆品法律。

目前，世界各国市场化妆品法规框架遵循的模式主要有以下两种。

（1）广义的化妆品定义。以欧盟为代表，为了确保安全，建立允许使用成分列表、禁用和限用成分列表，明确要求安全测试和保留安全数据文件。产品定义宽泛，一些有微弱治疗作用的产品也归入化妆品范围，不会产生边缘产品。

（2）狭义的化妆品定义。以美国为代表，限制使用成分很少，安全检测方式由生产厂商承担。有些产品基于成分的说明，不符合化妆品定义，属于非处方药。在美国产品可以同时是化妆品和非处方药两个种类。

（二）中国化妆品政策环境

《楚辞》有云："粉白黛黑，施芳泽只。"化妆品在我国的使用历史悠久，现在已然成为人们日常生活中不可或缺的必需品。而化妆品产业的良性发展，离不开健全的监管体系和完善的法规体系。

---

[1] Government of Canada. Consultation on proposed updates to the Cosmetic Ingredient Hotlist: Prohibited and Restricted Ingredients [EB/OL]. [2017–11]. https://www.canada.ca/en/health-canada/programs/consultation–proposed–updates–cosmetic–ingredients–hotlist/proposed–updates–cosmetic–ingredients–hotlist.html.

[2] Pharmaceuticals and Medical Devices Agency. Pharmaceutical Affairs Law of Japan[EB/OL].1960–08–10. http://www.docin.com/p-1438707379.html.

[3] 邢书霞，苏哲，左甜甜，等．世界主要国家和地区化妆品监管体系和法规修订进展 [J]．环境与健康杂志，2016，33（2）:165–168.

[4] South Korean Ministry of Health and Welfare. Cosmetic Act[EB/OL].2018–03–13. http://www.law.go.kr/%EB%B2%95%EB%A0%B9/%ED%99%94%EC%9E%A5%ED%92%88%EB%B2%95.

为了加强化妆品卫生监督，保证化妆品的卫生质量和使用安全，经国务院批准，《化妆品卫生监督条例》于1990年1月1日开始实施。这是我国监督化妆品卫生安全的第一部法规，标志着中国化妆品卫生监督管理走上了法制化管理的道路。

早年，由于化妆品行业准入门槛低、生产技术难度较低、管理法规出台不及时，市场需要刺激生产，使一些不具备技术和生产条件的企业挤进此行列，加之生产企业卫生意识淡薄，致使这一阶段生产出来的化妆品在卫生质量方面出现不少问题。虽然20世纪80年代中后期各地陆续制定地方法规，对化妆品生产企业的生产和经营进行监督管理，对促进本地区化妆品卫生质量的提高和保障消费者的利益起到了积极作用，但地方性法规仍具有一定的局限性。由于各地管理方法、形式不一致，以及存在地方保护主义，一些地方法规仅从本地区角度出发，由此也带来了一些管理方面的弊病，因此，制定全国性的化妆品卫生监督法规已显得十分迫切了。

1985年开始，卫生部参考美国、欧盟、日本等十几个国家和地区的化妆品卫生管理法规，并对全国化妆品卫生质量和化妆品对皮肤损伤进行调查，对化妆品的微生物、卫生化学和安全性评价程序及方法进行研究验证，会同轻工部进行《化妆品卫生管理条例》（后改名为《化妆品卫生监督条例》）的起草工作。在各有关方面的共同努力下，先后形成了《化妆品微生物标准检验方法 细菌总数测定》（1988年）、《化妆品卫生化学标准检验方法 铅》（1988年）、《化妆品安全性评价程序和方法》（1988年）、《化妆品卫生监督条例》（1989年）、《化妆品卫生监督条例实施细则》（1991年）等管理和技术法规，经国务院、国家技术监督局和卫生部批准执行。

《化妆品卫生监督条例》及各种技术法规的颁布执行，使我国化妆品的生产和销售走上了法制管理轨道，促进了我国化妆品卫生质量的提高。官方公布数据，1990年，化妆品抽检合格率为91.7%，化妆品销售单位抽检样品1344个，合格率96.8%，比1985年市场抽检合格率有了明显提高。

《化妆品卫生监督条例》制定三十年，为中国化妆品安全保障发挥了积极作用。随着管理体制变革、行业快速发展、市场需求巨变，国家药品监督管理局启动起草新版《化妆品监督管理条例》，在经历广泛调研、深度专题研讨、公开征求意见等一系列程序后，2020年6月29日，国务院发布《化妆品监督管理条例》，化妆品监督管理法规即将实现新的升级。同时《化妆品注册管理办法》《化妆品生产经营监督管理办法》《化妆品生产质量管理规范》等配套文件也陆续征求意见，有望与新条例同步实施。

1. 化妆品监管法规体系

我国化妆品监管法规和标准起始于20世纪80年代后期，此后颁布了大量与化妆品相关的法律、法规、规章、规范性文件、标准和技术要求，其中有部分专门针对化妆品卫生安全监管的，也有针对与工业产品质量通用的规定和要求。

化妆品法规发展的20年大致可以分为两个阶段：第一阶段为20世纪80年代末至90年代末的10年，此阶段主要是化妆品监管法规的确立和相关标准和技术要求的建立。这一阶段的工作是开创性的，我国化妆品法规监管从无到有，为我国今后的化妆品法规的发展奠定了基础。第二阶段为21世纪初期以来，随着我国法律法规整体建设的发展，化妆品法规也逐步得以完善。此阶段主要是规范化妆品监管，完善化妆品法规和技术规范。

1989年11月颁布的《化妆品卫生监督条例》是我国第一部关于化妆品监督管理的国家法规，是实施化妆品安全监管的最主要的法律依据，它的颁布与实施，标志着我国化妆品管理逐步走向了法制化轨道。该条例及其实施细则对化妆品的定义、范围以及分类进行了明确规定，并根据化妆品的不同作用及风险程度，将其分为特殊用途化妆品和一般用途化妆品，实行分类管理，同时设定了化妆品主要的监管制度和措施。

为了保证《化妆品卫生监督条例》和《化妆品卫生监督条例实施细则》在实践中能够更好地贯彻实施，满足监督管理的需要，并进一步完善化妆品的相关技术法规，卫生部于1999年参照欧盟关于化妆品相关规定制定发布了《化妆品卫生规范》，取代此前的《化妆品卫生标准》，并于2002年和2007年根据实践的需要进行了两次修订。2003年国家出台《行政许可法》，规范政府的行政许可行为，相关的行政主管部门陆续发布一系列新的部门规章和规范性文件，例如卫生部制定的《健康相关产品卫生许可工作程序》《化妆品行政许可申报受理规定》《化妆品安全技术规范》，国家食品药品监督管理局制定《化妆品产品技术要求规范》等。这一系列法规规章等文件的制定，使我国的化妆品安全监管形成了一个较为完整的法律体系。

2013 年国务院机构改革，化妆品行政许可 / 备案、生产许可和上市后监管等统一由新组建的国家食品药品监督管理总局承担。国家食品药品监督管理总局出台政策，开展"二证合一"工作，将国家质量监督检验检疫总局发放的全国工业产品生产许可证和省级食药部门发放的化妆品生产企业卫生许可证统一调整为由省级食药部门发放化妆品生产许可证。

2017 年 3 月，为贯彻落实党中央、国务院的决策部署，加快政府职能转变，充分激发市场主体活力，在不降低产品安全监管要求的前提下，国家食品药品监督管理总局探索创新机制，以上海浦东新区证照分离试点改革为契机，将上海浦东新区进口的非特殊用途化妆品由行政许可调整为备案管理，将事前审批模式调整为以事后监管为主的备案管理模式。通过改革，企业大大缩短备案时间，产品可快速投放市场。

2018 年 1 月 5 日，国家食品药品监督管理总局发布《化妆品风险监测工作规程》，以进一步规范和加强化妆品风险监测工作。1 月 9 日，国家食品药品监督管理总局公布《化妆品分类规范（征求意见稿）》，该规范以产品功能宣称、作用部位、产品剂型和使用人群为依据细化分类，实施编码原则，实行开放式分类表格设计，可依据行业和科技的发展对分类进行动态增补或调整。这一行动将有利于在确保产品质量安全的前提下，建立科学合理的化妆品分类方式，为化妆品行业的规范发展和科学监管提供依据。4 月，在新一轮机构改革的推动下，国家食品药品监督管理总局首次单独设立化妆品监督管理司，体现了党和国家对化妆品的高度重视。化妆品监督管理司（以下简称化妆品监管司）对化妆品注册备案以及上市后的监管实现了统一，开启了化妆品监管新篇章。技术支撑单位均成立专业化妆品处室，大部分省成立了化妆品监管的专业处室。专门的化妆品监管部门意味着更加专业化的监管，使监管工作协调到位，遏制行业内的不良现象。11 月，国家食品药品监督管理总局发布《关于在全国范围实施进口非特殊用途化妆品备案管理有关事宜的公告》，明确首次进口非特殊用途化妆品由现行审批管理和自贸试验区试点实施备案管理，调整为全国统一备案管理，国家药品监督管理部门不再受理进口非特殊用途化妆品行政许可申请。12 月 18 日，司法部正式向世界贸易组织（WTO）通报了《化妆品监督管理条例》（草案），标志着条例的修订工作取得重大进展。结合条例的修订《化妆品生产质量管理规范》《化妆品

网络销售监督管理办法》《非特殊用途化妆品备案管理办法》等法规标准建
设也有序推进。

2019 年 5 月，国家药品监督管理局发布《关于实施特殊用途化妆品行政
许可延续承诺制审批有关事宜的公告》，进一步简化特殊用途化妆品延续注册
程序，审批速度大幅提升。9 月，国家药品监督管理局发布《关于发布实施化
妆品注册和备案检验工作规范的公告》，规范化妆品注册和备案检验工作，为
化妆品安全监管提供有力技术支撑。11 月，国家药品监督管理局就《化妆品
境外检查暂行管理规定（征求意见稿）》公开征求意见。为加强化妆品宣称和
宣传用语规范力度，12 月 24 日，国家药品监督管理局发布《识别化妆品违法
宣称和虚假宣传》，以界定化妆品宣称用语。

2020 年 6 月 29 日，国务院公布《化妆品监督管理条例》，新条例的颁布
旨在更好地保证质量安全，促进产业发展。业内预期，政策环境的不断变化
将给产业发展带来积极影响，有利于净化市场，促进提高行业集中度，提升
行业整体水平。

2. 化妆品监管制度体系

（1）许可制度建设

①建立和完善化妆品企业卫生许可制度。化妆品生产企业卫生许可主要
依据《健康相关产品卫生行政许可程序》《健康相关产品生产企业卫生条件审
核规范》以及《化妆品生产企业卫生规范》开展。2009 年下半年至 2010 年，
国家食品药品监督管理局就《化妆品卫生许可管理办法（征求意见稿）》征求
意见。为统一各种不同的化妆品类别划分，2011 年底，国家食品药品监督管
理局公布《化妆品生产企业许可证类别划分（征求意见稿）》，在具体程序上，
对委托加工企业卫生条件审核申请主体予以了明确。2012 年 3 月，卫生部就
《化妆品生产企业许可管理办法（征求意见稿）》征求意见。2013 年，国家食
品药品监督管理总局发布《食品药品监管总局关于进一步做好当前化妆品生
产许可有关工作的通知》（食药监药化监〔2013〕213 号），明确根据《国务院
办公厅关于印发国家食品药品监督管理总局主要职责内设机构和人员编制规
定的通知》（国办发〔2013〕24 号）规定，"将化妆品生产行政许可与化妆品
卫生行政许可两项行政许可整合为一项行政许可"以及"牙膏类产品列入化
妆品监管范围"等事项。2015 年，国家食品药品监督管理总局发布《关于化

妆品生产许可有关事项的公告》（2015 年第 265 号）推进全国工业产品生产许可证和化妆品生产企业卫生许可证的"两证合一"。

②建立产品审批机制。国家药品监督管理局先后对产品申报受理，许可抽样，批件的变更、补发、注销，许可终止或撤回，进口化妆品在华责任单位备案与变更等作出明确具体的规定，进一步完善了许可程序；其次，完善许可检验制度，出台《化妆品行政许可检验管理办法》，组织认定全国 23 家化妆品行政许可检验机构并明确其工作职责，进一步加强许可检验检测的监督管理；第三，注重提升审评专家力量和技术水平。于 2010 年 7 月出台《化妆品审评专家管理办法》，同年 9 月出台《化妆品技术审评要点》和《化妆品技术审评指南》。2011 年 4 月，国家食品药品监督管理局印发《化妆品行政许可延续技术审评要点》，明确了化妆品延续产品技术审评的要求及判定原则。同年 10 月，国家食品药品监督管理局就《化妆品审评专家考核办法（征求意见稿）》征求意见。

③强化非特殊用途化妆品备案管理，优化申报程序。为加强国产非特殊用途化妆品备案管理工作，提高化妆品卫生监督管理水平，2009 年 4 月，国家食品药品监督管理局发布《关于加强国产非特殊用途化妆品备案管理工作的通知》。2010 年 11 月，国家食品药品监督管理局以简化进口非特殊用途化妆品申报资料，提高化妆品备案管理工作效率为目标颁发《关于进一步简化有关进口非特殊用途化妆品申报资料要求的通知》。2011 年 4 月，国家食品药品监督管理局制定出台《国产非特殊用途化妆品备案管理办法》，对备案工作程序和资料进一步予以规范。2013 年末，国家食品药品监督管理总局调整化妆品注册备案管理思路，发布了 2013 年 10 号公告，要求 2014 年 6 月 30 日起，国产非特殊用途化妆品生产企业应当在产品上市前按照国产非特殊用途化妆品备案要求对产品信息进行网上备案。2017 年起，开展进口非特殊用途化妆品审批改备案工作试点工作，进一步优化进口非特殊用途化妆品备案程序。2017 年 5 月 12 日，中国进口非特殊用途化妆品审批改备案上海市浦东新区试点改革启动。2018 年 3 月，国家食品药品监督管理总局发布《关于在更大范围试点实施进口非特殊用途化妆品备案管理有关事宜的公告》，提出进一步推广和复制上海自贸区试点经验，在天津、辽宁、浙江、福建、河南、湖北、广东、重庆、四川、陕西 10 个自贸区，扩大试点实施进口非特殊用途化

妆品备案管理工作。同年10月，国务院发布《关于在全国推开"证照分离"改革的通知》，决定自11月10日起对首次进口非特殊用途化妆品行政许可由审批管理改备案管理。同年11月，国家药品监督管理局发布《关于在全国范围实施进口非特殊用途化妆品备案管理有关事宜的公告》，将首次进口非特殊用途化妆品调整为全国统一备案管理，改事前"点头"为事后"摇头"，首次进口非特殊用途化妆品备案管理时代开启。

④建立安全评价制度。国家药品监督管理局在完善化妆品许可管理中，始终突出安全这一重中之重。主要表现在对所使用原料特别是首次在国内使用的新原料的安全性方面提出相关要求。一是新原料的界定。2003年4月，卫生部印发《中国已使用化妆品成分名单（2003年版）》，整理了截至2000年底我国已使用化妆品原料3265种。2011年12月—2012年9月，为进一步加强化妆品原料的管理，国家食品药品监督管理局分三批四次就《已使用化妆品原料名称目录（征求意见稿）》征求意见，为新原料的判定提供依据，并于2015年12月正式颁布《已使用化妆品原料名称目录（2015版）》。二是提出新原料安全性评价制度要求。2010年11月，国家食品药品监督管理局就《化妆品新原料安全性评价指南（征求意见稿）》征求意见。为加强化妆品新原料的行政许可工作，确保化妆品产品质量安全。2011年5月，国家食品药品监督管理局印发《化妆品新原料申报与审评指南》，在规范新原料申报程序、申报资料、判定依据的同时，明确了新原料的审评原则。

（2）上市后监管制度建设。上市后化妆品的监管工作主要包括：化妆品的监督抽检、生产经营企业的监督检查、不良反应监测等。为了做到化妆品安全事件的早发现、早预防、早整治、早解决，提高我国化妆品质量安全水平。近年来，国家药品监督管理局以发现问题为导向，以监督抽检作为主要抓手对上市后的化妆品实施监管。

①建立不良反应监测制度。化妆品不良反应监测是强化化妆品上市后监管，及时、有效控制化妆品使用风险的重要手段。2011年，国家食品药品监督管理局下发《关于加快推进保健食品化妆品安全风险控制体系建设的指导意见》（国食药监许〔2011〕132号）和《关于加快推进化妆品不良反应监测体系建设的指导意见》（国食药监保化〔2011〕476号）文件，对推进化妆品不良反应监测体系建设提出了指导性意见。2014年，国家食品药品监督管理

总局下发《关于开展化妆品不良反应监测试点工作的通知》（食药监药化监便函〔2014〕219号）文件，在全国部分省（区、市）开展化妆品不良反应监测试点工作。经过试点工作，各省化妆品不良反应监测机构陆续建立，我国逐渐形成了国家、省、监测点三级监测体系架构。近年来，国家药品监督管理局和国家药品不良反应监测中心陆续发布了《化妆品不良反应监测工作指南（草案）》等文件，指导各级监测机构加强化妆品不良反应监测工作，并启动了化妆品监管监测法规起草及修订程序。

②建立产品可追溯制度。现行化妆品管理相关规定，化妆品经营企业无需事前获得许可。因此，保障产品来源的可靠性是规范经营的重要事项，对流通领域发现的违法产品及时追根溯源，控制问题产品流向，是控制风险的重要环节。为此，2012年，国家食品药品监督管理局印发《化妆品生产经营企业索证索票和台账管理规定》，要求企业建立索证索票制度，认真查验供应商及相关质量安全的有效证明文件，加强台账管理，如实记录购销信息，并由相关部门或专人负责索证索票和台账管理工作，相关人员应当经过培训。因此，企业落实进货查验、索证索票等各项质量安全制度的情况也是日常监督的重点。

③加强化妆品标签管理制度。产品标签标识的信息是消费者了解产品最直接的渠道，产品标识信息的完整性与真实性直接关乎消费者的选择和使用安全。完整的正确标识保障了消费者的知情权，消费者可根据自身皮肤状况选择适合的产品；警示性的标识则起到预防不良反应发生的可能性，避免消费者误用发生意外的伤害。2008年9月1日《化妆品标识管理规定》施行，要求化妆品标识要标注全成分表，并对化妆品标识作了进一步规定，包括化妆品标识应当标注和禁止标注的内容、标识形式要求等。2010年2月，为保证化妆品命名科学、规范，保护消费者权益，国家食品药品监督管理局发布《化妆品命名规定》。2010年11月和2011年4月，国家食品药品监督管理局先后两次就《化妆品标签管理规定（征求意见稿）》及《化妆品标签标注指南（征求意见稿）》征求意见，征求意见稿规定化妆品标签应真实科学，清晰完整，易于辨认和阅读，不得欺骗、误导消费者，并对化妆品名称、生产企业名称和地址、卫生许可证编号、批准文号或备案号、成分、生产日期和保质期（或生产批号和限期使用日期）、安全警示用语、使用方法和储存条件的标注提出

了明确要求。

④开展上市后监督抽检工作。2017年7月，为规范化妆品监督抽检工作，根据《化妆品卫生监督条例》等有关法规规章，国家食品药品监督管理总局组织制定了《化妆品监督抽检工作规范》。通过近几年的监督抽检工作，我国逐步建立了国家药品监督管理局领导，省级药监部门为主体，中国食品药品检定研究院和省级药品检验机构为技术依托的化妆品安全抽检工作体系。国家药品监督管理局负责统一制定化妆品抽检计划，对全国监督抽检工作进行督导考评，对承检机构开展质量控制考核活动，必要时开展飞行检查，以了解监督抽检工作进展情况，并解决实际工作中存在的问题。省级药监部门除完成国家药品监督管理局部署的化妆品监督抽检任务外，还会根据当地化妆品生产消费特点，易发、多发问题等情况，制定本辖区内的化妆品监督抽检计划，并组织实施。

（3）风险管理制度。化妆品安全是关系到消费者健康的重要问题，也是化妆品管理部门及生产企业关注的重大问题。我国化妆品监管经历了强调卫生监督向安全监督转变过程。化妆品安全监管更是借鉴和植入了风险监测和风险评估制度，通过完善的产品安全风险控制体系来保障产品的安全性。2010年8月，国家食品药品监督管理局印发《化妆品中可能存在的安全性风险物质风险评估指南》，明确了风险评估基本程序、评估资料的内容要求及审评原则，对指导开展化妆品原料中可能存在的风险物质评估工作意义重大。2011年3月，国家食品药品监督管理局印发《关于加快推进保健食品化妆品安全风险控制体系建设的指导意见》，明确提出在"十二五"规划期间构建一个保健食品化妆品安全风险监测和预警平台及评价监测网络、安全风险监测网络、监督检验网络、化妆品不良反应监测网络等四个网络建设，通过对各类安全风险信息的分析评估，快速实施或调整风险管理措施。

化妆品安全离不开化妆品风险评估，2015年底国家食品药品监督管理总局出台的《化妆品安全风险评估指南》征求意见稿表明我国化妆品安全风险评估工作将进入一个新的发展阶段。化妆品的风险评估在化妆品的标准规范制定、突发化妆品安全事件、风险交流及化妆品的安全评价中发挥着重要的作用。

2018年1月，国家食品药品监督管理总局印发《关于进一步规范化妆品风险监测工作的通知》，进一步规范和加强化妆品监测工作，并在中国食品药品检定研究院设立化妆品风险监测秘书处，承担组织协调和日常管理。8月，国家食品药品监督管理总局制定《化妆品风险监测工作规程》，对工作原则、计划制定、采样、检验、监测报告、结果利用和工作要求作出规定，确保监测公正的科学公正，以及监测结果的客观、真实和准确。

此外，在评估技术保障方面，国家药品监督管理局组建了化妆品安全专家委员会，下设安全风险评估专门委员会；组织制定了《化妆品中可能存在的安全性风险物质风险评估指南》，指导开展化妆品安全性评价工作。我国的化妆品监管理念正逐步向以风险分析为原则、以风险评估为基础、以风险管理为手段转变。

（4）企业主体责任制度。化妆品企业是质量安全责任人，产品安全首先依赖于企业的自律和自我约束。虽然目前由于国情和行业发展现状，政府部门的监管仍然处于主要地位，但随着社会和行业的快速发展，明确企业为产品质量安全的第一责任人，逐步引导企业提高主体责任意识，督促企业严格自律，对促进行业的规范快速发展有着重要意义。2011年8月，国家食品药品监督管理局印发《关于开展保健食品化妆品生产企业质量受权人试点工作的通知》，旨在通过实施保健食品、化妆品生产企业质量受权人制度，确立专业技术人员在企业质量管理活动中的主导地位，推动企业完善产品质量安全管理机制，强化企业是产品质量安全第一责任人的意识。

（5）跨境电商进出口税收制度。跨境电商零售进口税收包括关税、增值税和消费税三种。自2014年合法化跨境电商业务后，国家财政部、税务总局等相关部门陆续发布了多项政策调整进口商品税收政策，不断降低税率，增加公民购买较强的消费品进口，扩大国内消费。

根据2015年4月28日国务院常务会议决定，为完善消费品进出口政策，丰富国内消费者购物选择，对国内消费者需求大的部分日用消费品要开展降低进口关税试点，其中，护肤品进口关税税率由5%降低到2%。

2016年4月，《财政部 海关总署 国家税务总局 关于跨境电子商务零售进口税收政策的通知》规定对跨境电子商务零售进口货物征收进口税收。同年10月，《财政部 国家税务总局 关于调整化妆品消费税政策的通知》决定取消对普通美容、修饰类化妆品征收消费税，将"化妆品"税目名称更名为"高档化妆品"。征收范围包括高档美容、修饰类化妆品、高档护肤类化妆品和成套化妆品，税率调整为 15%。

2017 年 12 月，国家财政部发布《国务院关税税则委员会关于调整部分消费品进口关税的通知》，将进一步降低部分消费品进口关税，其中，唇膏、眼影、香水等化妆品关税由 10% 降至 5%。

2018 年 4 月，国家税务总局下发《关于调整增值税税率的通知》，将制造业等行业增值税税率从 17% 降至 16%。将跨境电子商务零售进口商品的单次交易限值由人民币 2000 元提高至 5000 元，年度交易限值由人民币 20000 元提高至 26000 元。同年 11 月，财政部、海关总署和税务总局三部门印发《关于完善跨境电子商务零售进口税收政策的通知》，将跨境电子商务零售进口商品的单次交易限值由人民币 2000 元提高至 5000 元，年度交易限值由人民币 20000 元提高至 26000 元。

此外，国家针对化妆品广告、知识产权等方面也制定了相应的制度和条例。各地方在化妆品条例的制定和出台方面起到了积极的推动作用，如《广东省化妆品安全条例》于 2019 年 7 月 1 日起施行，是我国第一部化妆品安全监管地方法规。

四、化妆品产业公众认知状况

中国化妆品市场是全球化妆品行业发展最快的市场之一。在居民可支配收入的不断提升、国人对外在形象要求与认知的提高以及核心消费人群结构的变化等一系列因素驱动下，国内化妆品行业近几年来一直保持着稳健的增长，尤其是近两年以来，国内化妆品市场增速不断提升。

随着化妆品市场的快速发展，消费者对化妆品的需求量越来越大，对化妆品安全信息关注度也越来越高。中国健康传媒集团舆情监测中心早在 2016 年建设了国内首个专注于食品、药品、医疗器械、化妆品领域的中国食品药品舆情监测系统。研究院通过该系统对化妆品舆情监测的数据情况进行梳理，结合化妆品领域热点事件，就整体数据增长情况、媒体平台分布情况、负面信息占比情况、舆情反映的突出问题等方面进行分析，揭示社会舆论对于化妆品的关注特点。

（一）化妆品舆情数据分析

1. 化妆品相关信息量逐年递增

从化妆品数据来看，相比 2016 年、2017 年，2018 年整体数据量显著增多。2019 年数据量相比 2018 年有所下降（图 18）。

从化妆品在药械化整体舆情数据量占比来看，2018 年首次突破 10%，2019 年占比保持稳定（图 19）。

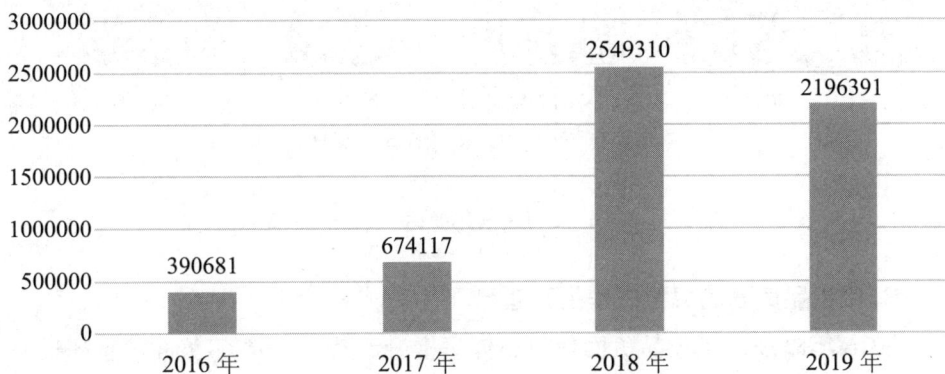

图 18　2016—2019 年化妆品数据量

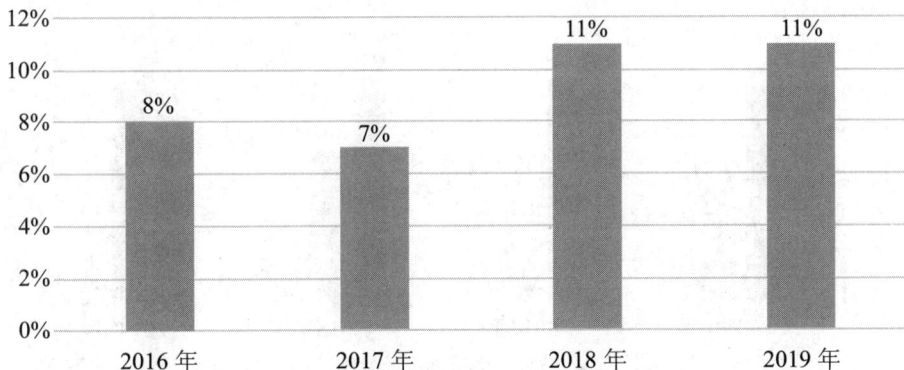

图 19　2016—2019 年化妆品占药械化舆情数据总量比例

2. 社交媒体平台活跃度逐年攀升

2016 年以来，化妆品舆情数据传播平台占比情况（图 20），以微博、微信为代表的新媒体平台成为舆情来源主渠道，特别是社交媒体平台数据量

2019 年已超九成。

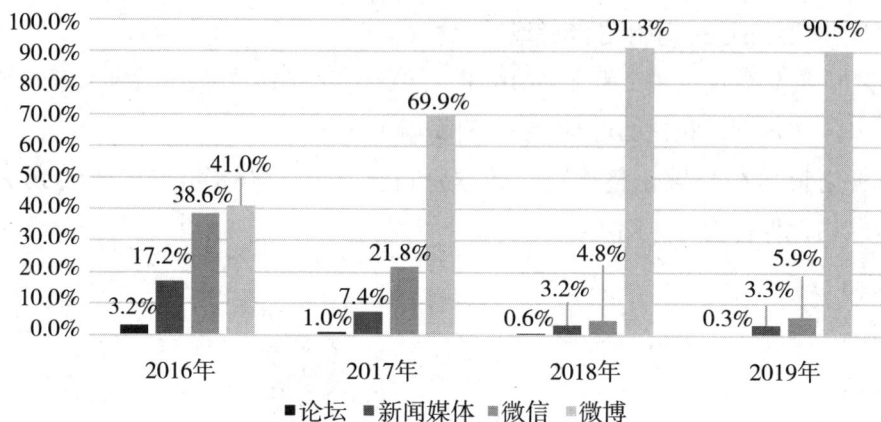

图 20　2016—2019 年化妆品传播平台占比

3. 化妆品负面信息整体呈上升趋势

2016 年以来，化妆品负面信息整体呈上升趋势，2019 年负面信息超过五成，正面信息量占比创历史新低（图 21）。

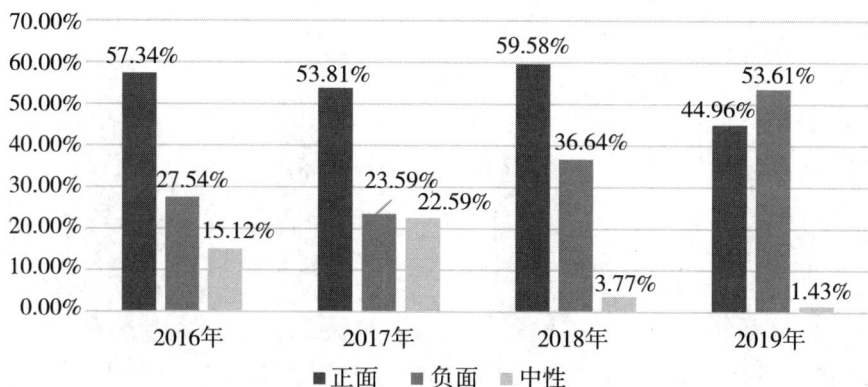

图 21　2016—2019 年化妆品正负面信息量对比

随着社交媒体平台的普及，"人人都有麦克风"的时代已经来临。公众可以随时随地表达自己的想法，遇到化妆品质量问题，如过敏、过期、安全事件等会及时反馈并分享给更多人，致使更多的化妆品负面信息被曝光。

此外，微商、海购等平台的发展，也让化妆品品类"鱼目混杂"，普通公众难以甄别。因此，化妆品负面舆情信息呈增长趋势。

4. 假冒伪劣、品质不合格问题突出

通过统计中国健康传媒集团 2016 年以来共 180 期《舆情周刊》热点事件排行榜的 1800 个舆情事件发现，化妆品舆情事件总计 98 个，占比 5.4%（图22）。热点事件主要涉及境内外的化妆品安全事件、监督抽检不合格、假冒伪劣问题、跨界营销化妆品等（表 5）。

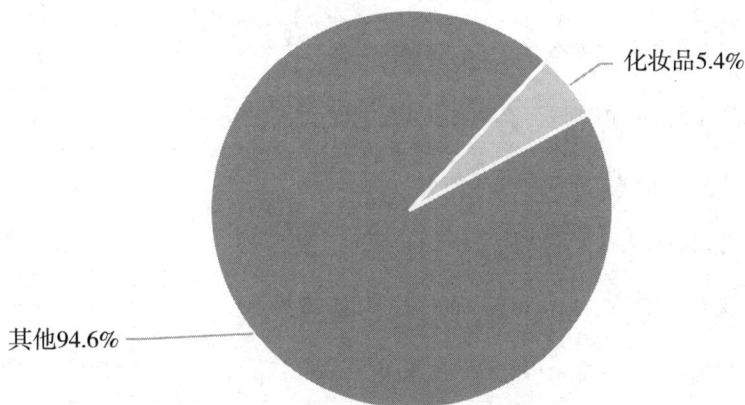

化妆品5.4%

其他94.6%

图 22 化妆品热点事件占比

表 5 典型热点事件列表（部分）

序号	事件	时间
1	罗志祥女友售卖山寨名牌香水将对顾客双倍赔偿	2016 年 9 月
2	面膜毁容引质疑，明星"微商"创业变"危商"	2016 年 9 月
3	韩国化妆染料抽检近半不合格	2016 年 10 月
4	屈臣氏面临产品监管考验：所售面膜登黑榜	2016 年 11 月
5	多家网店公然售卖过期化妆品，店主称都是"愿打愿挨"	2016 年 11 月
6	知名化妆品出现假冒"中国官网"	2017 年 7 月
7	徐州警方缴获 23 吨假冒化妆品涉案金额逾 2 亿元	2017 年 8 月

序号	事件	时间
8	宝洁多款洗发水二噁烷含量超标公司：我们的检测显示合格	2017 年 9 月
9	浙江 20 岁小伙网购面膜治痘全身冒出红疹差点没命	2017 年 9 月
10	法国消协调研报告揭问题唇膏雅漾依泉均上榜	2017 年 9 月
11	或损伤眼部日本资生堂宣布召回 40 万根眼线胶笔	2017 年 9 月
12	自制中药口红安全存隐患监管亟待完整	2018 年 2 月
13	网红制售"山寨洗面奶"安全性惹人忧	2018 年 2 月
14	进口非特备案试点扩大化妆品进口提速	2018 年 3 月
15	苏州破获大批假冒化妆品涉案金额 1000 余万元	2018 年 3 月
16	汉方育发素："似曾相识"的广告假出新高度	2018 年 5 月
17	化妆品：海外镀金再引热议监管手段亟需创新	2018 年 7 月、8 月
18	云南白药"处方门"：配方有争议标准存质疑	2018 年 10 月
19	浙江跨国假香水案案值超千万	2018 年 10 月
20	湘潭市破获生产销售假冒化妆品案货值金额高达 1.3 亿元	2018 年 11 月
21	化妆品：宣称"药妆"系违法	2019 年 1 月
22	故宫彩妆因质量不佳停产	2019 年 1 月
23	多款宝宝霜被指含激素	2019 年 2 月、3 月
24	颐和园彩妆被指"侵权""假货"	2019 年 3 月
25	美国一项研究表明防晒霜或含有害成分被吸收进入血液	2019 年 5 月
26	强生爽身粉遭刑事调查"致癌门"再起千层浪	2019 年 7 月
27	长沙警方破获假冒日化用品案涉案金额 1.6 亿	2019 年 7 月

续表

序号	事件	时间
28	"脱发焦虑"蔓延治脱防脱乱象多	2019 年 8 月
29	新版中国药品监管 APP 上线增设药械化妆品数据查询	2019 年 9 月
30	"欧莱雅"专柜发布虚构使用商品效果广告被罚 20 万元	2019 年 11 月

在 98 个热点事件中，涉及假冒伪劣问题占比最高，达 38%，非法添加事件占比 14%，品质不合格、指标超标、虚假宣传、非法走私等问题占比较高（图 23）。

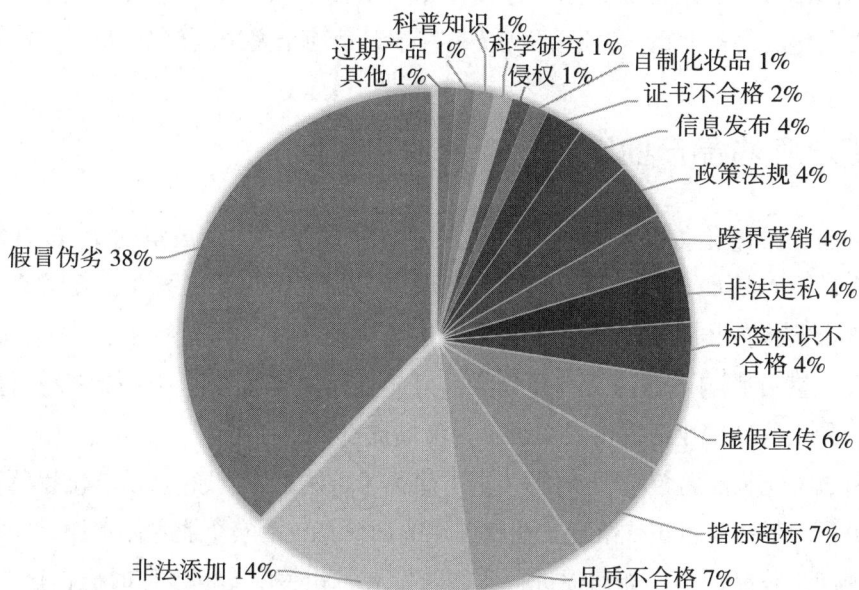

图 23　热点舆情事件问题分布

（二）化妆品舆情事件特点

通过监测数据显示，相比食品药品领域，化妆品舆情事件热度较低，但化妆品舆情触点多，仍存诸多风险隐患。其中，防晒产品、面膜、口红等产品最受关注，热点事件中超过一半的事件涉及国外或境外的化妆品品牌。在涉及国外化妆品方面的事件中，假冒事件占比高，特别是微商、代购、海淘等平台。由于各国监管政策等方面的差异，产品虚假宣传问题也较为突出。另外，化妆品负面信息逐年增加，随着互联网的不断发展，化妆品越来越国际化，导致化妆品质量参差不齐。

通过分析舆情数据和舆情事件可以看出，化妆品行业存在明显的"三个不对称"。一是信息不对称，公众对化妆品知识的需求更多体现在安全使用、选购方法等方面，而企业发布信息多集中在广告宣传，强调产品卖点，这种不对称下出现的用妆误区容易使谣言滋生；二是期待不对称，公众对化妆品功能、品牌等的期待越来越高，一些负面舆情事件的爆发，易给公众造成企业为逐利而缺乏社会责任的刻板印象；三是认知不对称，企业、行业平时对舆情风险的关注程度与舆情事件本身带来的负面效果相比，存在不对称，舆情事件发生后易被舆情"牵着鼻子走"，甚至是负面个案影响整个行业的口碑。

五、化妆品产业发展趋势预测和建议

目前，国内化妆品市场就像一块快速膨胀的蛋糕，发展空间十分广阔。作为今后重点发展方向的服务与消费领域之一的中国化妆品行业，在消费升级和需求扩大的推动下，将迎来更多的市场机会。这一方面反映了处于"颜值主义"盛行影响下的消费选择趋势，另一方面表现了经济发展带来的消费升级，为化妆品行业把握发展契机赢得市场提供重要参考。

新版《化妆品监督管理条例》（以下简称《条例》）的颁布预示着化妆品相关二级条例和法规将正式落地，业内关注的如何真正落实企业主体责任、如何有效开展化妆品评估、如何促进行业创新发展、相关配套制度何时出台落地、对于行业灰色地带如何整治等关键问题将逐渐改善并解决。

（一）市场潜力巨大，消费人群扩大

化妆品作为一种日用消费品，已经成为中国大众生活中不可或缺的日用品。2020年，消费需求趋势在60后即"婴儿潮"退休一代消费能力的推动下，属于中国化妆品消费者的十年已经到来，中国经济从基础设施建设、房地产与出口贸易等传统领域转型发展，多元经济主导下的化妆品行业将充满活力。

与此同时，中国化妆品原料、中间体及中间技术在全球贸易战中更有竞争优势，化妆品市场发展潜力巨大。

借助经济发展、消费升级以及互联网的普及，化妆品市场渗透率不断提高，80后、90后成为化妆品的主要消费人群，消费群体趋于低龄化。在化妆品网络零售中，90后在2020年开始迈入30岁，是这个社会最中坚的消费力量，成为主流消费群体，占比超过6成。随着这一群体年龄的增长和收入的增加，化妆品消费潜力逐渐释放，化妆品市场将迎来消费升级，产业规模将继续快速增加。

值得注意的是，随着时代的变革，化妆品已不仅仅是女性的专用品，越来越多的男性对于形象管理的投入逐渐增加，根据2018美妆消费报告中的相关数据显示，2018年男性美妆消费人数增速已超过女性。男士化妆品市场的兴起拓宽了未来化妆品产品线，是另一片亟待挖掘的新"蓝海"。

（二）"颜值经济"崛起，各区域蓬勃发展

在国家新旧动能转换，淘汰落后产能，扶持能耗低、污染少、经济附加值高等新兴产业的背景下，大部分省份认识到化妆品产业对地方经济的强力推动作用，开始大力发展化妆品产业。受浙江美妆小镇、上海东方美谷、广州白云区等示范性化妆品经济区的带动和影响，山东、重庆、成都等省市也开始大力鼓励和支持发展化妆品产业，研究加强和改进各省市化妆品监管工作，积极出台地方化妆品法规条例，助推化妆品产业发展的思路和举措，协调有关部门统筹推进化妆品时尚产业集中发展园区，研发创新带有地方特色的化妆品。

随着县域经济的快速发展和人均可支配收入提升，化妆品人均消费支出将得到进一步增加，尤其是在三四线城市基数较低，未来的化妆品市场将有更大的发展潜力。

（三）本土品牌崛起，打造差异化定位

本土品牌在扭转"国货＝传统老套"的消费认知中寻求突破，通过跨界联名、文化输出、潮酷理念等方式，给产品赋予更多情感价值、文化价值、创新价值和归属价值，创新品牌个性，履新品牌形象。我国化妆品行业分为基

础日化与高阶日化，其中基础日化增速较慢、行业集中度居高，未来竞争将更多集中在市场份额的争夺和对原有领导性品牌的挑战；高阶日化为我国化妆品行业未来发展较快的子领域，行业集中度相对较低。从格局上看，我国本土品牌运营能力不断增强、在国际品牌布局较为薄弱区域（二三线城市）/渠道（电商、专营店）/品类（面膜等）发力中端市场，市场地位不断提升。

目前，许多本土品牌通常立足中医、本草等概念，以民族文化为突破口，与国际品牌形成差异化竞争。预计未来，本土品牌机制灵活、对本土化需求把握更加准确，在中档市场有望继续获得良好发展。

（四）技术创新带来新市场，研发趋于多元化

作为更新周期快的时尚产业，产品不断创新是企业发展的必由之路。随着人们对化妆品的需求量越来越大，对化妆品功能的需求越来越细，对产品种类的需求越来越多，化妆品行业的发展将越来越精细化、多元化。

新原料、新技术的应用为化妆品行业创新带来了必要条件，化妆品研发向高品质、低风险、高端化、定制化以及功效型方向发展，许多化妆品生产厂家利用新的技术生产研发出更加多元化的产品以满足不同消费者不同层次的需求。此外，科技引领高质量发展将成为化妆品行业的理性选择。在化妆品市场中，一些企业已经开始通过利用人工智能技术为消费者提供定制化服务，在产品的配方、包装、功效等方面会更精准符合特定消费者的需求，个性化定制将成为下一个新热点。

在需求如此之大的市场环境下，化妆品生产企业不能单一地追求一种功能的化妆品，而是要让产品线趋于多元化发展，结合中国消费者的皮肤特性、使用习惯和产品喜好来开发适合市场和消费者的产品，持续进行创新和品牌建设，以保障持续发展，通过"一带一路"将本土化妆品品牌走向国际市场企业。

（五）天然、可持续成为化妆品行业的必然发展趋势

步入21世纪，消费者的自然健康意识不断增强，各种化学护理产品江河日下，由天然物质制成的无毒、无害、安全、稳定的绿色化妆品，正在成为世界化妆品市场最具活力的增长点。享受健康、环保的低碳生活已成为国内越来越多消费者的共识，顺应这种环保潮流，化妆品在生产和使用上追求自

然、绿色将成为化妆品行业发展的必然趋势，绿色化妆品消费将搭伙绿色食品消费，成为未来市场的主流。

随着中国消费者城市占比以及受教育程度的提高，Clean Beauty（纯净美容）的概念不断兴起，这也不断刺激了天然和植物原料需求的增加。当代消费者在生活中过度消费自我身体的同时，又时刻注重关爱身体的健康。近几年来，纯天然产品、有机产品备受追捧，成为未来化妆品市场发展的一个热点，也是各化妆品企业加强研发的重点领域。因此，未来天然护肤品和有机护肤品领域将成为国内乃至国际大牌化妆品企业争夺的战略要地。

（六）消费者爱美意识加强，彩妆市场快速增长

化妆品销量的增长，其中一部分是由于彩妆的市场销量大幅上升。现代彩妆作为化妆技巧，是一门"形象美"的艺术，是利用化妆产品对面部进行修饰，"扬长补短"达到美化的效果，可以在很大程度上弥补女性身体和年龄缺陷所带来的美丽遗憾。随着抖音、微博和小红书等互联网"带货达人"的兴起，人们的爱美意识增强，电商渠道加速渗透，彩妆消费快速增长。

目前 80 后和 90 后女性是彩妆的消费主体，她们处于择偶与职业发展的黄金时期，对外表的关注与投入程度处于较高阶段。彩妆作为能够快速提升面部形象、改善精神状态的产品，其品牌营销也紧跟并推动时尚潮流的发展，切合 80 后和 90 后女性的爱美需求，因而得以快速增长。彩妆作为近几年兴起的个性化、时尚化品类，更加吸引年轻人群，中国彩妆品类的迅速增长很大程度上是受益于年轻人群的购买力提升。

随着我国彩妆产品消费者结构升级，高品质的产品将成为市场消费的主流。尽管在高端彩妆领域国际品牌占据了明显优势，但本土品牌已打破国际品牌在高端彩妆领域的垄断，发展民族高端品牌将是我国彩妆行业发展的必然趋势。

（七）销售渠道多元化，电商渠道成为主流

随着我国信息基础设施建设步伐的加快，网上支付安全水平的提升，电商渠道发展势头迅猛，已成为化妆品的主流消费渠道。随着移动互联网的发展和新一代消费人群的崛起，美妆行业的营销手段也在与时俱进。如今，与明星 IP 合作已经成为企业引入流量直接和常见的方式之一，这里的"明星"

不仅指传统意义上的从事演艺事业的人员，还有微博、微信、淘宝直播、小红书、抖音、快手等各个平台上的 KOL。商务部发布的《中国电子商务报告2018》[①] 披露，网络零售各类商品中，化妆品增速排名第一，高达 36.2%，高出网络零售整体增速 12.3%。现在各大品牌对电商渠道销售日益重视，大多数化妆品企业多管齐下实行多元化的销售渠道建设，在巩固原有传统销售渠道的同时布局电商渠道，实现多渠道销售。根据欧睿国际统计数据显示，化妆品行业终端零售额中电商渠道占比快速提升，2018 年高达 27.4%。头部化妆品品牌的线上销售占比接近 50%，例如：雅诗兰黛在财报会议上公布其中国区电商渠道占比超过 50%，欧莱雅发布数据表示其中国区电商渠道占比超过 35%，A 股上市公司核心品牌润百颜 / 珀莱雅 / 丸美 / 佰草集的电商销售占比分别超过 60%/50%/40%/30%。国内外品牌有望继续享受电商渠道带来的红利，电商的兴起将进一步带动化妆品消费的增长。

伴随着大数据飞速发展，新零售模式通过线上线下完美结合，在帮助广大企业降低经营成本的同时，进一步提升消费者的购物体验，其宽广的平台、无限的潜在机遇深深吸引着广大企业倾情加盟。在信息越来越透明，消费主权越来越大的背景下，传统零售已老，以用户体验为中心的新零售更适合未来的发展。

面对竞争激烈的市场，化妆品企业需抓住新零售时代发展，敢于打破传统运营模式，积极拥抱智能技术，探索更加适合企业自身发展新零售的运营模式，通过整合资源一体化，针对市场和消费者需求制造更多优质产品，从而推动企业快速可持续发展。同时，借助电商尤其是社交电商发展起来的品牌可能会被洗牌，如当初纯电商和微商品牌一样，没有品牌基因、实体组织，完全依靠流量和低价起家，未来将会被民族品牌淘汰。

（八）法规建设稳步推进，科学监管助推产业发展

我国化妆品消费不断增长，行业发展不断推进，国家先后出台相关政策规范化妆品行业，同时降低化妆品消费税、进口关税，简化备案手续，鼓励国内化妆品消费。

[①] 商务部 . 中国电子商务报告 2018[EB/OL]. 2019–05–30. http://dzsws.mofcom.gov.cn/article/ztxx/ndbg/201905/20190502868244.shtml.

随着机构改革工作的深入推进，在分工明确、上下协同的监管体系基础上，通过深化日常监管和高风险领域专项整治，相信化妆品产业将迎来更高质量的发展。在技术标准体系建设中对标国际要求，提升技术法规标准，提升产业发展水平，将中国制造打造成国际名牌。优化监管模式，健全监管部门、市场主体、人才队伍、公众间的信息交流机制和渠道，使执法尺度保持一致，形成线索共享、精准监管、社会共治模式。

新版《条例》出台后，相关配套的部门规章的陆续制定、政府的监管工作都将迎来新的挑战，化妆品行业在治理能力、治理理念上将进行一次深刻变革。在新版《条例》和与其相关配套的部门规章出台后，将会有一个过渡阶段，执法机关、行业和企业、消费者都有学习和理解的过程。行业和企业都需要适应新的规章制度，政府和监管部门在这一阶段应加强与行业之间的沟通，及时解决和回应行业和企业提出的具体问题和建议。

同时，各地执法部门需要学习理解相关法规内容，统一思想和认识，以避免在执行新法规中常出现的各地执法尺度不一的问题。进一步强化化妆品企业行业自律意识，引导企业提高产品技术投入，遵循更高的质量标准，建立健全产品质量管理体系，促进发展质量有保障、消费者喜爱的化妆品和"美丽产业"。实现监管线索从市场中来，从消费者中来，监管成果应用到消费终端，实现科学监管让"美丽产业"更健康的目标。

（九）加强科普宣传，多方联手促进行业规范发展

伴随着互联网经济的不断发展，化妆品违法违规行为更加复杂、更加隐蔽，公众的化妆品消费安全受到新的挑战，对化妆品的安全评估能力提出挑战。面对新的形势和挑战，政府部门应加强新版《条例》的宣贯，培训基层执法人员；对消费者进行科普宣传，提高认知辨别能力；主动了解行业企业在执行法规中的实际问题，帮助其解决困难，促进行业发展，不断提高人民群众对化妆品的辨别力，着力打击化妆品行业的灰色地带，为公众安全提供有效保障。

同时，行业协会商会应发挥桥梁和纽带作用，积极与政府部门和企业进行沟通，配合政府部门指导企业遵守相关政策法规，鼓励企业创新发展，履行社会职责。积极向相关部门反映行业、企业遇到的具体问题和困难，提出

解决方案和建议。

　　产业高速发展时，也是市场最容易出现问题的阶段。鉴于监管力量的限度，建议充分调动社会各方积极性，对行业进行监督。发挥消费者、社团组织、科研机构、媒体等各方力量，联手营造良好的化妆品消费环境，鼓励和促进民族企业向国外企业学习，加强创新力度，赶上国际水平，共同引导公众科学、理性消费，引导公众更好地监督化妆品行业发展，以保障行业的规范发展。

法 规 篇

◎ 谱写化妆品监管法治新篇章

◎ 中国化妆品监管的法治风格

◎ 放管结合　推进行业高质量发展

◎ 建立权威可操作的法律制度

◎ 注册人、备案人制度压实企业主体责任

◎ ……

谱写化妆品监管法治新篇章

徐景和

学习领会、贯彻落实《化妆品监督管理条例》(以下简称《条例》),应当把握好化妆品监管制度设计特点。

一、新:符合"新时代"需要

《条例》的"新",最根本的是源于新时代。我国如今的化妆品监管属于农业时代的化妆品监管还是属于工业时代的化妆品监管,乃至信息时代的化妆品监管,这是化妆品监管立法首先需要回答的问题。化妆品监管立法既要符合全球化、信息化、社会化的"大时代"需要,也要符合更好满足人民日益增长的美好生活需要的"新时代"需要。

《条例》的"新",具体体现在以下几个方面:

一是新理念。《条例》贯彻了风险治理、全程治理、社会共治、责任治理、智慧治理等现代治理理念。这些重要理念贯彻了人民利益至上的发展观,落实了"四个最严"的根本要求。

二是新结构。《条例》共6章,增加了"原料和产品""监督管理"相关规定。将"原料和产品"进行专章规定,这在健康产品相关立法中独具特色。

三是新制度。化妆品功效宣称管理制度、质量安全负责人制度、电商平台销售管理制度、风险监测与评价制度、安全再评估制度等,强化了化妆品风险的能动治理、动态治理、递进治理。

四是新机制。《条例》总结了近年来化妆品监管中行之有效的实践经验,增加了信用奖惩机制、责任约谈机制、有奖举报机制、信息公开机制等,着力使纸面上的法律转化为行动中的法律。

二、简：贯彻"放管服"改革要求

《条例》的"简"，最根本的是源于"放管服"改革的要求。

《条例》贯彻"放管服"改革的基本要求，从以下方面努力做到"简"：

一是准入管理。对化妆品产品和原料实行分类管理，除少数实行许可外，均实行备案管理，在此基础上全面强化上市后监管。

二是目录管理。《条例》确定建立"化妆品分类目录""已使用的化妆品原料目录""禁止用于化妆品生产的原料目录"，使生产经营者、监管部门和消费者一目了然，易于理解，便于操作。

三是参照管理。《条例》第七十七条规定，牙膏参照有关普通化妆品的规定进行管理。这既遵循国际惯例，一体管理，又尊重国情，体现特色。

四是便利服务。如《条例》第十条规定，国家加强化妆品监督管理信息化建设，提高在线政府服务水平，为办理化妆品行政许可、备案提供便利，推进监督管理信息共享。第三十五条第二款规定，进口化妆品可以使用中文标签，也可以加贴中文标签。

三、严：源于"四个最严"

《条例》的"严"，最根本的是源于"四个最严"的要求。

首先，《条例》设立了若干禁令。如《条例》第三十条第二款规定，不得使用超过使用期限、废弃、回收的化妆品或者化妆品原料生产化妆品。第三十八条第二款规定，化妆品经营者不得自行配制化妆品。第三十七条规定，化妆品标签禁止标注下列内容：明示或者暗示具有医疗作用的内容；虚假或者引人误解的内容；违反社会公序良俗的内容；法律、行政法规禁止标注的其他内容。第四十三条第二款规定，化妆品广告不得明示或者暗示产品具有医疗作用，不得含有虚假或者引人误解的内容，不得欺骗、误导消费者。

其次，《条例》建立了"最严厉的处罚、最严肃的问责"的法律责任制度。

四、实：体现人民利益至上

《条例》的"实"，最根本的是源于人民利益至上的根本要求。

民之所望，政之所向。《条例》着力解决化妆品产业发展和质量安全监管方面存在的短板问题。例如，针对社会高度关注的我国化妆品品牌较少问题，《条例》在"总则"部分旗帜鲜明地提出，国家鼓励和支持开展化妆品研究、创新，满足消费者需求，推进化妆品品牌建设，发挥品牌引领作用。针对行业反映的信息化便民问题，《条例》提出，国家加强化妆品监督管理信息化建设，提高在线政务服务水平，为办理化妆品行政许可、备案提供便利，推进监督管理信息共享。针对过去化妆品监管手段不足的问题，《条例》坚持多策并举、综合施治的原则，创造性地提出了许多监管新方式新方法。如针对违法行为处罚偏轻偏软的突出问题，《条例》综合运用财产罚、资格罚、声誉罚等手段，全面落实"四个最严"的根本要求。

法律的生命力在于实施，法律的权威也在于实施。《条例》构建了化妆品监管制度的"四梁八柱"，许多制度还要通过规章予以细化。深入学习《条例》、准确把握《条例》、全面落实《条例》，是化妆品生产经营者、各级监管部门、行业协会当前和今后的重要责任。各美其美，美美与共。《条例》的全面实施，必将进一步助推我国化妆品监管事业实现新发展、谱写新篇章，必将进一步增进广大人民群众对美好生活的获得感和幸福感。

（作者单位：国家药品监督管理局）

中国化妆品监管的法治风格

徐非　左禹

《化妆品监督管理条例》已于 2020 年 6 月 29 日由国务院公布，自 2021 年 1 月 1 日施行。该条例的颁布，受到国际社会的广泛关注。化妆品是科学与美学的融合。化妆品监管是科学与艺术的结合。本文从关键术语角度，以大数法则，对《化妆品监督管理条例》进行初步分析，以期概括我国化妆品法治监管的中国风格。

一、监管模式：实行产品与原料分类管理，加快化妆品上市步伐

化妆品属于健康产品，直接关系着公众健康。许多国家和地区对化妆品实行准入管理，但不同国家和地区的管理方式和管理范围有所不同。

诚如有的专家所指出，分类的目的不在于分类本身，而在于分类所要达到的目标。分类是以科学的标准将复杂的事物加以系统化、条理化和简约化，使人们更好地把握事物的本质和规律。化妆品准入分类管理，是基于化妆品及其新原料的风险程度进行的。《化妆品监督管理条例》（以下称《条例》）第 4 条规定，国家按照风险程度对化妆品、化妆品原料实行分类管理。第 16 条第 2 款规定，国务院药品监督管理部门根据化妆品的功效宣称、作用部位、产品剂型、使用人群等因素，制定、公布化妆品分类规则和分类目录。

关于化妆品和新原料的分类管理，《条例》规定，国家对特殊化妆品和对风险程度较高的化妆品新原料实行注册管理，对普通化妆品和其他化妆品新原料实行备案管理。用于染发、烫发、祛斑美白、防晒、防脱发的化妆品以及宣称新功效的化妆品为特殊化妆品。特殊化妆品以外的化妆品为普通化妆品。具有防腐、防晒、着色、染发、祛斑美白功能的化妆品新原料，经国务

院药品监督管理部门注册后方可使用。其他化妆品新原料应当在使用前向国务院药品监督管理部门备案。

关于化妆品的产品和新原料的注册管理和备案管理，《条例》有"注册"一词 89 处，"备案"一词 97 处，主要有：注册人、备案人；注册、备案管理，注册、备案资料，注册、备案程序及效力等。

从产品结构和数量看，实行备案管理的化妆品和化妆品新原料将比实行注册管理的化妆品和化妆品新原料比例更大。而且，按照《条例》的规定，国务院药品监督管理部门可以根据科学研究的发展，调整实行注册管理的化妆品新原料的范围，经国务院批准后实施。

与注册管理相较，备案管理更有利于减少注册人、备案人成本，加快产品上市步伐。《条例》第 13 条第 2 款规定，化妆品新原料备案人通过国务院药品监督管理部门在线政务服务平台提交本条例规定的备案资料后即完成备案。

化妆品备案人与注册人一样，可以自己生产化妆品，也可以委托生产化妆品；可以自行开展安全评估，也可以委托专业机构开展安全评估；但均需对所提交资料的真实性、科学性负责；均应当设立质量安全负责人，由其承担产品质量安全管理和产品放行的职责；均需对化妆品的质量安全和功效宣称负责。

但注册和备案毕竟是两种不同的管理方式。基于风险管理理念，《条例》对违反注册管理和备案管理的化妆品、化妆品新原料的法律责任做出了不同规定。如对使用应当注册但未经注册的新原料生产化妆品的，《条例》第 59 条规定："没收违法所得、违法生产经营的化妆品和专门用于违法生产经营的原料、包装材料、工具、设备等物品；违法生产经营的化妆品货值金额不足 1 万元的，并处 5 万元以上 15 万元以下罚款；货值金额 1 万元以上的，并处货值金额 15 倍以上 30 倍以下罚款；情节严重的，责令停产停业、由备案部门取消备案或者由原发证部门吊销化妆品许可证件，10 年内不予办理其提出的化妆品备案或者受理其提出的化妆品行政许可申请，对违法单位的法定代表人或者主要负责人、直接负责的主管人员和其他直接责任人员处以其上一年度从本单位取得收入的 3 倍以上 5 倍以下罚款，终身禁止其从事化妆品生产经营活动；构成犯罪的，依法追究刑事责任"。对使用应当备案但未备案的新原料生产化妆品的，《条例》第 60 条规定："没收违法所得、违法生产经营的化妆品和专门用于违法生产经营的原料、包装材料、工具、设备等物品；违法生产经营的化妆品货值金额不足1万元的，并处1万元以上5万元以下罚款；货值金额1万元以上的，并处货值金额5倍以上20倍以下罚款；情节严重的，责令停产停业、由备案部门取消备案或者由原发证部门吊销化妆品许可证件，对违法单位的法定代表人或者主要负责人、直接负责的主管人员和其他直接责任人员处以其上一年度从本单位取得收入的1倍以上3倍以下罚款，10年内禁止其从事化妆品生产经营活动；构成犯罪的，依法追究刑事责任。"

二、监管事项：强化原料与信息严格管理，保障功效宣称科学准确

化妆品与药品、医疗器械一样，都是事关公众身体健康和生命安全的健康产品，都遵循风险管理理论，都强调质量体系管理。《条例》涉及的相关词汇："健康"8处、"风险"11处、"质量"32处、"安全"42处。

与其他健康产品不同，化妆品管理更加注重原料管理和功效宣称等信息管理。一般说来，化妆品生产多为加热、混合乳化、冷却灌装的物理混合过程，较少存在化学反应，化妆品的原料对化妆品质量至关重要。化妆品大多属于体验品或者信任品，消费者最初往往通过广告、宣传而购买。

关于化妆品的原料管理，《条例》有"产品"一词28处，有"原料"一词60处，显示对化妆品原料给予了更多的关注。原料管理包括原料分类、原料目录、原料注册、原料备案、原料研制、原料评估、原料验收等，其中最重要的是原料的分类管理及其目录管理。总体来看，化妆品的原料管理是简约而精致的，体现了风险源头治理理念，具有成本低、管控易、效果好的显著特点。

关于化妆品的信息管理，《条例》涉及的相关词汇："信息"13处、"功效"11处、"标签"词3处、"广告"4处和"宣传"1处。涉及"功效"的主要有：功效评价、功效宣称和新功效，其中"新功效"引发广泛关注；涉及"标签"的主要有：标签样稿、标签加贴、标签标示、标签瑕疵等。关于"宣传"，《条例》规定，"对采用其他方式对化妆品作虚假或者引人误解的宣传的，依照有关法律的规定给予处罚"。该规定赋予了监管执法部门对虚假宣传相应的处理

权力。

关于违反标签规定的法律责任，按照《条例》第 61 条规定，生产经营标签不符合本条例规定的化妆品的，由负责药品监督管理的部门没收违法所得、违法生产经营的化妆品，并可以没收专门用于违法生产经营的原料、包装材料、工具、设备等物品；违法生产经营的化妆品货值金额不足 1 万元的，并处 1 万元以上 3 万元以下罚款；货值金额 1 万元以上的，并处货值金额 3 倍以上 10 倍以下罚款；情节严重的，责令停产停业、由备案部门取消备案或者由原发证部门吊销化妆品许可证件，对违法单位的法定代表人或者主要负责人、直接负责的主管人员和其他直接责任人员处以其上一年度从本单位取得收入的 1 倍以上 2 倍以下罚款，5 年内禁止其从事化妆品生产经营活动。生产经营的化妆品的标签存在瑕疵但不影响质量安全且不会对消费者造成误导的，由负责药品监督管理的部门责令改正；拒不改正的，处 2000 元以下罚款。

关于违反功效宣传规定的法律责任，按照《条例》第 62 条规定，未依照本条例规定公布化妆品功效宣称依据的摘要的，由负责药品监督管理的部门责令改正，给予警告，并处 1 万元以上 3 万元以下罚款；情节严重的，责令停产停业，并处 3 万元以上 5 万元以下罚款，对违法单位的法定代表人或者主要负责人、直接负责的主管人员和其他直接责任人员处 1 万元以上 3 万元以下罚款。

三、监管领域：突出生产与经营两大环节，确保产品质量安全

化妆品的全生命周期包括研制、生产、经营、进口和使用环节。《条例》涉及的相关词汇："研究" 9 处、"研制" 1 处、"生产" 134 处、"经营" 84 处、"使用" 33 处、"进口" 28 处。

化妆品的研制是要害。产品质量源于设计。化妆品的研制直接关系化妆品的品牌创新。《条例》规定，国家鼓励和支持开展化妆品研究、创新，满足消费者需求，推进化妆品品牌建设，发挥品牌引领作用。

化妆品的生产是关键。化妆品的生产直接关系化妆品的质量安全和功效。《条例》确立的化妆品生产管理的制度，包括生产许可制度、委托生产管理制

度、质量管理规范、质量管理体系、质量安全负责人制度、产品放行制度、产品召回制度等。质量管理体系是化妆品生产管理制度的重点。在注册人、备案人制度下，确定化妆品注册人、备案人与受托人之间的权利义务关系，以及跨区域委托时委托人和受托人两地药品监管部门的监管职责，至关重要。

化妆品的经营是重点。目前，化妆品的电商平台销售发展势头强劲。对电商平台来说，渠道管理、产品管理、信息管理显得尤为重要。平台内化妆品经营者应当全面、真实、准确、及时披露所经营化妆品的信息。

长期以来，化妆品的使用管理基本缺失。《条例》有效弥补监管空白，规定美容美发机构、宾馆等在经营中使用化妆品或者为消费者提供化妆品的，应当履行本条例规定的化妆品经营者义务。具体说来，美容美发机构、宾馆应当建立并执行进货查验记录制度；按照要求贮存、运输化妆品，定期检查并及时处理变质或者超过使用期限的化妆品；发现化妆品存在质量缺陷或者其他问题，可能危害人体健康的，应当立即停止经营，通知相关化妆品注册人、备案人；不得自行配制化妆品。

四、监管方式：兼采传统与现代两种手段，提高监管效能和权威

面对新技术、新产业、新模式，许多国家和地区的药品监管部门积极创新监管方式方法。监管方式方法的创新将给监管部门带来效率、质量、能力、形象和权威。《条例》涉及的相关词汇："检查"20 处、"检验"44 处、"监测"21 处、"评价"7 处、"评估"7 处、"公开"1 处、"公布"12 处、"约谈"2 处、"信用"4 处。可以看出，化妆品监管坚持综合施治原则，在发挥传统监管方式优势的同时，更加注重监管方式方法的创新，进一步增进监管的灵活性、适应性和有效性。

在监督检查措施方面，《条例》增加了监管部门可以采取的措施有：进入生产经营场所实施现场检查；对生产经营的化妆品进行抽样检验；查阅、复制有关合同、票据、账簿以及其他有关资料；查封、扣押不符合强制性国家标准、技术规范或者有证据证明可能危害人体健康的化妆品及其原料、直接接触化妆品的包装材料，以及有证据证明用于违法生产经营的工具、设备；

查封违法从事生产经营活动的场所等。

在抽样检验方面,《条例》增加了制定补充检验项目和检验方法的内容,规定对可能掺杂掺假或者使用禁止用于化妆品生产的原料生产的化妆品,按照化妆品国家标准规定的检验项目和检验方法无法检验的,国务院药品监督管理部门可以制定补充检验项目和检验方法,用于对化妆品的抽样检验、化妆品质量安全案件调查处理和不良反应调查处置。

在风险监测评价方面,《条例》规定,国家建立化妆品安全风险监测和评价制度,对影响化妆品质量安全的风险因素进行监测和评价,为制定化妆品质量安全风险控制措施和标准、开展化妆品抽样检验提供科学依据。

在风险交流方面,《条例》规定,国务院药品监督管理部门建立化妆品质量安全风险信息交流机制,组织化妆品生产经营者、检验机构、行业协会、消费者协会以及新闻媒体等就化妆品质量安全风险信息进行交流沟通。

在紧急控制方面,《条例》规定,对造成人体伤害或者有证据证明可能危害人体健康的化妆品,负责药品监督管理的部门可以采取责令暂停生产、经营的紧急控制措施,并发布安全警示信息;属于进口化妆品的,国家出入境检验检疫部门可以暂停进口。

在信息公开方面,《条例》规定,负责药品监督管理的部门应当依法及时公布化妆品行政许可、备案、日常监督检查结果、违法行为查处等监督管理信息。

在信用奖惩方面,《条例》规定,负责药品监督管理的部门应当建立化妆品生产经营者信用档案。对有不良信用记录的化妆品生产经营者,增加监督检查频次;对有严重不良信用记录的生产经营者,按照规定实施联合惩戒。

在责任约谈方面,《条例》规定,化妆品生产经营过程中存在安全隐患,未及时采取措施消除的,负责药品监督管理的部门可以对化妆品生产经营者的法定代表人或者主要负责人进行责任约谈。

五、处罚手段：实行单位与个人双罚制度，倒逼责任全面落实

没有责任约束的法律是一张废纸。《条例》贯彻"四个最严"要求,在优

化责任配置的同时，强化责任的落实。《条例》涉及的相关词汇："罚款" 29 处、"没收" 8 处、"停产" 6 处、"停业" 7 处、"暂停" 5 处、"警告" 5 处、"责令" 22 处、"吊销" 8 处、"撤职" 3 处、"降职" 3 处、"开除" 4 处、"通报批评" 1 处、"治安管理处罚" 2 处、"犯罪" 7 处。

在财产罚方面，《条例》多个条文规定了罚款。如使用禁止用于化妆品生产的原料、应当注册但未经注册的新原料生产化妆品，在化妆品中非法添加可能危害人体健康的物质，或者使用超过使用期限、废弃、回收的化妆品或者原料生产化妆品，对单位最高可并处货值金额 15 倍以上 30 倍以下罚款，对个人最高可处以其上一年度从本单位取得收入的 3 倍以上 5 倍以下罚款。

在资格罚方面，《条例》规定最高处罚为终身禁止从事化妆品生产经营活动。如生产经营或者进口未经注册的特殊化妆品，情况严重的，终身禁止违法单位的法定代表人或者主要负责人、直接负责的主管人员和其他直接责任人员从事化妆品生产经营活动。

实施违法行为处罚到人是《条例》的亮点。《条例》有 7 个条文规定了具体处罚，根据不同情形，给予不同处罚。如生产经营或者进口未经注册的特殊化妆品，情节严重的，对违法单位的法定代表人或者主要负责人、直接负责的主管人员和其他直接责任人员处以其上一年度从本单位取得收入的 3 倍以上 5 倍以下罚款，终身禁止其从事化妆品生产经营活动；更改化妆品使用期限，情节严重的，对违法单位的法定代表人或者主要负责人、直接负责的主管人员和其他直接责任人员处以其上一年度从本单位取得收入的 1 倍以上 3 倍以下罚款，10 年内禁止其从事化妆品生产经营活动；生产经营标签不符合本条例规定的化妆品，情节严重的，对违法单位的法定代表人或者主要负责人、直接负责的主管人员和其他直接责任人员处以其上一年度从本单位取得收入的 1 倍以上 2 倍以下罚款，5 年内禁止其从事化妆品生产经营活动；在申请化妆品行政许可时提供虚假资料或者采取其他欺骗手段的，对违法单位的法定代表人或者主要负责人、直接负责的主管人员和其他直接责任人员处以其上一年度从本单位取得收入的 3 倍以上 5 倍以下罚款，终身禁止其从事化妆品生产经营活动；备案时提供虚假资料的，对违法单位的法定代表人或者主要负责人、直接负责的主管人员和其他直接责任人员处以其上一年度从本单位取得收入的 1 倍以上 2 倍以下罚款，5 年内禁止其从事化妆品生产经营活动；化妆品检验机构出具虚假检验报告的，对其法定代表人或者主要负责人、直接负责的主管人员和其他直接责任人员处以其上一年度从本单位取得收入的 1 倍以上 3 倍以下罚款，依法给予或者责令给予降低岗位等级、撤职或者开除的处分，受到开除处分的，10 年内禁止其从事化妆品检验工作。《条例》首次对化妆品检验机构出具虚假检验报告，实行"双罚制"。

六、监管目标：强化质量与效率协同推进，保护和促进公众健康

科学化、法治化、国际化、现代化是新时代药品监管的前进道路。"四个最严"既是对行政相对人的要求，也是对监管执法部门和人员的要求。化妆品属于快销品，监管手段必须适应产业发展和市场变化的需要。《条例》涉及的相关词汇："科学"7 处、"真实"7 处、"完整"2 处、"准确"2 处、"可追溯"1 处、"及时"9 处。

在有关"科学"的要求方面，《条例》强调科学技术、科学研究、科学结论、科学性，如鼓励和支持运用现代科学技术，结合我国传统优势项目和特色植物资源研究开发化妆品；根据科学研究的发展，调整实行注册管理的化妆品新原料的范围；化妆品的功效宣称应当有充分的科学依据；注册申请人、备案人应当对所提交资料的真实性、科学性负责；建立化妆品安全风险监测和评价制度，为制定化妆品质量安全风险控制措施和标准、开展化妆品抽样检验提供科学依据。

在有关"真实、完整、准确、可追溯"的要求方面，《条例》规定，注册申请人、备案人应当对所提交资料的真实性、科学性负责；进货查验记录和产品销售记录应当真实、完整，保证可追溯；标签应当符合相关法律、行政法规、强制性国家标准，内容真实、完整、准确；平台内化妆品经营者应当全面、真实、准确、及时披露所经营化妆品的信息；化妆品广告的内容应当真实、合法。这些规定都属于对资料、标签、广告、数据、信息等方面的要求。

在有关"及时"的要求方面，《条例》规定，化妆品生产经营者应当定期检查并及时处理变质或者超过使用期限的化妆品；化妆品集中交易市场开办

者、展销会举办者应当定期对入场化妆品经营者进行检查，发现入场化妆品经营者有违反本条例规定行为的，应当及时制止并报告所在地县级人民政府负责药品监督管理的部门；平台内化妆品经营者应当全面、真实、准确、及时披露所经营化妆品的信息；化妆品注册人、备案人应当监测其上市销售化妆品的不良反应，及时开展评价。

在对注册人、备案人、集中交易市场开办者、展销会举办者、第三方平台提出"及时"要求的同时，《条例》对监管部门也提出了"及时"的要求，如负责药品监督管理的部门应当按照规定及时公布化妆品抽样检验结果；负责药品监督管理的部门应当依法及时公布化妆品行政许可、备案、日常监督检查结果、违法行为查处等监督管理信息；负责药品监督管理的部门应当公布本部门的网站地址、电子邮件地址或者电话，接受咨询、投诉、举报，并及时答复或者处理。

七、监管文化：注重监管与服务有机融合，彰显现代政府理念

落实"放管服"改革要求，建设服务型政府，是《条例》制定的基本要求之一。《条例》将"促进化妆品产业健康发展"作为立法目的之一。在强化科学监管的同时，《条例》突出提供优质服务。除了实施分类监管外，《条例》强化便民服务，有关词汇为："鼓励"5处、"支持"3处、"推进"2处、"促进"1处、"服务"5处。相关规定体现了保安全底线、助质量高线的发展要求。

在鼓励支持上，《条例》规定，国家鼓励和支持开展化妆品研究、创新，满足消费者需求，推进化妆品品牌建设，发挥品牌引领作用；国家鼓励和支持化妆品生产经营者采用先进技术和先进管理规范，提高化妆品质量安全水平；鼓励和支持运用现代科学技术，结合我国传统优势项目和特色植物资源研究开发化妆品。鼓励企业制定严于强制性国家标准的企业标准。

在在线服务上，《条例》规定，国家加强化妆品监督管理信息化建设，提高在线政务服务水平，为办理化妆品行政许可、备案提供便利，推进监督管理信息共享。化妆品新原料备案人通过国务院药品监督管理部门在线政务服务平台提交本条例规定的备案资料后即完成备案。

在信息公开上，《条例》规定，负责药品监督管理的部门应当公布本部门的网站地址、电子邮件地址或者电话，接受咨询、投诉、举报，并及时答复或者处理。对查证属实的举报，按照国家有关规定给予举报人奖励。化妆品国家标准文本应当免费向社会公开。

在责任免除上，《条例》规定，化妆品经营者履行了本条例规定的进货查验记录等义务，有证据证明其不知道所采购的化妆品是不符合强制性国家标准、技术规范或者不符合化妆品注册、备案资料载明的技术要求的，收缴其经营的不符合强制性国家标准、技术规范或者不符合化妆品注册、备案资料载明的技术要求的化妆品，可以免除行政处罚。

在进口化妆品标签上，《条例》规定，进口化妆品可以直接使用中文标签，也可以加贴中文标签。

在标签瑕疵改正上，《条例》规定，生产经营的化妆品的标签存在瑕疵但不影响质量安全且不会对消费者造成误导的，由负责药品监督管理的部门责令改正；拒不改正的，处2000元以下罚款。

在适用过渡期上，《条例》规定，对本条例施行前已经注册的用于育发、脱毛、美乳、健美、除臭的化妆品自本条例施行之日起设置5年的过渡期，过渡期内可以继续生产、进口、销售，过渡期满后不得生产、进口、销售该化妆品。

化妆品妆美世界，化妆品点亮人生。《条例》从制度上塑造了我国化妆品监管的科学、简约、严格、现代风格，其颁布实施，标志着我国化妆品监管进入全面依法治理的新阶段，必将有力助推化妆品监管事业逐梦前行，行稳致远。

放管结合 推进行业高质量发展

董银卯

2020 年 6 月 29 日,《化妆品监督管理条例》(以下简称《条例》) 颁布,标志着我国化妆品立法和监管改革进入了全新时期, 也是在化妆品立法领域深化 "放管服" 改革的充分体现。在对行业进行深入调研和科学论证的基础上,《条例》突出以 "放" 激发市场活力、以 "管" 营造公平秩序、以 "服" 实现高效便利的时代特征, 全面规范和促进行业健康有序、高质量发展。

按照风险管理原则, 对化妆品原料和产品进行分类分级管理

调整特殊化妆品分类和管理模式, 践行科学监管理念。《条例》规定, 用于染发、烫发、祛斑美白、防晒、防脱发的化妆品以及宣称新功效的化妆品为特殊化妆品。调整后的特殊化妆品将继续以产品安全为底线实行注册管理。与《化妆品卫生监督条例》相比,《条例》合理缩减了特殊用途化妆品范围; 对新功效产品, 一方面给予产品研发生产足够广阔的创新发展空间, 另一方面按照相对严格的模式进行管理, 要求新功效产品的注册人在开展创新研究的同时应对产品的功效和安全性负责。

对化妆品实施分类管理是监管部门实现科学监管、精准监管的充分体现。这种管理模式以保证化妆品使用安全为根本出发点, 将有限的行政成本最大程度的有效利用, 使监管的专业性和有效性得到显著提升。

基于风险管理, 创新化妆品新原料监管模式。《条例》根据风险管理的原则, 对新原料采取分级分类的管理模式, 对具有防腐、防晒、着色、染发、祛斑美白功能的新原料实行注册管理, 对其他化妆品新原料实行备案管理, 有助于改变长期以来新原料审批难的状况。

化妆品原料是产品质量、安全、功效的源头，新原料备案模式的建立，为企业创新开发新原料开辟了一种全新模式，更能顺应产业发展趋势。备案管理简化了上市程序，推动新原料管理方式与国际接轨，促进行业高质量发展。

基于科学监管理念，优化精简许可审批事项

全面推行并逐步完善进口普通化妆品的备案管理。2018 年 11 月，国家药品监督管理局发布《关于在全国范围实施进口非特殊用途化妆品备案管理有关事宜的公告》，在总结前期进口非特殊用途化妆品备案管理试点取得阶段性成果的基础上，将首次进口非特殊用途化妆品备案管理由自贸区试点推广至全国。调整后，进口普通化妆品的备案人只需要通过备案系统将产品信息备案，相关材料留存备查，不必再将纸质材料提交至国家药监局进行审评审批。《条例》充分吸收了前期改革成果，将进口普通化妆品备案管理模式以法律的形式固定下来。这是监管部门按照风险管理的原则设计监管分类，落实简政放权的一次成功尝试。在强化备案人主体责任的同时，也使监管符合化妆品时尚性强、更新速度快的特点，为产品快速上市提供了便利条件。

精简资料内容，推行承诺制，为特殊用途化妆品"减压"。根据《国务院办公厅关于做好证明事项清理工作的通知》要求，国家药监局于 2019 年 4 月发布《关于取消 36 项证明事项的公告》，其中取消了两项与国产特殊用途化妆品省药监局前置审核环节相关的证明文件；同年 5 月，国家药监局发布《关于实施特殊用途化妆品行政许可延续承诺制审批有关事宜的公告》，对特殊用途化妆品延续注册审评程序进行了简化。国家药监局不再组织事前技术审评工作，对企业自查合格的产品直接准予延续，通过组织事后技术审查和加强日常监督检查持续保障产品质量安全。《条例》固定了特殊化妆品监管延续注册模式，体现了在审查的尺度、需要提交的资料方面的适中适度原则，既保证基本安全，也注重产品特点，通过加强事中事后监督，加快产品上市速度，提升监管效率。

优化政务服务，科学合理分配资源

优化审批程序，积极推行信息化监管模式。《条例》规定，普通化妆品备案人通过在线政务平台提交《条例》规定的备案资料后即完成备案，更加方便企业申报，推动产品更快上市。在化妆品生产许可方面，《条例》规定，省级药品监督管理部门自受理化妆品生产许可申请之日起 30 个工作日内作出决定。目前，部分地区已实现网上申报、受理、审批、发证；同时，优化化妆品生产许可信息管理系统，整合并及时更新全国化妆品生产许可信息，便于公众查询。

信息化监管与传统监管模式相比，具有信息承载量大、覆盖范围广、更新快速及时等显著优势。监管部门通过信息化渠道，可实现产品注册、备案信息和生产许可信息的主动公开，并为行政相对人申报、查询、取证等提供便利条件。

"松绑"注册备案检验机构，便于检验工作开展。对检验机构进行资格认定和指定检验内容与流程与化妆品检验检测机构资质认定（CMA）大多存在重复，且资格认定的范围小，造成检验资源分配不均、化妆品注册和备案检验排队现象严重、耗时过长，影响产品上市进度。同时，在检验机构管理上"重认定指定、轻事后监管"的问题日益凸显，使化妆品注册和备案检验结果的科学性、可靠性保障不力。为进一步规范化妆品注册和备案检验工作，保证化妆品注册和备案检验工作公开、公平、公正、科学，国家药监局在 2019 年 9 月发布《化妆品注册和备案检验工作规范》，取消原有资格认定和指定。

《条例》进一步明确，化妆品检验机构按照国家有关认证认可的规定取得资质认定后，可从事化妆品检验活动，不再需要经由监管部门指定，并规定了检验机构的相关责任。一方面对现有检验工作模式给予了充分肯定，另一方面为化妆品注册人、备案人送检产品指明了方向。

结合《条例》继续深化"放管服"改革，将是新时代化妆品监管的首要任务。监管部门将践行科学监管理念，给予本应由市场宏观调控、消费者灵活选择、行业达成共识自主发展的领域充分的发展空间，使守法、守信的企业在市场竞争中获得优势，使致力于化妆品原料、生产技术、产品创新研究的企业有更大发展空间。《条例》将从根本上解决当前化妆品行业发展迅猛和监管法规滞后之间的矛盾，推动我国化妆品行业向更规范、更高质量、更强竞争力的方向发展。

（来源：司法部网站）

建立权威可操作的法律制度

——《化妆品监督管理条例》亮点解读

杨占新

《化妆品监督管理条例》（以下简称《条例》）加大了对违法行为的处罚力度，细化了法律责任，增加了"处罚到人"规定，落实"最严厉的处罚"要求，体现出权威性和可操作性并重的编制思路。《条例》的实施，将在加强化妆品监督管理、保证化妆品质量安全、保障消费者健康、促进化妆品产业健康发展方面发挥重要作用。

加大对违法行为的处罚力度

综合运用多种处罚措施。《条例》设定的处罚种类包括警告、没收、罚款、责令停产停业整顿、吊销许可证件、一定期限内不办（受）理许可申请、从业禁止等。为确保处罚决定切实履行，《条例》规定，境外化妆品注册人、备案人拒不履行行政处罚决定的，10 年内禁止其化妆品进口。

大幅度提高罚款额度。《条例》将罚款基数由《化妆品卫生监督条例》的"违法所得"调整为"货值金额"，规定了最低罚款额度，将最高罚款幅度提高到货值金额的 30 倍。比如，未经许可从事化妆品生产活动、生产未经注册的特殊化妆品、使用禁止用于化妆品生产的原料生产化妆品三种情形，由《化妆品卫生监督条例》规定的"可以处违法所得 3 到 5 倍的罚款"提高到"并处货值金额 15 倍以上 30 倍以下罚款"。

对严重违法行为实行"处罚到人"。《条例》第五十九条、第六十条、第六十一条、第六十二条、第六十四条、第六十五条、第七十条规定了对违法单位的法定代表人或者主要负责人、直接负责的主管人员和其他责任人员处其上一年度从本单位取得收入 1~5 倍或 1 万 ~3 万元罚款的处罚，并对前述四种人员分别规定了终身禁止或 10 年内、5 年内禁止从事化妆品生产经营活动的处罚。

注重与《刑法》的紧密衔接。《条例》中"构成犯罪的，依法追究刑事责任"的表述共 7 处。分别是第五十九条、第六十条、第六十四条、第六十九条、第七十一条、第七十四条、第七十五条。涉及的罪名主要包括生产、销售不符合卫生标准的化妆品罪，生产、销售伪劣产品罪，虚假广告罪，伪造、变造、买卖国家机关公文、证件、印章罪，假冒注册商标罪，销售假冒注册商标的商品罪等。

此外，《条例》还规定，造成人身、财产或者其他损害的，依法承担赔偿责任。

细化违法行为的处罚情形

法条数量大幅增加。《条例》用了 18 条 4188 字，近全文三分之一的篇幅，对有关法律责任进行了规定。《条例》整合了《化妆品卫生监督条例》和《化妆品卫生监督条例实施细则》的有关规定，与《化妆品卫生监督条例》的 9 条法律责任相比增加了一倍。

法条内容更加细化。《条例》结合 30 年来执法实践和当前化妆品市场存在的突出问题，凡是对生产经营者设定禁止性规定和义务性条款规定的，在法律责任部分均设定了法律责任。特别是在处罚较重的第五十九条至第六十二条，分项列举了 19 种违法情形。法律责任设置全面涵盖各种违法情形，规范执法自由裁量权。

回应执法实践关切。《条例》对《化妆品卫生监督条例》中未明确的美容美发机构、宾馆等擅自配制化妆品、生产经营不符合强制性技术规范的化妆品、更改化妆品使用期限、虚假申报注册备案等行为，均作出了明确处罚规定。

注重与相关法律衔接。《条例》注重与有关法律和其他行政法规的衔接，规定了化妆品广告违法行为按照《广告法》处罚，电子商务违法行为按照《电子商务法》处罚，检验机构出具虚假报告由认证认可监督管理部门处罚，违反治安管理行为由公安机关处罚。

体现实事求是原则

对化妆品经营环节宽进严管。《条例》按照国务院"放管服"改革要求，没有设定化妆品经营许可或备案，也没有对化妆品电子商务经营者另行设定许可或备案要求，旨在促进行业发展。但在法律责任方面，《条例》对经营者设定了一系列法律责任，体现宽进严管。同时规定，对电子商务平台经营者相关违法行为由省、自治区、直辖市人民政府药品监督管理部门依照《电子商务法》的规定给予处罚。

从轻设定标签瑕疵责任。处罚尽管必要，但不是最终目的，处罚与教育相结合是行政处罚的基本原则。为此，《条例》借鉴《食品安全法》有关规定，结合化妆品行业现状，对标签瑕疵在第六十一条第二款作了"生产经营的化妆品的标签存在瑕疵但不影响质量安全且不会对消费者造成误导的，由负责药品监督管理的部门责令改正；拒不改正的，处2000元以下罚款"的规定，体现了责罚相当。

设定经营者有条件免责条款。化妆品经营者在履职尽责情况下经营了不合格化妆品，不存在主观过错，没必要对其实施处罚，即使处罚也难以达到立法目的，甚至起反作用。为此，《条例》第六十八条规定，化妆品经营者履行了本条例规定的进货查验记录等义务，有证据证明其不知道所采购的化妆品是不符合强制性国家标准、技术规范或者不符合化妆品注册、备案资料载明的技术要求的，收缴其经营的不符合强制性国家标准、技术规范或者不符合化妆品注册、备案资料载明的技术要求的化妆品，可以免除行政处罚。

《条例》有关法律责任的规定充分体现了权威性和可操作性并重。在化妆品监管工作中，执法人员要紧紧围绕《条例》的立法目的，并结合《市场监管总局关于规范市场监督管理行政处罚裁量权的指导意见》，把握正确执法方向，妥善解决执法实践中遇到的各种问题。

（来源：司法部网站）

注册人、备案人制度压实企业主体责任

董树芬

　　《化妆品监督管理条例》（以下简称《条例》）的出台标志着我国化妆品监管工作即将开启崭新的一页。《条例》结合监管实际，首次提出化妆品注册人、备案人制度，由化妆品注册人、备案人承担化妆品质量安全和功效宣称的主体责任，同时界定了生产经营活动中各企业主体的法律责任，以保证产品质量安全的持续稳定。这一制度创新，为进一步完善化妆品监管措施、明确企业责任、清晰惩戒对象提供了法规基础，对化妆品行业的规范发展将产生积极影响。

　　科学界定各类化妆品生产经营活动主体的责任。由于历史原因，在化妆品监管相关法规中，企业责任的担当主体常表述为"生产企业""生产者"或"化妆品生产者""化妆品分装者""化妆品经营者"，不仅不统一，各类生产经营活动参与主体在产品质量安全方面应当承担的责任也不明确。

　　《条例》提出注册人、备案人制度，即获得特殊化妆品注册证的注册人或通过化妆品备案的备案人，以其名义将产品投放市场，并对产品全生命周期质量安全和功效宣称负责，履行上市前注册备案管理相关义务，以及上市后不良反应监测、评价及报告，产品风险控制及召回，产品及原料安全性再评估等相关义务，承担注册备案产品质量安全的主体责任；其他如受托生产企业、境内代理人等产品生产经营活动主体，则在《条例》设定的义务范围内承担相应的法律责任。此制度设计充分考虑行业实际情况，产品生产经营活动各类主体的法律责任更加科学、准确，充分体现了权责一致原则，有利于企业牢固树立产品主体责任意识。

　　从源头提升化妆品安全保障水平。《条例》提出，注册申请人、备案人应当有与申请注册、进行备案的产品相适应的质量管理体系。也就是说，注册申请人、备案人要有产品质量保证体系、化妆品不良反应监测与评价能力，是依法设立的企业或者其他组织。《条例》同时明确，化妆品注册申请人、备案人应当对所提交资料的科学性、真实性负责。

安全的化妆品是监管出来的，更是合格的企业生产出来的。保障化妆品消费安全，注册人、备案人不仅要有产品主体责任意识，还应当有相应的安全管理能力水平。成功的化妆品企业不仅应在市场经营方面有专长，更应具备优秀的质量安全管理能力。《条例》对注册人、备案人设定了相应的资质要求，有利于引导企业树立"安全优先"意识，从生产源头提升化妆品安全保障水平。

完善进口产品注册人和备案人主体责任。《条例》对进口产品注册人和备案人如何落实主体责任提出了明确规定，要求进口产品注册人和备案人应当指定我国境内企业法人承担行政许可具体工作，协助开展不良反应监测、实施产品召回。

进口产品的责任企业在境外，以前我国只在注册、备案行政许可环节明确了申报责任单位要求，但对产品上市后监管对应的责任主体（如经销商、进口商）把控不足。《条例》完善了化妆品全过程监管理念，要求进口产品从注册备案到销售，再到不良反应监测，均在统一注册人或备案人的监控下开展，既明确了责任主体，又符合不同化妆品在上市前、上市后不同的经营主体设计需求。

改变委托加工责任不清的状况。由于在现行化妆品法规要求中，责任企业通常被称为"生产企业"或"生产者"，虽然有细则或相应解释，但字面理解容易与产品的实际生产企业混淆，造成责任不清、认定不明，特别是存在委托加工情形的产品。

《条例》保留了委托加工的生产形式，明确化妆品注册人、备案人可以自行生产化妆品，也可以委托取得相应化妆品生产许可的企业生产化妆品，确认了委托企业的质量安全责任；受托生产企业对生产活动负责，对受托生产的产品质量安全承担相应责任。《条例》规定，委托加工形式中注册人、备案人和实际生产企业（受托企业）分别应该具有的资质，条块清晰；对于不同主体所承担的责任也通过法规事项和合同约定事项予以区分，符合当前化妆品行业越来越高的生产精细化要求。此外，《条例》还明确了不同主体的责任担当，便于在未来产品注册备案及监督检查中落实相应责任。

　　化妆品注册人、备案人制度强调企业承担化妆品安全的全过程质量与风险管理责任，便于压实企业主体责任，利于科学监管，保障产品质量安全。注册人、备案人制度设计孕育于我国化妆品行业发展现状，完善了化妆品闭环管理中企业责任担当的重要环节，将全面提升我国化妆品的质量安全水平。

（来源：司法部网站）

推动化妆品监管制度改革与发展

——《化妆品监督管理条例》中的
新理念和新手段解读

宋华琳

在深化"放管服"改革、转变监管理念的背景下，新颁布的《化妆品监督管理条例》（以下简称《条例》）着力规范化妆品生产经营全过程管理，通过构建化妆品风险监管制度体系，推动化妆品监管手段创新，提升化妆品监管的科学性、有效性和规范性，力争建立高效的监管体系，进一步规范监管行为。

优化化妆品风险监管制度体系

按风险程度划分管理类别。化妆品监管属于风险监管，现代社会中不存在零风险，化妆品监管应厘定特定风险水平，对高于此水平的风险，引入干预度较高的监管方式；对低于此水平的风险，选择干预度较低的监管方式。《条例》规定，国家按照风险程度对化妆品、化妆品原料施行分类管理，将化妆品分为特殊化妆品和普通化妆品，将化妆品原料分为具有较高风险的新原料和其他新原料，分别实行注册和备案管理，从而更好地按照风险管理原则实行分类管理，探求风险监管与产业发展的平衡。

明确建立化妆品风险监测和评价制度。化妆品风险监测和评价构成化妆品监管的科学基础。通过对影响化妆品质量安全的风险因素进行监测和评价，评判化妆品原料、产品、生产经营过程、标签标识中潜藏的风险，可以总体把握化妆品安全形势，了解化妆品安全和质量中存在的主要问题，帮助识别和确认影响化妆品质量安全的风险因素，并对相关风险因素的风险程度进行评价，比较衡量拟选择的风险控制措施。

《条例》第五十三条规定，国家建立化妆品安全风险监测和评价制度，对影响化妆品质量安全的风险因素进行监测和评价，为制定化妆品质量安全风险控制措施和标准、开展化妆品抽样检验提供科学依据；国务院药品监督管理部门制定、发布并组织实施国家化妆品安全风险监测计划，明确重点监测的品种、项目和地域等。这一规定让"好钢用在刀刃上"，促进更加科学、合理地配置风险监管资源。

化妆品上市后持续进行风险管控。化妆品风险管控体现在化妆品上市后的质量安全管控，以及化妆品不良反应监测制度的体系化建构上。《条例》规定，国家建立化妆品不良反应监测制度。同时，《条例》规定了化妆品不良反应监测机构的法律地位，要求其负责化妆品不良反应信息的收集、分析和评价，并向负责药品监督管理的部门提出处理建议；要求化妆品注册人、备案人应当监测其上市销售化妆品的不良反应，及时开展评价，按照国务院药品监督管理部门的规定向化妆品不良反应监测机构报告。

此外，《条例》第五十三条还提出，国务院药品监督管理部门建立化妆品质量安全风险信息交流机制，组织化妆品生产经营者、检验机构、行业协会、消费者协会以及新闻媒体等就化妆品质量安全风险信息进行交流沟通。这有助于让新闻媒体、社会公众对化妆品质量安全风险有更科学、理性的认知，引导消费者更合理地使用化妆品，更好保障消费者知情权和选择权。

强化化妆品监督管理

《条例》秉承现代行政法治理念，引入新型监管手段，明确监管手段的适用范围、适用程序，综合运用事前监管与事中事后监管、命令控制型监管和激励型监管，让多元主体参与监管过程，进一步规范化妆品生产经营活动，加强化妆品监督管理。

对化妆品标准制度作出体系化规定。《标准化法》第十条规定，对保障人身健康和生命财产安全的技术要求，应当制定强制性国家标准。《条例》规定，化妆品应当符合强制性国家标准；国务院药品监督管理部门负责化妆品强制性国家标准的项目提出、组织起草、征求意见和技术审查；化妆品国家标准文本应当免费向社会公开。化妆品强制性国家标准是整齐划一的规则，也是化妆品生产经营活动的最低要求；化妆品企业标准则更为具体、精确，更有利于企业遵守，提高企业的市场竞争力，因此，《条例》明确鼓励企业制定严于强制性国家标准的企业标准。

健全和完善强制信息披露制度。长期以来，化妆品消费者与化妆品生产经营者之间存在着信息不对称问题。化妆品生产者、经营者应为化妆品消费者提供必要的信息，标注相关内容，化妆品标签构成企业承诺、消费者选择和化妆品监管的重要依据。《条例》要求，化妆品标签应当符合相关法律、行政法规、强制性国家标准，内容真实、完整、准确。同时，《条例》明确了化妆品标签应当标注的内容要素，还规定了禁止标注的内容。

明确监管部门的监督检查权。实现合法、合理、有效的行政监管，需要合法、公正、及时、准确地开展行政监督检查，对行政相对人进行动态监管，以更好查明事实。《条例》规定了药品监督管理部门的监督检查权，包括实施现场检查、对化妆品进行抽样检验的权力；规定了监督检查中应表明身份、保守商业秘密的义务，以及抽样检验应当支付抽取样品的费用，体现对行政相对人合法权益的保障。

引入多种新型监管手段。责任约谈在某种意义上是带有磋商色彩的市场监管工具，用以督促市场主体遵守法定要求。《条例》第五十七条规定，化妆品生产经营过程中存在安全隐患，未及时采取措施消除的，负责药品监督管理的部门可以对化妆品生产经营者的法定代表人或者主要负责人进行责任约谈。

《条例》第五十六条提出了化妆品信用治理制度，助力形成诚实守信的化妆品市场环境：负责药品监督管理的部门应当建立化妆品生产经营者信用档案，对有不良信用记录的化妆品生产经营者，增加监督检查频次；对有严重不良信用记录的生产经营者，按照规定实施联合惩戒。第五十八条规定了举报奖励制度，旨在通过创设激励和保护举报行为的法律机制，更好地发现违法线索，查处违法行为。

此外，《条例》第五十九条、第六十条、第六十一条、第六十四条、第六十五条、第七十条、第七十一条还设置了市场禁入制度，通过在一定期限内直至终身禁止违法者从事化妆品生产、经营、检验等活动，或在一定期限内不受理其提出的备案或注册申请，实现威慑和惩戒作用，更好地对违法行为加以制裁，捍卫公共利益，保证化妆品质量安全和消费者健康。

（来源：司法部网站）

深入推进化妆品安全社会共治

佟文鑫　何一凡　董银卯

化妆品与药品不同，是由消费者自主选择的市场自由度较大、产品更新频率较快的消费产品。基于上述特点，在监管制度设计中引入全社会共同参与治理的理念，即"社会共治"极为重要。

社会共治是随《化妆品监督管理条例》建立的一种全新监管模式。与传统的政府职能部门直接负责审批监管不同，社会共治更多地强调与化妆品相关的不同社会领域、不同主体共同参与日常监督，共同规范化妆品生产经营行为，科学推动信息公开，共同促进行业健康发展，这是落实"放管服"改革要求的重要举措之一。

理解社会共治丰富内涵

在新法规框架下正确理解社会共治体系的内涵尤为关键。从广义上讲，社会共治体系应包括以下方面。

一是化妆品监管部门仍是监管体系的核心。监管部门从保障原料和产品安全的角度出发，对必要的项目进行审批。同时实现科学监管、精准监管，能通过事中事后监管解决的，不搞事前审批；能通过备案管理的，不做变相审批。

二是明确化妆品注册人、备案人以及生产企业的主体责任，使化妆品生产经营进一步规范化。在社会共治体系下，结合《化妆品监督管理条例》规定的注册人、备案人制度和生产许可制度，要求应由企业承担的责任落实到企业，应公示的信息由责任人主动公开，应依法进行的自查和监测及时开展，应向监管部门提交的资料如实报送等。

三是充分发挥行业协会的纽带作用。化妆品行业协会一方面应面向企业做好《化妆品监督管理条例》和配套文件的宣贯工作，积极引导行业加强自律，推动化妆品行业开展诚信建设；另一方面应面向消费者加强化妆品基本知识的普及，倡导科学认知、理性消费。

四是充分发挥新闻媒体的积极作用，引导媒体对行业信息进行适时适度的宣传。对合法的化妆品广告和企业宣传进行推广，对容易误导消费者的言论及时辟谣，对国内外化妆品行业先进技术、重大事件及时报道，通过媒体的科学宣传增强消费者信心。

五是明确消费者和消费者协会等社会组织应积极参与社会共治。建立消费者协会与消费者之间的有效联系途径，对企业公开的虚假信息和其他损害消费者合法权益的行为，依法进行社会监督；对研究机构发布的研究结果或媒体公布的行业消息提出合理建议，在强化信息公开的正确性、严谨性方面发挥积极作用。

发挥社会共治积极作用

一是优化监管资源，实现科学监管。通过社会共治合理分配有限的监管资源，一改传统"一刀切"式的材料审核模式。促使产品功效宣称的依据主动公开，将产品的市场化途径与企业的技术实力绑定；将较低风险的一般新原料调整为备案管理，为企业原料研发"松绑"；将宣称新功效的产品纳入监管范围，为产品的研发创新找到出路。

二是加强信息化建设，实现智慧监管。信息公开是社会共治的重要组成部分。有效利用现有的化妆品信息化系统，进一步提高在线政务服务水平，推进监督管理信息共享，结合科普宣传，为人民群众查询化妆品信息、了解化妆品知识提供便利。

三是推动行业信用体系建设，实现诚信监管。引入信用管理的原则，鼓励企业自律。通过信用管理，让诚信的企业更好更健康更自由地发展，让失信的企业时时处处感受到社会舆论的巨大压力，使"守信者一路绿灯，失信者处处受限"。

（佟文鑫系北京日化协会政策法规部主任，何一凡系北京工商大学化妆品监管科学研究院副院长，董银卯系北京工商大学中国化妆品研究中心主任）

构建不良反应监测制度 完善上市后监管体系

沈传勇 盛银冬

化妆品是人民群众追求美好生活的重要载体，化妆品产业被称为美丽事业、朝阳产业。保障人民群众用上安全有效的化妆品，是政府部门义不容辞的责任。新颁布《化妆品监督管理条例》（以下简称《条例》）规定，国家建立化妆品不良反应监测制度，充分体现了以人民为中心的监管理念。

符合监管工作实际

《条例》对化妆品不良反应监测制度作出明确规定，在化妆品监管历史上具有里程碑意义。

我国化妆品不良反应监测工作主要经历了卫生系统和药监系统两个时期。

20 世纪 90 年代至 2008 年为卫生系统时期。这期间，化妆品不良反应监测工作由国家卫生部门主管，中国疾病预防控制中心环境与健康相关产品安全所为国家化妆品不良反应监测机构，在空军总医院等全国 21 家大型医疗机构建立了化妆品不良反应监测机构（化妆品皮肤病诊断机构），承担全国化妆品不良反应数据的收集、判断、报告等职责。

2008 年至今为药监系统时期，化妆品监管职能由卫生部门划转到药品监管部门，国家药品监督管理部门主管全国化妆品不良反应监测工作。2014 年，国家药品不良反应监测中心与中国疾病预防控制中心交接了工作，依托全国各级药品不良反应监测机构开展化妆品不良反应监测工作。

在卫生系统工作基础上，通过药监部门的不断努力，我国化妆品不良反应监测工作取得了较大进展，已初步建立了职责清晰、分工协作的各级监测机构，负责化妆品不良反应信息的收集、分析和评价工作；探索以医疗机构哨点为主体的信息收集模式，国家层面建立了第一批 12 家国家化妆品不良反应监测评价基地，山东、江苏、河南等省份在辖区建立了医疗机构哨点，逐步夯实医疗机构化妆品不良反应报告主渠道的作用，解决了初期化妆品不良反应监测数据收集的问题；建立了统一的国家化妆品不良反应监测系统，全国各级监测机构和报告单位均可在系统中实现数据的报告和评价，提高了工作效率；信息收集能力提升明显，报告数量稳步增加，为开展大数据分析评价奠定了基础；初步开展了监测和数据分析，探索数据分析利用，及时发现化妆品风险，为化妆品安全监管提供有价值的线索并及时向公众发布安全信息提示，实现安全信息共享，不断发挥监测效能；积极开展"5·25爱肤日"宣传活动，作为化妆品安全科普宣传周的重要载体，努力打造化妆品安全宣传品牌，取得了良好的社会效应，为提升群众安全用妆意识、推动化妆品安全社会共治发挥了积极作用。

基于全国化妆品不良反应监测体系的初步形成、监测系统的建立，以及各项监测工作基础的逐渐夯实，《条例》中关于化妆品不良反应监测制度的规定符合监管工作实际，为进一步开展有关工作提供了法规依据，促进监测工作走上制度化、科学化和规范化轨道。

多措并举落实《条例》要求

《条例》从法规层面明确了我国化妆品不良反应监测的工作要求和方向，如建立化妆品不良反应监测机构，实现监测机构法治化；化妆品注册人、备案人是化妆品不良反应监测的责任主体，必须有化妆品不良反应监测与评价的能力等。从《条例》要求和现有基础看，继续做好化妆品不良反应监测工作面临很多挑战，还有很长一段路要走。

要加强化妆品注册人、备案人的责任意识和责任落实。当前，化妆品注册人、备案人在不良反应监测方面存在较多不足。例如，对化妆品不良反应不够重视，对自身产品风险的发现和管控能力有待加强。今后需要压实压牢化妆品注册人、备案人开展化妆品不良反应监测的主体责任。

要逐步建立监测与监管的衔接机制。化妆品不良反应监测结果的有效利用，需要检查、检验措施的及时跟进。目前，需要加强不同技术支撑机构的信息共享工作，逐步构建基于化妆品不良反应监测的风险处置机制，将化妆品不良反应监测融入化妆品安全大监管体系中。

同时，要完善法规标准体系，提高监测能力。化妆品不良反应监测的专业要求高，例如，导致化妆品不良反应的原因之一是化妆品中添加的成分，做好监测工作就要弄清楚这些成分的作用机理。现在，化妆品不良反应监测相关规范性文件有待建立，围绕化妆品不良反应相关技术标准和指南文件等也需要完善。另外，化妆品不良反应判断、大数据分析评价等方法学方面也面临挑战，需要提高各级监测机构人员的能力和水平。

此外，还要不断提高全民安全用妆意识。目前，消费者的安全用妆和合理消费意识不强，对化妆品安全的认识不足，直接影响化妆品不良反应监测工作的开展。例如，出现皮肤损害后，不少消费者不能及时将其与化妆品使用相关联，也不能有效保管化妆品包装等，导致化妆品不良反应信息不全，难以上报。改变这一状况，需要各方不断加大安全用妆科普宣传力度，让群众认识化妆品，了解化妆品不良反应监测。

（作者单位：国家药品监督管理局药品评价中心）

为化妆品行业发展提供制度保障

陈少军

《化妆品监督管理条例》（以下简称《条例》）的出台和实施，将进一步规范化妆品市场竞争行为，推动企业不断提升产品质量安全水平，为营造更健康良好的营商环境提供政策沃土与管理支撑，化妆品行业竞争格局也将出现新一轮重构。

尊重市场规律和行业发展需求

改革开放之后，我国化妆品行业快速发展，生产企业由 1980 年的 70 余家，增至 2020 年的 5000 余家；主营收入由 3.5 亿元增至 4000 亿元，市场零售额达到万亿元。国家统计局数据显示，2019 年，我国规模以上企业主营业务收入 1256.32 亿元，全国化妆品零售额 2992 亿元，同比增速 12.6%，高于单位商品零售额增速 8.9 个百分点。改革开放以来，我国化妆品行业整体年均增幅始终保持在两位数，市场规模扩大了 900 倍以上，目前我国已是全球第二大化妆品消费市场，产品出口到 200 余个国家和地区。化妆品行业是发展潜力巨大的朝阳行业。

《化妆品卫生监督条例》对我国化妆品行业的原始产业积累和基础规范发挥了积极的促进作用。在其实施的 30 余年间，我国化妆品产业发展规模增速远高于同期国民经济增速，本土化妆品品牌开始崛起；同时，我国化妆品生产经营行为不断规范，产品品种日益丰富，品质逐步提升，品牌效应初显。随着经济社会和化妆品行业的快速发展，消费者对化妆品质量、功效、安全性提出了更高要求，《化妆品卫生监督条例》的立法理念、管理手段和监管体制与行业发展需求的不协调问题日渐凸显。

《条例》在秉承《化妆品卫生监督条例》以"保障消费者健康"为出发点

和最终目的的主旨上，充分尊重市场规律和化妆品监管科学发展趋势，积极推进监管理念创新、制度创新和方式创新，对适应新时代化妆品监管新形势、新要求和新期待，推进我国化妆品监管体系和监管能力现代化具有重要而深远的时代意义。

体现风险管理与责任治理相结合

《条例》体现了风险管理与责任治理有机结合的监管理念和方式，突出化妆品监管的科学性。

《条例》明晰、理顺了化妆品生产经营主体的责任义务，强调企业主体责任。《条例》首次提出化妆品注册人、备案人制度，并明确注册人、备案人的资质要求和应承担的化妆品质量安全和功效宣称责任。同时，明确、细化生产经营环节相关企业主体的法律责任，努力弥补《化妆品卫生监督条例》中责任主体缺位、模糊、笼统的制度缺陷。值得注意的是，《条例》详细规定了委托加工生产形式中注册人、备案人和实际生产企业的责任分配，并根据化妆品经营方式日益多样的实际情况，首次根据不同经营方式，对集中交易场所开办者、展销会举办者、电子商务平台经营者、美容美发机构和宾馆等主要化妆品经营主体进行了责任分解和细化。此外，《条例》还规定化妆品经营者不能自行配制化妆品。这些制度为进一步完善监管措施、明确企业责任担当、明晰惩戒对象提供了法规基础。

精简、完善以风险管理为原则的化妆品分类管理制度。《条例》按照风险管理原则，对化妆品实行分类管理，对化妆品新原料按风险程度实施注册和备案分类管理，规定具有防腐、防晒、着色、染发、祛斑美白等功能的较高安全风险的化妆品新原料注册后方可使用，并明确了新原料注册审批的时限要求。这些规定在强调产品质量安全的原则下，为激发企业研发创新积极性、加快化妆品原料科技成果转化提供了制度保障。

细化违法情形，加大处罚力度。《条例》以"严"字当头，细化违法情形，努力做到违法类型全覆盖；加大处罚力度，优化罚金计算依据，提升处罚比例；增加处罚到人、禁止从业等规定。《条例》的实施将有力震慑和惩戒违法分子和行为，也有助于预防和避免违法行为的发生。

构建化妆品安全评估和功效宣称管理制度。《条例》针对消费者关注度高的化妆品安全和功效宣称，充分参考借鉴国际化妆品监管经验，努力补齐《化妆品卫生监督条例》在安全评估和功效宣称管理方面的制度短板，明确化妆品安全和功效宣称责任主体和管理措施。《条例》要求，化妆品新原料和化妆品注册、备案前，注册人、备案人应当开展安全评估，并将安全评估资料在注册、备案时同其他资料一并提交；化妆品的功效宣称应当有充分的科学依据，化妆品注册人、备案人应当在国务院药品监督管理部门规定的专门网站公布功效宣称所依据的文献资料、研究数据或者产品功效评价资料的摘要，接受社会监督。安全评估和功效宣称两项管理措施，有利于监管部门和企业更准确地把握产品安全性信息，为保障消费者用妆安全、规范行业发展、实施科学监管提供了重要依据。

构建全过程、多层次的化妆品科学监管链条。《条例》在强调注册人、备案人在化妆品全生命周期中应承担主体责任的同时，进一步提出上述责任主体在产品召回、不良反应监测和化妆品质量安全风险信息交流等方面的义务。《条例》中关于不良反应监测的制度设计，已从《化妆品卫生监督条例》中的被动应对转变为主动出击，不再局限于上报化妆品不良反应病例，而是通过监测和评价，力争防范和控制化妆品不良反应对消费者健康的损害。全过程监管制度的建立，特别是上市后监管方面的革新和调整，对于突破上市前研究局限性、提高化妆品不良反应的预见性具有重要意义。

强调产品创新与诚信建设

《条例》的制度设计有利于拓宽我国化妆品行业发展空间。化妆品时尚性强、品种多、批量小、销售周期快，新原料、新技术、新营销方式层出不穷。《条例》首次提出鼓励创新，明确鼓励和支持开展与化妆品有关的科学研究，鼓励和支持化妆品生产经营者采用先进技术和先进管理规范。在制度设计上体现了风险防控与鼓励创新相融合的理念，鼓励生产经营主体不断提高质量管理水平。

此外，《条例》还提出，化妆品行业协会应当加强行业自律，督促引导化妆品生产经营者依法从事生产经营活动。推动行业诚信建设，旨在形成企业主体责任、政府部门监管责任、行业协会督促引导责任的责任配置体系，为化妆品行业可持续发展构筑坚实的防火墙。

当前，我国化妆品行业仍面临企业主体责任意识不强、基础研究薄弱等问题，与《条例》要求存在差距。化妆品企业应主动学习相关法律法规，落实主体责任，合法合规生产经营；建立健全企业内部管理制度，保障产品质量安全；加大研发投入力度，坚持科技创新，紧盯前沿科学技术发展及其在化妆品行业的推广应用。

未来，随着《条例》的实施，化妆品行业将迎来生态环境更健康、营商环境更良好的新时代，行业发展水平将不断提升。

（作者系中国香料香精化妆品工业协会理事长）

改革原料管理　鼓励技术创新

——《条例》为行业创新发展保驾护航

徐良

备受行业关注的《化妆品监督管理条例》（以下简称《条例》）终于出台了！与 1989 年发布的《化妆品卫生监督条例》相比，《条例》的内容有了很多新的变化，其中新原料的分类与管理以及鼓励技术创新无疑是《条例》的一大突出亮点。

一、《条例》对化妆品原料尤其是新原料实施分类管理，并对新原料设置监测期

（一）对化妆品原料按照风险差异实施分类管理

《条例》中多项内容都涉及到原料的管理，将化妆品原料分为新原料与已使用的原料，包括明确按照风险程度对化妆品原料进行分类管理，根据风险程度高低对新原料实施注册或备案管理，由国务院药品监管部门制定禁用原料目录。《条例》明确提出，具有防腐、防晒、着色、染发、祛斑美白功能的化妆品新原料，经国务院药品监督管理部门注册后方可使用；其他化妆品新原料应当在使用前向国务院药品监督管理部门备案。化妆品新原料备案人通过国务院药品监督管理部门在线政务服务平台提交本条例规定的备案资料后即完成备案。

《条例》的上述内容根据风险差异将化妆品新原料进行细化，实施分类管理，即对防腐剂、防晒剂、着色剂、染发剂、祛斑美白剂等高风险原料实行注册管理，除此之外的其他风险相对较小的普通新原料则不再需要行政审批而改为备案管理，备案人在网上完成备案即可使用。

（二）对新原料设置监测期

《条例》对普通新原料的备案管理并不是一放了之，除了在第十二条中明确规定了申请化妆品新原料注册或备案应提交的资料要求外，还特别在第十四条中规定，经注册、备案的化妆品新原料投入使用 3 年内，新原料的注册人、备案人应当每年向国务院药品监督管理部门报告新原料的使用和安全情况。对存在安全问题的化妆品新原料，由国务院药品监督管理部门撤销注册或者取消备案。3 年期满未发生安全问题的化妆品新原料，纳入国务院药品监督管理部门制订的已使用的化妆品原料目录。

保证使用安全是化妆品原料（包括新原料）管理的底线。设置新原料监测期的举措可以理解为在实施化妆品新原料分类管理、简化普通新原料使用程序的同时，新原料注册人与备案人在新原料上市后必须密切关注其使用的安全情况，落实相关企业的主体责任，切实保证新原料的使用安全。实际上，保证新原料的使用安全，也是保证相关企业的自身利益，促进企业的长久发展。

二、《条例》强调原料安全

原料是组成化妆品的基础，也是化妆品整个生命周期的源头。一般来说，化妆品是由多种原料按照配方比例加工、制备而成的混合物，而且这种制备绝大多数都是物理混合过程，很少有化学反应参与其中。因此，原料的安全与作用直接影响化妆品成品的安全与性能。

（一）强调原料使用达标、合规

《条例》强调化妆品生产环节使用原料应当符合强制性的国家标准、技术规范，不得使用过期、废弃、回收的化妆品原料。在《条例》第四章监督管理中提出根据科学研究的发展在对化妆品及其原料安全性认识有改变或发现问题时，可以责令相关注册人、备案人进行安全再评估。真正做到以发展的眼光动态关注原料及产品使用的安全性，深入贯彻科学监管的理念，确保化妆品的使用安全。

（二）专门针对原料设置处罚条款

《条例》第五章法律责任对使用禁用原料、未注册或备案的新原料、不符合国家强制性标准、技术规范的原料以及过期原料等违法情形明确了相应的处罚规定。

《条例》更加重视化妆品原料的管理，直击化妆品安全监管重点与难点，对有效提高监管效率、从源头堵塞监管漏洞、切实保证化妆品使用安全有着十分积极的意义。

三、《条例》明确提出鼓励创新，满足行业发展需求

（一）新原料分类管理有利于创新

根据化妆品的组成特点，在目前制备工艺相对成熟的情况下，化妆品的创新主要依赖于原料的创新，尤其是功效性原料以及对化妆品剂型改善有贡献原料的开发与创新。此前，按《化妆品卫生监督条例》的要求，我国对化妆品新原料整体实行注册管理。由于没有分类管理，加之审评尺度未结合化妆品原料的特点进行细化，企业申报一个新原料哪怕仅仅是一个不具透皮能力的高分子聚合物或者可食用的普通植物油，也往往需要多次补充资料，造成新原料的申报平均耗时数年之久，10年以来在我国获批的化妆品新原料屈指可数。一方面，企业新原料申报的积极性受到影响，另一方面，造成在国际上已经被证明性能良好且得到广泛应用的新原料在我国化妆品中无法使用，这在一定程度上也加大了我国化妆品在技术与创新方面与国外企业之间的差距。

化妆品是一个时尚产业，产品更新周期快是行业的一个突出特点，行业的这一特点要求企业要不断有新产品推向市场。新原料的分类管理无疑将对提升化妆品的整体性能与品质提升起到十分重要的作用。

（二）同时鼓励技术创新

《条例》鼓励化妆品企业创新的内容不仅仅体现在新原料管理方面，《条例》更是在总则部分就明确提出："国家鼓励和支持开展化妆品研究、创新，

满足消费者需求。国家保护单位和个人开展化妆品研究、创新的合法权益。"

《条例》一大亮点就是鼓励创新，这对整个行业的健康发展都是一个利好。一个国家的发展离不开科学技术，一个行业尤其是作为时尚产业的化妆品行业的发展更是离不开行业整体对科学技术的重视与企业创新能力的提升。一个没有技术实力而仅仅通过"编排故事"来吸引消费者的企业不会做的长久，唯有创新驱动的发展才会有更加美好的未来。

未来之所以值得期盼，一定是因为她的美好。让我们不忘初心，在《条例》出台之时再出发，共同迎接我国化妆品行业健康发展的崭新未来！

（作者系北京日化化学研究所教授级高级工程师）

《化妆品监督管理条例》沿用、
调整和新建制度

佟文鑫　何一凡　董银卯

自 1989 年《化妆品卫生监督条例》颁布实施至今的 30 余年间，中国化妆品行业从简单粗放到欣欣向荣，化妆品的定位也经历了由奢侈品到生活必需品再到时尚快速消费品的转变。

为进一步协调我国化妆品行业高速发展的现状与化妆品法规相对滞后之间的矛盾，自 2013 年起，以《化妆品监督管理条例》为核心的化妆品法规修订工作逐步开展；2020 年 1 月 3 日，国务院常务会议审议通过《化妆品监督管理条例（草案）》；6 月 29 日，《化妆品监督管理条例》正式发布，标志着中国化妆品立法翻开了崭新的一页新的法规体系以进一步提升化妆品生产经营者的主体责任意识和技术水平，促进行业秩序的建立和规范发展为导向，结合当前中国经济形势，指导化妆品行业由高速发展向高质量发展转型。

从监管制度体系看，《化妆品监督管理条例》的内容较《化妆品卫生监督条例》有了明显变化。基于科学监管理念，将已在行业内达成共识的监管制度夯实沿用，将有利于推动和规范行业发展的制度建立健全，将不适宜行业现状的陈旧制度清理整合，是《化妆品监督管理条例》的显著特征。

一、沿用或调整的监管制度

1. 在化妆品生产管理上将继续实施化妆品生产许可证制度

以《化妆品生产许可证》作为化妆品生产企业的合法资质，并从质量管理体系、从业人员资质、生产全过程管理等方面对化妆品生产企业提出更高要求。

2. 化妆品卫生监督制度的内容扩展

《化妆品卫生监督条例》在监管上突出"卫生监督"，即以生产卫生条件和产品卫生质量为监管核心。《化妆品监督管理条例》将监管范围扩展到与化妆品产品质量安全相关的全部要素或过程，不再局限于对卫生条件的管理。

3. 调整化妆品的分类，按照风险程度对化妆品进行管理

《化妆品卫生监督条例》规定了九类特殊用途化妆品并明确必须经批准并取得批准文号后方可生产，并没有对非特殊用途化妆品作出定义。在《化妆品监督管理条例》中，明确将特殊用途化妆品调整为特殊化妆品，非特殊用途化妆品调整为普通化妆品，同时将特殊化妆品的类别从九类调整为染发、烫发、祛斑美白、防晒、防脱发以及宣称新功效六类。

4. 对产品的管理将实施上市前产品注册、备案与上市后监督检查相结合的管理制度，科学调整监管重心

一方面将按照产品类别对上市前产品进行分类分级管理，对风险程度较高的产品进行严格的审批，对其他产品实施备案管理；另一方面将监管重心从重上市前许可转向上市后监管，在增加违法事由的判定范围的同时加大惩处力度，使违法违规无处遁形。

5. 化妆品新原料注册制度调整为动态的化妆品新原料注册备案制度

按照风险程度分类分级管理的理念，对和特殊化妆品功能直接相关的以及使用风险较大的新原料实施注册管理，对其他功能新原料实施备案管理。同时，为使监管与时俱进，条例明确监管部门可以根据科学研究的发展调整实行注册管理的化妆品新原料范围并经国务院批准后实施，同时为保证原料使用安全，可以要求新原料责任人对原料进行再评估。

6. 对化妆品广告宣传沿用广告管理制度

要求化妆品广告应以真实、科学、合法为根本原则，不得明示或暗示医疗作用、不得进行虚假或容易引人误解的内容、不得误导欺骗消费者。

7. 对化妆品产品实施产品检验制度

包括上市前产品质量负责人自主开展的对产品的质量安全检验、注册备案检验和监管部门对已上市产品的抽样检验；同时规定出入境检验检疫机构依照《中华人民共和国进出口商品检验法》规定对进口的化妆品实施检验。

8. 化妆品从业人员的健康管理制度的范围延伸

除在化妆品生产企业实施外，在化妆品注册人、备案人以及受托生产企业范畴全面实施。

9. 强化安全性评价制度

安全是化妆品监管的根本，《化妆品监督管理条例》明确化妆品新原料和化妆品注册、备案前，相关注册人、备案人应自行或委托专业机构开展安全评估。调整了《化妆品卫生监督条例》规定的对特殊用途化妆品由监管部门进行产品卫生安全性评价的模式，明确安全性评价由产品责任主体开展。

二、新建的监管制度

1. 首次提出"新功效"化妆品的概念，并规定按照特殊化妆品进行审批监管

"新功效"化妆品的提出是在政策层面推动行业发展的一次重要革新，既使政策与化妆品行业高速发展、活跃创新的趋势相符合，又充分激活了行业创新动力，为新研发成果向产品端转化建立了有效途径。

2. 建立化妆品注册人、备案人责任制度

《化妆品监督管理条例》充分借鉴了《药品管理法》中药品上市许可持有人制度的经验，为明确企业责任，提出化妆品注册人、备案人的概念，作为化妆品新原料或产品的第一责任人。相比于现行委托方和受托方的责任划分，化妆品注册人、备案人责任制度的建立使化妆品生产、经营的责任更为明确，监管主体更为聚焦。

3. 建立化妆品功效评价与信息公开制度

要求化妆品的功效宣称应当具有充分的科学依据，对化妆品宣称具有的功效实施企业主动公开与社会共治相结合的监管模式。随着行业的发展和消费者认知的更新，在化妆品安全性的基础上，对功效的诉求已成为当前决定化妆品消费的另一个重要因素。化妆品功效评价与信息公开制度的建立，要求化妆品企业在保证产品安全性的同时，对产品宣称具备的功效进行科学的分析验证，在向消费者明示产品作用的同时避免违规宣传的出现。

4. 要求化妆品注册人、备案人和受托生产企业实施自查制度

此项制度是在《化妆品卫生监督条例》规定的对化妆品生产企业定期与不定期检查制度和对化妆品经营者巡查制度的基础上，为推行政府监管与行业自律有效结合而建立的一项基于诚信监管体系的制度。要求相关责任人定期自查生产质量管理规范的落实情况，并对发现的可能影响产品质量的问题自行采取整改措施。

5. 要求化妆品经营者建立并执行进货查验记录制度

查验供货者的市场主体登记证明、化妆品注册或备案情况、产品出厂检验合格证明并如实记录保存相关凭证。

6. 建立化妆品不良反应监测制度

要求化妆品注册人、备案人对其上市销售化妆品的不良反应及时开展评价及报告。监管部门和不良反应监测机构对报送的不良反应信息进行分析处理。

7. 建立化妆品安全风险检测和评价制度以及化妆品风险信息交流机制

对影响化妆品质量安全的风险因素进行检测和评价，同时发挥社会共治的作用，就化妆品质量安全信息进行交流沟通。

8. 对存在缺陷的已上市产品实施召回制度

对产品质量存在缺陷或可能危害人体健康的产品应由注册人、备案人进行召回处理并告知监管部门；受托生产企业、化妆品经营者发现其生产、经营的产品质量存在缺陷的应及时通知产品注册人、备案人对其产品实施召回处理。

综上所述，《化妆品监督管理条例》中一系列管理制度的建立与行业发展相辅相成，适宜的监管制度将对规范生产经营行为、引导行业健康发展起到积极作用。《化妆品监督管理条例》的出台，顺应了我国化妆品行业由高速发展向高质量发展的趋势，是我国化妆品监管立法领域的一次全面提升，也标志着我国化妆品监管进入全新的阶段。

（佟文鑫系北京日化协会政策法规部主任，何一凡系北京工商大学化妆品监管科学研究院副院长，董银卯系北京工商大学中国化妆品研究中心主任）

为化妆品网络市场有序发展提供法治保障

徐伟红

近年来，化妆品电商爆发式增长，线上市场超越 KA 渠道（大型卖场）、百货等，成为化妆品市场占比最高的渠道。在新冠肺炎疫情冲击之下，今年以来，化妆品线上市场继续保持高增速，景气度显著高于线下渠道。

电商的兴起提升了企业营销水平，也为消费者多元消费提供了便捷，推动化妆品产业高速发展。但与此同时，由于网络市场的虚拟性、跨区域性等特点，利用互联网违法销售化妆品情况时有发生，成为公众关注的热点，给监管工作带来较大挑战。

网售市场健康发展的关键在于规范和治理，《化妆品监督管理条例》（以下简称《条例》）的出台为监管补齐了制度短板。《条例》明确了电子商务平台经营者和平台内经营者的法律义务和责任，《条例》实施后将为整顿和规范化妆品网络市场、推进精准治理提供有力的法治保障。

明确电商经营者法律义务

在谈具体责任之前，首先要明确何为电子商务经营者。按照《电子商务法》和化妆品行业特点，化妆品电子商务经营者主要包括电子商务平台经营者、平台内经营者和自建网站经营者，其中自建网站经营者应承担与平台内经营者相当的经营管理责任。当前电商模式日新月异，但无论是传统平台电商，还是衍生出的社交电商、内容电商、直播电商、短视频营销等新业态，无论是 B-C 还是 C-C，都符合《电子商务法》对电商平台的定义："为交易双方或者多方提供网络经营场所、交易撮合、信息发布等服务，供交易双方或者多方独立开展交易活动的法人或者非法人组织"，应纳入平台管理。

对于电子商务平台经营者，《条例》第四十一条确立了其全过程管理责任，包括四个方面。

第一，事前应当对平台内化妆品经营者进行实名登记。这与《电子商务法》第二十七条规定一致，应当登记平台内化妆品经营者的营业执照、法定代表人或者负责人身份信息、经营地址、联系方式等，确保经营者符合法定要求，建立档案并及时核实更新。

第二，事中应承担对平台内化妆品经营者的管理责任。平台经营者管理责任的落实，应当从完善制度标准入手，并与平台内经营者签订包括化妆品质量安全要求的入驻协议。在日常经营过程中，应主动检查平台内发布的化妆品信息，监督经营者资质是否齐全、宣称是否合规、产品是否合格等。

第三，事后发现平台内化妆品经营者有违规行为的，如经营的产品标签或广告宣称违规、无合法来源证明、产品已被通告召回等，应当采取删除、屏蔽、断开链接或终止交易等措施及时制止，并报告平台经营者所在地省级药监部门。

第四，对于发现严重违法行为的，应当立即以关闭店铺等方式停止提供电子商务平台服务。对于严重违法行为的范围，有待在《条例》配套法规中进一步明确。电子商务平台经营者未履行实名登记、制止、报告、停止提供电子商务平台服务等管理义务的，应依照《电子商务法》第八十条规定给予处罚。

《条例》同时规定，平台内化妆品经营者应当全面、真实、准确、及时披露所经营化妆品的信息。笔者认为，应当展示的化妆品信息包括产品名称、注册人或者备案人的名称和地址、生产企业名称和地址或进口化妆品境内责任人名称和地址、特殊化妆品注册证编号等。此外，平台内经营者还应按照线上线下一致原则，履行进货查验记录、记录凭证保存和依规贮存运输等义务，禁止销售自行配制的产品和变质过期产品。

值得注意的是，根据商务部、国家市场监管总局等六部门于2018年12月印发的《关于完善跨境电子商务零售进口监管有关工作的通知》，对跨境电商零售进口商品按个人自用进境物品监管，不执行有关商品首次进口许可批件、注册或备案要求，但仅限于通过跨境电商平台交易，原则上不允许网购保税进口商品在海关特殊监管区域外开展"网购保税＋线下自提"模式。药品监管部门如在线下市场发现销售无合法进口证明或相关证明显示采购自跨境电商零售进口渠道的化妆品，可直接实施查处。

将《条例》要求落到实处

2016 年以来，在法规尚未健全的情况下，浙江省药品监管部门主动探索，监督指导相关电商平台落实主体责任，建立抽检信息通报处置试点，取得了一定成效。《条例》为继续深入开展网络市场治理提供了坚实的法治保障。

就落实《条例》中关于网络监管的要求，笔者有三点建议。

一是全力压实平台"线上净网"责任。电子商务平台经营者既是平台的举办者，也是获益者，理应承担相应管理责任。在事前审核方面，除了对平台内经营者进行登记外，还应将化妆品经营的有关要求（如产品资质、标签宣称等）纳入平台管理规则，从源头保障产品合规。在产品宣称管理方面，可引导平台利用关键词屏蔽、图文识别等技术，对宣称进行有效管控。在产品安全方面，要督促平台利用政府部门通报、投诉举报、大数据分析等获取的信息，开展抽查、抽检，对产品安全实施有效管理，尤其要防范非法添加等重大风险。同时，要督促平台建立明确的管理处罚规则，对违规经营者实施分类处置。

二是探索新型网络监管方式。网络监管有别于线下监管，平台内经营者数量众多、区域分散，依靠传统排查手段进行监管困难很大，需要探索新型监管方式。浙江省探索开展了"智慧审核"试点，在国家药品监管部门的支持下构建了化妆品产品合规数据库，与相关电商平台建立在线校验渠道，产品申报入网时自动屏蔽无合法资质产品。在网售行为监管中，抽检是一项重要手段，但如何从茫茫网络海洋中精准发现问题线索是一个难题。近年来，浙江省药品监管部门在台州市试点精准监测，事先建立包括不合格产品、常见违法行为等信息的特征技术库，通过数据抓取比对和云端固证，提高网络抽检的靶向性和规范性。建议各地可设立集中的网络交易监测平台，实施精准监测、分类交办处置，有效提高监管效能。

三是以"线下清源"为网络监管的根本目标。线上净网是网络监管的基本要求，而线下清源应为根本目标。要善于通过网络平台发现的线索，对生产、经营源头进行追溯和清理。化妆品电子商务平台经营者既是重要的监管对象，也是监管合作伙伴和精准监管的线索来源。要引导平台经营者发挥平台技术优势，主动挖掘问题线索，并按法规要求主动向监管部门报告，按监管要求提供信息数据，协助开展线下打击，以达到从源头控制风险的监管目的。

（作者单位：浙江省药品监督管理局）

开启美容美发机构、
宾馆化妆品经营监管新征程

江星

《化妆品监督管理条例》（以下简称《条例》）第四十二条规定，美容美发机构、宾馆等在经营中使用化妆品或者为消费者提供化妆品的，应当履行《条例》规定的化妆品经营者义务。

《条例》关注化妆品质量安全，明确将美容美发机构、宾馆等使用或提供化妆品的行为纳入化妆品经营监管体系，充分体现人民至上、健康至上的理念，不仅固化了化妆品监管实践领域的成果，也是立法领域的重大创新。

持续加强化妆品使用管理

早在 1998 年,《卫生部关于宾馆、旅店使用化妆品有关问题的批复》就指出，宾馆、旅店中使用化妆品应认定为经营行为，在计算此类化妆品的违法所得时应根据其购进价及同类化妆品市场销售价认定。2012 年，原国家食品药品监督管理局发布的《化妆品生产经营企业索证索票和台账管理规定》，要求从事化妆品生产经营的企业加强和规范索证索票和台账管理，并提出具体要求。

近年来，全国各地均加大化妆品经营监管力度。公开报道显示，广东、江西、安徽、上海等省份曾开展美容美发机构经营使用化妆品专项整治行动，山东等省份曾开展宾馆用化妆品专项检查。这些专项检查有力打击了美容美发机构、宾馆化妆品非法经营、非法添加等行为，取得了一定效果。但受制于历史条件和法规局限性，美容美发机构、宾馆等使用或提供的化妆品质量安全仍不容乐观，存在较大风险隐患。

《条例》坚持风险管理、全程管控、社会共治的基本理念，围绕产品全生命周期管理，以保证产品质量安全为落脚点，以确保产品可追溯性为主线，突出经营领域的产品可注册备案、标签标识、产品贮存、广告宣传、进货查验记录等要素，直面当前存在的产品未经注册备案、擅自配制化妆品、非法添加、产品不符合标准规范、更改产品使用期限、标签不符合规定、未按照规定贮存化妆品、虚假宣传、未履行进货查验记录义务等突出问题，设定了相应法律责任，加大对违法违规行为的处罚力度。在法律责任章节，第五十九条、第六十条、第六十一条、第六十二条、第六十八条、第六十九条等条款均涉及包括美容美发机构、宾馆等主体在内的经营者。

将《条例》要求落到实处

在美容美发机构、宾馆施行《条例》，要把握好安全与发展的关系、统一与品牌定制的关系、主要风险与次要风险的关系，秉承包容审慎态度，确保良法得到善用，实现法律效果与社会效果统一。

在监管理念上，要把握好安全与发展的关系。改革开放以来，我国美容美发机构、宾馆等市场经济主体蓬勃发展，对促进我国经济发展具有重要作用。《条例》将上述主体使用或提供化妆品的行为纳入化妆品经营监管，目的是规范化妆品经营使用活动，保证消费者用妆安全，促进美容美发业、宾馆业健康发展。产品安全是前提，监管部门应通过打击假冒伪劣、非法添加、非法标签等违法违规行为，净化美容美发业、宾馆业市场秩序，推动行业良性健康发展。与此同时，良性健康的行业有利于监管，监管部门应通过以点带面、点面结合，不断提升行业发展质量和水平，为群众营造更安全的消费环境。

在产品监管上，要把握好规范统一与品牌定制的关系。现阶段，我国对化妆品实行注册和备案管理。美容美发机构、宾馆用化妆品有具体使用场景，产品具有一定特殊性。比如，有些化妆品套装专供美容美发机构调配使用；供美容美发机构、宾馆用的化妆品，除了全名称标注外，还常在产品主要展示面标注美容美发机构、宾馆的名称或者商标。这需要监管部门在注册备案和事后监管中予以区别对待。美容美发机构、宾馆用化妆品标注其名称或者商标，符合人们个性化的需求，也是经营发展的需要。在确保产品安全、质量可控的前提下，监管部门可以为"定制化"留出必要空间。

《条例》第九条提出，国家鼓励和支持开展化妆品研究、创新，满足消费者需求，推进化妆品品牌建设，发挥品牌引领作用。笔者认为，在制定化妆品注册备案和标签标识管理办法时，可以为美容美发机构、宾馆用化妆品品牌建设作出制度性安排，制定具体的符合实际的豁免规定。

在监管执法上，要把握好主要风险与次要风险的关系。美容美发业、宾馆业主体众多。从商事主体来看，有企业法人，也有个体工商户；从责任承担者来看，有拥有产品文号的注册备案人，也有仅经营他人产品的经营者；从监管角度来看，有对化妆品注册备案人的真实性、符合性检查，对经营使用行为的合规性检查等。由于历史遗留问题多、监管主体多、难点多，监管难度较大。《条例》施行过程中，要注重培训先行，教育与检查相结合，把握重点、难点和主要风险，集中力量打击经营未注册备案产品、擅自配制化妆品、非法添加、更改产品使用期限、虚假宣传等违法违规行为。

同时，要把握好《条例》的精髓要义，特别要把握好第六十一条和第六十八条的内涵，宽严相济、文明执法。对经营不符合强制性国家标准、技术规范或者不符合化妆品注册、备案资料载明的技术要求产品的主体，要按照《条例》第六十八条规定，根据化妆品经营者履行进货查验记录义务等情形，综合裁量是否免除行政处罚；对经营标签存在瑕疵但不影响质量安全，且不会对消费者造成误导产品的主体，要按照《条例》第六十一条的规定，先责令改正，拒不改正的再罚款。

《条例》回应了美容美发业和宾馆业对建立新型公平竞争秩序的期待、监管部门对新时代全程监管的期待，以及人民群众对安全用妆的期待。《条例》的出台和施行，必将开启美容美发机构、宾馆化妆品经营监管新征程，将更好保障群众用妆安全，促进行业健康发展。

（作者单位：江苏省药品监督管理局扬州检查分局）

压实主体责任　加大处罚力度

佟文鑫　何一凡　董银卯

《化妆品监督管理条例》（以下简称新《条例》）充分落实"四个最严"要求，
与《化妆品卫生监督条例》（以下简称原《条例》）相比，增加了关于法律责
任的条款数量，扩充了违法事由范围，对违法违规行为的处罚力度明显加大，
对规范行业发展具有积极作用。

增加法律责任条款

原《条例》第五章罚则中设置了 9 个处罚条款。其中，第二十四条至第
二十九条分别针对未取得化妆品生产许可证的企业擅自生产化妆品、生产未
取得批准文号的特殊用途化妆品、进口或者销售未经批准或者检验的进口化
妆品、生产或者销售不符合国家《化妆品卫生标准》的化妆品等行为；第
三十一条规定了对违反原《条例》造成人体损伤或者发生中毒事故的责任。

新《条例》第五章法律责任中设置了 18 个处罚条款，并按照违法行为的
严重程度进行划分，对应承担不同程度的法律责任。新《条例》对违法行为
的描述主要包括未经许可从事化妆品生产活动，化妆品注册人、备案人委托
未取得相应化妆品生产许可的企业生产化妆品；生产经营或者进口未经注册
的特殊化妆品；使用禁止用于化妆品生产的原料、应当注册但未经注册的新
原料生产化妆品，在化妆品中非法添加可能危害人体健康的物质，或者使用
超过使用期限、废弃、回收的化妆品或者原料生产化妆品等。

新《条例》对法律责任作出的规定，进一步明确违法事由，便于企业准
确理解相关法律责任，也有利于监管人员对违法事由进行精准判定。同时，
新《条例》法律责任的设定体现与时俱进原则，明确了委托方与受托方、注
册人与备案人等相关方责任，较原《条例》有明显的扩充和细化。

压实企业主体责任

新《条例》实施后，将进一步压实企业主体责任。据不完全统计，我国有超过 7 万个化妆品品牌，但只有 5000 余家企业持有《化妆品生产许可证》，在注册或备案的产品中，很大比例是委托生产。新《条例》的注册人、备案人制度强调注册人、备案人是产品质量的第一责任人，对产品质量安全和功效宣称负责。对注册人、备案人相关责任的规定，既明确了责任主体，也提高了化妆品行业准入门槛，只有具备相应能力和条件才能从事化妆品生产活动，进一步保证了产品质量安全。

新《条例》还详细规定了化妆品生产企业、化妆品经营者、集中交易市场开办者、展销会举办者、电子商务平台经营者、进口商等主体的责任，并设置了相应处罚条款，明确了相关主体的责任和义务，有利于解决原《条例》管理模式下委托方与受托方、生产者与经营者、传统业态与新业态责任不清的问题。

加大违法处罚力度

加大处罚力度也是新《条例》的亮点之一。原《条例》对违法行为处以违法所得 3~5 倍的罚款，新《条例》将罚款基数由违法所得调整为货值金额，并对货值金额 1 万元以下和货值金额 1 万元以上两种情形进行了区分，规定对涉及质量安全的严重违法行为最高可处货值金额 30 倍的罚款，使违法成本大大增加，警示作用明显加强。除罚没金额外，新《条例》还引入从业禁止，限制严重违法者再次进入化妆品行业。

此外，新《条例》中的监管手段更丰富、法律责任体系更完备，让触碰法律"红线"的企业无法立足，有利于守住化妆品安全底线，促进行业健康合规发展。

（佟文鑫系北京日化协会政策法规部主任，何一凡系北京工商大学化妆品监管科学研究院副院长，董银卯系北京工商大学中国化妆品研究中心主任）

突出风险管理 优化产业环境

杨占新

《化妆品监督管理条例》（以下简称《条例》）突出风险管理，强化生产经营者主体责任，大力简政放权，加大对违法行为的处罚力度，将有力保障消费者健康，促进化妆品产业高质量发展。

建立科学监管体系

《条例》合理设计化妆品管理制度，将风险管理理念贯穿于上市前和上市后管理各环节，科学分配监管资源，提升监管效能。

改进化妆品分类管理制度。《条例》根据风险程度，将化妆品分为特殊化妆品和普通化妆品。将用于染发、烫发、祛斑美白、防晒、防脱发及宣称新功效的化妆品归为特殊化妆品，除此以外的化妆品归为普通化妆品。对特殊化妆品实施注册管理，对普通化妆品实施备案管理。

完善化妆品原料分类管理制度。《条例》将化妆品原料分为已使用原料和新原料。将新原料按照风险程度分为具有较高风险的新原料和其他新原料，分别实施注册和备案管理。对注册或备案后的化妆品新原料规定了3年的监测期，要求新原料投入使用后3年内，新原料注册人、备案人应当每年报告新原料的使用和安全情况。

建立化妆品不良反应监测制度、化妆品安全风险监测和评价制度。《条例》把产品风险作为科学监管的重要依据，将风险监测和评价、不良反应监测上升到国家建立的制度层面。

建立化妆品退市制度。《条例》规定，药监部门可以责令化妆品、化妆品新原料的注册人、备案人开展安全再评估或者直接组织开展安全再评估；再评估结果表明化妆品、化妆品原料不能保证安全的，将撤销注册、取消备案，并将该化妆品原料纳入禁止用于化妆品生产的原料目录。对强制性国家标准、技术规范修订后，不能达到相应要求的化妆品，不予延续注册。

同时，《条例》以明确注册人、备案人责任为核心，强化事中事后监管。

《条例》建立了化妆品注册人、备案人制度，针对大量化妆品委托生产的现状，明确注册人、备案人对化妆品的质量安全和功效宣称负责，要求注册人、备案人建立相应质量管理体系，监督受委托企业的生产活动。

确立生产质量管理规范的法律地位。《条例》规定，化妆品注册人、备案人、受托生产企业应当按照化妆品生产质量管理规范的要求组织生产。细化对原料和包装材料使用、进货查验和出场检验、产品放行、贮存运输等生产经营各环节的质量管理要求。

加强化妆品上市后质量安全监管。《条例》规范化妆品标签和广告宣传，要求注册人、备案人开展不良反应监测和评价，对存在问题、可能危害人体健康的化妆品及时召回，对可能存在缺陷的化妆品和原料进行安全再评估。

此外，《条例》还要求加强经营环节和新兴业态监管，不仅明确了一般经营者的法律责任与义务，还对集中交易市场开办者、电子商务平台经营者以及美容美发、宾馆等机构的责任和义务作了规定。

值得一提的是，《条例》基于化妆品大市场、大消费类别的产品特点，在监管制度设计中引入社会治理理念，构建人人参与监督的大安全、大治理格局。

落实"放管服"改革要求

《条例》充分落实"放管服"改革要求，适当减少事前许可，优化产业发展环境和营商环境。

《条例》适当减少审批事项类别，将特殊化妆品类别由原有9类调整为6类；减少新原料的审批事项，仅对较高风险的化妆品新原料实行注册管理，其他化妆品新原料实行备案管理。

简化审批备案流程。《条例》明确了注册、备案资料要求和办理时限，提高透明度和可预期性。同时，简化备案程序，明确提交规定的备案资料后即完成备案，避免实践中变相审批，进一步简政放权，加快产品上市速度。

优化服务。《条例》提出，加强化妆品监管信息化建设，提高在线政务服务水平，为办理化妆品行政许可、备案提供便利。

以法规形式固定已有改革成果。《条例》将在全国范围对进口非特殊用途化妆品由审批调整为备案管理的做法予以确认；对注册和备案检验管理措施优化调整，将原有对检验机构进行资格认定和指定改为备案管理。

规范化妆品生产经营行为

《条例》将"四个最严"要求贯穿始终，着力规范化妆品生产经营行为，保障消费者健康权益。

细化法律责任要求。《条例》坚持有过必罚、过罚相当，进一步细化法律责任部分的行政处罚情形，根据违法行为的性质、情节、危害程度，规定了相应法律责任，设定特别严重、严重、较严重、一般四个层次的法律责任；针对可能掺杂造假的化妆品，引入非标准检验方法；针对经营者设定了有条件免责条款。

加大行政处罚力度。《条例》综合运用多种处罚措施，包括警告、没收、罚款、责令停产停业、吊销许可证件、一定期限内不办（受）理许可申请、从业禁止等；大幅提高罚款数额，罚款基准由违法所得调整为货值金额，对涉及质量安全的严重违法行为最高可处货值金额 30 倍的罚款。

增设处罚到人的规定。《条例》增设了"处罚到人"措施，强调对违法责任人的罚款和从业资格罚，对严重违法行为实行"双罚制"。

增设市场和行业禁入规定。包括取消备案或撤销行政许可、在一定期限内不办理违法单位提出的化妆品备案或者受理其提出的化妆品许可申请等处罚手段。针对境外责任人难以处罚的问题，规定对拒不履行处罚决定的境外化妆品注册人、备案人，给予 10 年内禁止其化妆品进口的处罚。

（作者单位：河北省市场监督管理局）

让化妆品违法广告无处遁形

郑晓红　杨巧红

　　数字技术和网络技术的发展催生了大量新媒体形态，小红书、抖音等移动 APP 端成为化妆品广告的重要载体，给化妆品广告监管带来新的挑战。

虚假和夸大宣传多发

　　当前，无论是传统媒体还是新媒体，都存在化妆品广告违法违规现象，主要有以下几种情形。

　　虚假和夸大宣传。一些商家针对女性消费者的"冻龄"需求，打出虚假和夸大宣传广告，如宣称产品"抗老抗衰""一瓶改善肌肤粗糙松弛问题，唤醒肌肤自我修复、焕活能力"等；还有商家利用"独特矿物活性因子""植物草本精华""纳米金"等高科技概念误导消费者。今年 4 月，浙江省临海市市场监管局执法人员发现，某化妆品经营企业在其淘宝店宣称其面膜等产品"添加纳米蛋白聚糖""添加 3 倍透明质酸""可锁住 460 倍水分"等。据当事人陈述，使用上述用语是为吸引消费者，并没有相关功效证明材料。根据《广告法》第二十八条，该行为构成发布虚假广告。

　　使用绝对化用语。部分网络主播推荐化妆品时会使用"国家级""顶级""最新技术""无副作用"等绝对化用语。近期，临海市市场监管局执法人员调查了 100 位从直播平台购买化妆品的消费者，其中 46 位认为直播带货宣传用语混乱，52 位反映直播中出现了"最佳""最好"等绝对化用语。

　　使用医疗术语。国家药监局网站发布的《化妆品监督管理常见问题解答》明确，化妆品标签、小包装或者说明书上不得注有适应症，不得宣传疗效，不得使用医疗术语，广告宣传中不得宣传医疗作用。笔者随机翻阅小红书，发现某品牌护肤水宣称可以"消炎镇定，修复红血丝"，涉及医疗功能。

监管难度加大

相比传统媒体广告，互联网广告投入小、更新快、信息量大，增加了监管难度。

经营主体更"杂"。新媒体经营者数量众多，普通用户也可以在新媒体平台上分享化妆品使用心得体会，累积到一定粉丝量就可以达到品牌推广效果。由于缺乏法律法规意识，很多博主会触犯化妆品广告宣称"红线"而不自知。同时，新媒体广告信息庞杂且具有个性化、细分化的投放特点，使监管部门很难全面掌握广告发布主体情况，难以进行统一的规范化监管。

推广套路更"深"。相比传统媒体广告，新媒体广告形式更灵活，手法更隐蔽，内容可以随时更改，加之目前缺乏有效的监测手段，监管部门无法及时发现违法违规行为。同时，新媒体广告常常打"擦边球"，比如声称产品"追求极致安全"。此外，消费者维权意识不强，即使发现违法违规广告线索，也很少向有关部门举报，给广告发布者留下可乘之机。

取证更"难"。新媒体广告信息量大、更新快，发布者可随时删除或更改广告内容，监管人员如果没有在第一时间保存证据，后续取证将非常困难。另外，新媒体广告发布者通常会将消费者引导至私人微信账户进行交易，导致监管取证链加长、监管主体一变再变、违法金额难以计算。

综合治理违法广告

针对新媒体化妆品广告乱象和监管难点，笔者认为，可从以下三方面加强监管。

第一，要压实主体责任。监管部门要加强对《广告法》《互联网广告管理暂行办法》《化妆品监督管理条例》等相关法律法规的宣贯，加大对发布违法违规化妆品广告行为的惩处力度，将涉事新媒体平台纳入诚信黑名单，并向社会曝光，加强企业主体责任意识，督促其自觉守法经营。

第二，可探索实施联动监管。针对当前新媒体化妆品广告宣传乱象，可探索构建新型联动执法体系。一方面，完善网络监测系统，设置敏感词，如

"顶级""祛痘""修复"等,在各类新媒体平台检索,发现问题及时采取警告、暂封账号、注销账号等手段,避免违法广告在更大范围传播。同时,要升级网络技术装备,开发新型专业监管软件,实现网上自动巡查。巡查内容包括违法线索自动监测和筛选、电子证据即时提取固定,并将相关线索和证据及时传送至相应市场监管部门。另一方面,通过信息共享、联合执法、线索移送等方式,与网信、公安等部门联合开展新媒体化妆品广告整治行动,建立跨区域协调配合的新型监管模式,形成强大监管合力。

第三,开发化妆品违法广告"一键举报"功能。提高消费者识别化妆品违法广告的能力,使其积极参与监督,是形成全方位、宽领域、多层次、广覆盖的有力监督的关键一环。要运用大数据技术,在小红书、微博等新媒体平台增加违法广告"一键举报"功能,实现对新媒体广告的全天候、全方位、全社会监督。此外,还要借力新媒体,对公众进行化妆品科普宣传,剖析有代表性、针对性的化妆品广告违法案例,提升大众辨别违法广告的能力。

（作者单位：浙江省临海市市场监督管理局）

大浪淘沙 重构化妆品行业生态

吴建铭

《化妆品监督管理条例》（以下简称《条例》）对化妆品生产经营行为提出更高要求，同时鼓励行业创新，将推动我国化妆品行业生态系统发生新一轮变革与重构。

完善顶层制度设计

1989 年颁布的《化妆品卫生监督条例》对我国化妆品行业的原始产业积累及基础规范发挥了积极的促进作用。在《化妆品卫生监督条例》实施的 30 余年间，我国化妆品行业发生了翻天覆地的变化，产业发展规模增速远高于同期国民经济的增长速度；本土品牌开始崛起，涌现出自然堂、相宜本草、佰草集、珀莱雅等众多深耕本土的品牌。如今，我国已发展为全球第二大化妆品市场，是引领全球化妆品行业发展的重要市场。

随着我国化妆品产业的快速发展和不断创新，以及化妆品新业态的不断出现，《化妆品卫生监督条例》已无法适应当前化妆品行业发展的需要。相比《化妆品卫生监督条例》，《条例》的条款数量从 35 条增至 80 条，以保障消费者健康、促进产业健康发展为出发点，从原料与产品管理、生产经营规范、监督管理、违法违规情形、相关方法律责任等方面，进行了全方位的顶层制度设计。

鼓励并规范行业发展

满足消费者对产品的诉求是企业可持续发展的关键，化妆品的安全性和有效性是消费者非常关切的诉求，《条例》对此进行了重点规定。

　　《条例》强调企业对化妆品质量安全的主体责任。根据《条例》，企业要建立和完善保障产品质量安全的质量管理体系，除了必须配备有保证产品质量安全的管理制度和与之匹配的技术人员外，还要依法对准入市场的产品进行安全评估，并在产品上市后持续开展不良反应监测与评价，以完成企业质量安全主体责任闭环，保障消费者的健康安全。这使化妆品生产门槛和市场准入门槛大幅提高，很多化妆品企业面临挑战，生产质量管理体系水平高的企业将赢得先机。

　　值得关注的是，《条例》规定，化妆品的功效宣称应当有充分的科学依据。化妆品注册人、备案人应当在国务院药品监督管理部门规定的专门网站公布功效宣称所依据的文献资料、研究数据或者产品功效评价资料的摘要，接受社会监督。这要求企业对所宣称功效进行验证，将有效避免虚假或夸大宣称。

　　《条例》提出，国家鼓励和支持开展化妆品研究、创新，这让业界为之振奋。化妆品行业开发新产品或新功效，离不开化妆品新原料，《条例》对化妆品新原料管理模式的变革成为行业关注的焦点。《条例》规定，化妆品原料分为新原料和已使用的原料。国家对风险程度较高的化妆品新原料实行注册管理，对其他化妆品新原料实行备案管理。这种管理模式对行业是一大利好。过去10年间，我国对化妆品新原料实行严格的审批管理，平均一年只有一种新原料通过审批。《条例》施行后，风险程度较低的新原料备案后即可使用，有助于释放化妆品行业创新活力，使配方和产品有更多可能性和差异化。同时，新原料准入的科学管理，将鼓励更多从事化妆品新原料研发生产的企业加大投入力度，扩大行业创新空间。

　　此外，《条例》还减少了审批产品范围，简化了产品准入市场流程，将监管重点逐渐转向事中事后，对电商、美容院、化妆品集中交易场所等新业态和各种生产经营行为进行了全面规范，详细规定了不同违法违规行为的处罚事项，并加大对违法企业及责任人的处罚力度。值得注意的是，《条例》要求建立生产经营企业的信用监管制度，今后，自律的企业将获得更多发展空间，违法违规的企业将被重点监管。相信《条例》施行后，存在制假售假、非法添加、虚假和夸大宣传等行为的企业将受到严厉处罚，化妆品市场环境将得到净化，市场竞争会更公平。

为合规企业提供机遇

《条例》提出的新要求给化妆品产业带来了新挑战，行业格局势必迎来新一轮调整。《条例》大力规范化妆品行业生产经营行为，将显著提升行业规范性，提前布局并做足产品品质功课的企业，将享受到更多政策红利，迎来发展机遇。

我们相信，《条例》的制度设计及配套监管细则的出台，将给化妆品行业带来更多政策利好，给守法企业营造更公平有序的发展环境。未来，化妆品产业将借此良机快速实现升级蜕变。我们期待，化妆品行业真正成为产品质量安全有保障、消费者喜爱的"美丽产业"。

［作者系伽蓝（集团）股份有限公司产品法规部总监］

推动中国美丽事业走向新时代

赖顺果

《化妆品监督管理条例》(以下简称《条例》)的发布和实施将有力推进中国化妆品行业健康发展,激发企业创新升级新动能,营造更加公平有序的化妆品市场环境。同时,产业界对正在制修订的配套法规充满期待。我们相信,在各方共同努力下,中国化妆品产业将与国际市场深度接轨,成为中国经济发展的重要一环。

联合利华深耕中国市场 30 多年,见证并参与了中国日化行业的兴起与蓬勃发展。

作为中国最早开放的领域之一,近几十年来化妆品市场竞争激烈、行业发展迅速,1990 年起实施的《化妆品卫生监督条例》已不再适应当下行业发展实际和监管要求。新颁布的《条例》不仅充分适应行业发展现状,还前瞻性地考虑到未来发展需求,对促进中国化妆品行业高质量发展、营造更健康有序的化妆品消费环境具有重要而且深远的意义。

按照风险分类管理

《条例》发布前,中国的特殊用途化妆品包括 9 大类,但事实上,它们的风险等级存在差异。从历年注册情况看,防晒类、美白祛斑类和染发类产品数量远高于其他类别的特殊用途化妆品,其次是烫发类和育发类产品。2016年,中国疾病预防控制中心环境与健康相关产品安全所发布 2005—2014 年中国化妆品不良反应监测情况分析,报告显示,上述 5 类特殊用途化妆品不良反应发生率比其他类别高。

《条例》充分考虑各类特殊用途化妆品风险程度,将染发、烫发、祛斑美白、防晒、防脱发产品按特殊化妆品监管;其他的几类按照新产品属性,未来有的可能按药品管理，有的按普通化妆品管理。同时，《条例》将新原料按照风险等级分为风险程度较高新原料和其他新原料，分别实施注册和备案管理。这些分类的改变不仅体现了宽严相济、风险管理的科学管理理念，而且与国际上以风险为导向的监管理念相一致，加码中国化妆品行业风险管理，促进行业健康发展。

明确企业主体责任

在中国，化妆品实行生产许可管理，上市前必须完成注册或备案流程。这种重事前许可制度在一定程度上让监管部门为企业背书，淡化了企业的主体责任。近几年，国家药品监督管理部门一直在探索更科学的监管模式，减少事前审批，加强事中事后监管。例如，2017 年 3 月起在上海浦东新区试点实施首次进口非特殊用途化妆品由审批管理调整为备案管理，并于 2018 年年底在全国推广。

《条例》强调企业主体责任，规定化妆品注册人、备案人对化妆品的质量安全和功效宣称负责。企业需要对注册备案提交资料的真实性、科学性负责，同时需要在监管部门指定的网站公布功效宣称依据的摘要。对于违法行为，《条例》提出"处罚到人"的惩罚措施，加大对违法行为的监管力度。这些新举措不仅符合深化"放管服"改革要求，而且真正让企业承担主体责任，驱动企业确保产品安全性和有效性。

扩大产品和原料备案管理

现行法规对进口和国产非特殊用途化妆品的管理标准不尽相同。对进口非特殊用途化妆品实行备案管理，备案资料要求和注册产品一致，其中包括动物试验报告。对国产非特殊用途化妆品的管理则相对宽松，不仅实施告知性备案，备案仅需提供产品配方和产品销售包装，其他资料在工厂存档备查，且动物试验报告可以用风险评估报告替代。

《条例》规定普通化妆品实施统一的备案管理，将解决进口和国产非特殊用途化妆品差异化对待问题，促进国际公平贸易，加快优秀品牌进入中国市场，为中国消费者带来更多优质选择。同时，公平的行业发展环境将为中国化妆品行业未来的蓬勃发展打下坚实基础。

新原料是化妆品创新的重要源泉之一，然而，目前中国对化妆品新原料实施审批制度，审批耗时长，获批数量有限，在一定程度上限制了行业创新发展。据统计，《化妆品卫生监督条例》实施30年来，只有13个化妆品新原料获批，而2014年10月至今未有新原料获批。《条例》对普通化妆品新原料实施备案管理，要求企业在新原料投入使用3年内每年报告新原料的使用和安全情况。这一举措将有力激发企业研发化妆品新原料的热情，促进行业研发创新，同时保障消费者用妆安全。

［作者系联合利华（中国）高级法规事务经理］

监 管 篇

我国化妆品技术审评工作进展

陈亚飞 宋钰 张凤兰

根据机构改革要求，2019 年 3 月 4 日，中国食品药品检定研究院化妆品安全技术评价中心（以下简称"中心"）正式成立，2019 年 6 月 30 日起正式承担化妆品延续产品承诺制审批工作，2019 年 8 月 1 日起全面承接化妆品受理和技术审评工作。自中心成立以来，国家药品监督管理局不断加强化妆品注册管理工作，积极推进化妆品审评审批制度改革，探索构建化妆品审评审批流程导向科学管理体系，着力提升化妆品审评审批的质量与效率。本文介绍了 2019 年 6 月以来化妆品注册管理工作情况，对今后工作提出相关建议。

一、坚持以人民为中心，有序推进化妆品审评工作

党的十九大报告提出，我国社会的主要矛盾已经转化为人民日益增长的美好生活需要和不平衡不充分的发展之间的矛盾。化妆品是满足人们对美的需求的消费品，直接作用于人体，其质量关系到人民群众的健康。中心在保障产品质量安全的前提下，不断优化审评工作流程、提升工作效率，认真有序推进化妆品审评工作。

从 2019 年 3 月成立起，中心"从零起步"，在局领导、化妆品司、院领导的关心指导和各有关部门的紧密配合支持下，在不足 5 个月时间内，迅速实现人员基本到位、软硬件配备齐全，完成一系列制度建设、上岗培训、实践学习，梳理相关各项法规、制度、流程，并于 2019 年 8 月起，正式完成职能交接、开始独立承担化妆品技术审评相关工作。

承接审评职能后，中心全体人员进一步学习熟悉和研究探索审评流程，开展人员分工、过程表单等的优化工作，并提高中心人员的参与程度，不仅提升审评效率、减轻专家负担，也促进中心人员技术水平和审评经验的提升，

为下一步推进内审创造条件。在各方共同努力下，最终实现审评职能的平稳过渡，同时显著加快审评进度。根据行政许可管理系统的数量显示，职能交接时系统"处理中任务"近5000件，至2019年底，最低已降至2000件左右，各项工作受到行业、审评专家的广泛好评。

此外，中心还下大力气提升审评工作质量，在审评工作中主动发现问题，在原审评尺度基础上重新组织论证，对系统性问题予以总结，对不合理问题予以纠正，对不确定问题提交多方联席会议讨论。在每期审评大会后形成会议纪要，对审评情况、重点技术问题、审评尺度问题等进行总结，并按季度及时向局化妆品司汇报。

据初步统计，2019年8月至2020年9月，化妆品受理共接收资料14631份，进口非特殊用途化妆品审查3913份；各类特殊化妆品审查13000余件、新原料55件，进口非特殊用途化妆品审查1000余件、延续承诺制审查300余件。

2020年2月以来，受新冠肺炎疫情影响，原审评会议为主的外审制工作模式无法继续开展。为确保审评工作不断，中心在局领导、化妆品司、院领导的高度重视和关心指导下，春节假期里就开始积极研究应急措施。在受理环节，自2020年2月3日起，按照受理大厅统一要求，停止现场递交，企业采取邮件方式递交申报资料，受理工作始终未曾间断。此外，为加强疫情期间企业沟通咨询工作，受理对外咨询电话由原来的每周两天增加至五天，审评专家现场咨询调整为邮件咨询。在审评环节，一方面，紧急加快推进外审转内审，研究形成配方、卫化、标签、毒理等四个专业组的审评指导原则，以内部标准作业程序（SOP）的形式指导审评工作，中心内审员经培训后上岗，补充审评力量，配合在京专家完成现场审评。另一方面，中检院应急开发临时审评系统，中心组织将申报资料扫描上传，由京外专家远程在线审评，并在化妆品司指导下，通过行政许可管理系统发布通知，鼓励企业在申报同时提交电子资料，共同保障审评速度。疫情防控期间，中心通过"在京专家＋内审员"模式的现场审评，基本每天不间断进行，同时京外专家远程在线审评还可每月处理约360件产品，审评速度大幅提升。

自疫情发生以来，化妆品审评工作受到社会各方的高度关注，中心全体人员倍感压力。在各级领导的指导帮助和各项应急措施的有力保障下，实现了审评工作不间断、产品零积压。自 2020 年 3 月以来，随着全国范围内的复工复产，化妆品申报受理量出现明显激增，部分月份的新产品受理量达到往常的两倍。中心在各级领导的指导下，按照上述多措并举的工作方案，严守审评时限红线，助力行业复工复产。

二、探索构建化妆品审评审批流程导向科学管理体系

根据驻国家市场监督管理总局纪检监察组和国家药品监督管理局（以下简称"国家药监局"）领导批示精神，按照推进在化妆品审评审批环节开展探索推行流程导向科学管理体系试点工作的要求，结合新修订《化妆品监督管理条例》（以下简称《条例》）确定的立法思路，局化妆品监管司指导以协调落实化妆品技术审评职能对接工作为契机，组织多部门共同将审评与审批作为一个整体考虑，共同研究分析化妆品注册管理各环节的风险控制点，梳理存在的问题，优化操作规程，完善工作流程，加快推进化妆品审评和审批流程导向科学管理体系建设。

化妆品行政许可具体分为特殊用途化妆品行政许可和化妆品新原料行政许可两个行政审批事项。在实际操作中，根据新产品首次申报、行政许可有效期延续、行政许可事项变更等申报内容不同，申报受理、审评审批流程上稍有不同。自 2008 年 9 月国家食品药品监督管理局承接卫生部移交的化妆品卫生监督职能以来，化妆品审评审批工作一直沿袭原卫生部的做法，按照"受理、审评和审批三分离"的原则，工作时限大致为行政许可申报资料受理 5 个工作日、技术审评 90 个工作日、行政审批 20 个工作日、许可批件或审批决定书制证 10 个工作日，共计 125 个工作日。

在受理环节，申报资料不符合要求的有补正资料的工作流程，申请人补正资料后工作时限重新计算。在技术审评环节有要求申请人补充或完善资料后再审的工作流程，补充或完善资料期间不计入工作时限，导致少数产品长期处于审评过程中的状态。同时，在受理后资料整理与移交、审评和审批环节报批件的移交与转送等具体环节中，尚缺乏细致规范的操作流程，也带来了超时限审评审批的风险。

2019 年 7 月，结合"不忘初心、牢记使命"主题教育，通过梳理化妆品

审评审批方面存在的问题，局化妆品监管司和中检院就开始启动化妆品审评审批方面的流程导向科学管理体系建设试点工作，并研究提出了总体工作思路。即细化环节，优化流程，规范操作，精细管理。按照流程导向科学管理体系建设试点工作整体部署，化妆品监管司会同中检院，组织有关审评专家、行业协会和企业代表，多次召开专题会议，对现行化妆品审评审批工作中存在的问题进行了梳理分析，听取专家和行业对优化审评审批工作流程的意见和建议，制定试点工作方案。按照试点工作方案计划要求，通过优化工作流程，严格风险防控，对化妆品受理、审评和审批流程进行了梳理和重构。一是细化调整审评审批工作流程。将化妆品审评审批工作流程优化、调整和细化为 8 个环节，即资料受理、制定审评计划、召开审评会议、风险沟通和质量控制、审评意见报批、行政审批、档案汇总整理、制证或结果告知。二是对受理、审评和审批环节工作程序文件和操作规范进行了梳理，提出制修订计划，拟制订 45 个程序文件和操作规范，特别是对受理和审评环节工作进行细化，全面覆盖资料受理、技术审评、意见报批、事后审查、风险沟通、质量控制、资料流转归档等全流程管理环节。三是绘制化妆品受理与审评工作总流程图、受理和审评环节具体操作流程图，进一步明确了各环节事项办理中的责任主体、操作步骤和具体要求等。目前，化妆品受理和审评相关的 45 项内部工作程序和操作规范文件全部提前完成。

三、积极开展化妆品技术支撑工作

除日常化妆品技术审评工作外，中检院还克服困难，积极发挥已有的技术优势，承担了大量的技术支撑工作。一是《条例》配套工作，过程中得到了化妆品司的大力指导和支持，也是第一期监管科学项目中的一项内容。中心负责起草《化妆品注册备案资料规范》《化妆品新原料注册备案资料规范》等法规文件，目前已完成初稿，并多次组织专家讨论；配合院信息中心，进行化妆品行政许可系统的优化重构，搭载监管科学以及相关研究课题，在充分考虑《条例》需求、外审转内审需求基础上，结合智慧化审评进行前瞻性设计。二是审评相关专业技术研究工作。为统一审评尺度，解决审评重点和难点问题，提升化妆品审评工作含金量，中心积极开展多项课题研究，并已启动多项审评指导原则的编写工作。目前，已完成四个专业组的审评指导原则，并已应用于指导内审；已开展《防晒化妆品审评指导原则》《儿童化妆品审评指导原则》《首次进口非特殊用途化妆品备案资料检查技术规范》《国产非特殊用途化妆品备案质量督查工作方案》等研究的编写工作；成立内部课题组，结合第二期化妆品监管科学课题，开展纳米化妆品、化妆品纳米原料、生物来源原料等的研究工作，并将陆续形成相应指导原则。三是国际交流相关工作。化妆品审评工作立足全球视野，结合审评工作实际，先后完成一系列主题的国际法规和监管情况的调研工作，包括化妆品注册备案管理、原料管理、技术审评、信息化建设等，均形成相关工作报告或研究论文。在化妆品司指导下，对国际化妆品监管合作组织（ICCR）发布的29项技术性文件进行深入研究，并与我国监管和技术现状进行比对；同时，按照局领导批示要求，进一步研究相关技术支撑和国际交流工作，起草我国技术工作组的组建方案等。

四、存在的主要问题和建议

化妆品审评审批涉及多个部门，面临着法规重大调整，相关技术审评审批流程正处于全面再造阶段，给技术审评工作带来了新的挑战。主要存在以下难点。

一是新的《化妆品监督管理条例》配套的相关规章尚未全部出台，需要结合新法规提出的监管思路，在流程导向上制定更符合实际、更符合新法规、更有利于操作和监督的科学管理体系。二是化妆品审评工作涉及多个领域，专业性强，技术背景和能力要求比较高，内审所需要的人员配备补充和专业技术能力积累都需要一定时间，无法"即招即用"。当前从事技术评审的专业人员数量与年均10000件特殊产品以及2000件进口非特殊用途产品的任务不匹配，随着新《条例》实施以及对审评要求的不断提高，未来还将进一步增加多项工作内容。三是化妆品审评审批信息化建设需要同步推进。通过流程导向科学管理体系建设工作，对现有化妆品受理、审评、审批工作流程进行优化调整以后，需要尽快纳入相应的信息化平台中进行固化，方能更好地落到实处。

　　下一步，中检院将继续以习近平新时代中国特色社会主义思想为指导，把工作重点落实到"以人民为中心，尽可能增强人民群众获得感"上，进一步优化受理和审评审批工作流程，在切实保障消费者健康权益的同时，全面贯彻落实"四个最严"和"放管服"改革的要求，优化发展环境，促进行业发展。一是要坚决执行好《条例》要求，积极开展《条例》的宣传及培训，积极配合完成《条例》配套法规文件的制订，发挥好技术支撑，促进产业高质量发展方面发挥重要作用。二是要继续加强审评人员培训，抓紧审评专业队伍建设，分步实施化妆品审评外审转内审工作，建议国家药监局从顶层设计出发，加强审评力量建设。一方面，在国家药监局层面上，参照化妆品检查员模式，建立一支稳定、专业的国家级化妆品审评员队伍，以灵活机动的方式，参与技术审评、省级审评人员培训、普通化妆品备案质量督查等相关各项工作，实现中检院内审员、国家级审评员、咨询专家的合理互补和有机结合。同时，加强各项制度建设和技术支撑，建立起统一规范、科学高效的化妆品安全评价体系，尽快完成外审制向内审制的过渡，并积极落实新《条例》对审评工作提出的更高要求。三是积极推进"普通化妆品备案管理系统"的改造项目，升级改造完善"特殊化妆品行政许可管理系统"，通过化妆品行政许可系统的优化重构，从各环节、多维度进行融会贯通和优化提升，积极助力新《条例》的落地实施。四是要积极落实好审评新增职能。按照新《条例》和审评工作要求，中心预计将新增多项任务，如全国范围内普通化妆品的备案指导和质量督查、新原料备案和新原料监测期管理、牙膏备案管理工作等。其中，全国普通化妆品一年数量接近 40 万件；由于《条例》的政策利好，新原料备案量可能出现井喷式增长。此外，按照新《条例》及其相关配套法规要求，未来也将增加或加强对原料质量规格、标签标识、安全评估、功效管理、产品分类编码等方面的管理，审评内容和难度进一步加大。因此，中心将积极对新的工作内容和工作要求进行梳理，对工作量和所需人力进行预估和测算，加强相关技术储备，为落实审评各项新增职能做好准备。

　　（作者单位：中国食品药品检定研究院化妆品安全技术评价中心）

我国化妆品标准体系建设和检验检测工作进展

路勇 孙磊

化妆品标准建设和检验检测工作等在化妆品技术支撑体系中发挥着十分重要的作用。2019年以来，中国食品药品检定研究院（以下简称中检院）化妆品检定所认真落实"四个最严"要求和国家药品监督管理局（以下简称国家药监局）工作部署，积极推动化妆品标准提高工作，不断优化检验检测工作流程，有序推动化妆品动物替代实验方法研究验证，科学制定化妆品风险监测、风险评估计划并组织实施，积极承担中国药品监管科学行动计划重点项目研究，各项工作取得显著成效。

一、积极推动化妆品标准提高工作

《化妆品安全技术规范》是化妆品监管的技术依据，是对化妆品行业发展和监督管理具有重大影响力的技术文件，是我国化妆品行业发展水平的重要标志，在指导化妆品生产、使用和服务于监管等方面均发挥着重要作用。中检院化妆品检定所作为化妆品标准专家委员会秘书处，按照"四个最严"要求，组织开展《化妆品安全技术规范》的持续修订工作。2019年新发布13项方法，包括7项理化检验方法和6项毒理学试验方法，其中有4项为体外动物替代试验方法。并向社会广泛征求《化妆品安全技术规范》修订建议，共收到各级食品药品检验单位、疾控中心、高等院校、科研院所、行业协会及化妆品企业等多家单位的建议，经化妆品标准委员会专家审议通过了相关标准检验方法的立项，包括禁用组分的理化检验方法，体外动物替代试验方法以及防脱发、祛斑美白功效评价方法等；并对在研项目进行了审评验收。

持续收集全球化妆品监管法规政策动态，具体追踪美国、欧盟、日本、韩国等发达国家和地区化妆品监管法规变化，研究法规变化共性问题及制定内涵，并与我国现行法规进行比对，形成 4 期《国际化妆品法规追踪报告》，为我国标准制修订提供建议，为制定符合我国国情、行业发展特点的监管政策提供依据。

二、加强化妆品监管相关技术支撑

为解决化妆品注册备案工作中的疑难问题，中检院化妆品检定所多次召开专家研讨会和多方联席会议，为化妆品监管和审评工作提供技术建议。在"放管服"改革精神指导下，为规范和指导化妆品注册备案工作，牵头起草了《化妆品注册和备案检验工作规范》，进一步优化检验工作流程，规范检验项目要求，提高检验工作效率。

三、逐步推进替代试验的研究与转化

为解决化妆品国际交流合作及贸易技术壁垒，推进替代方法在我国的有效应用，中检院制定了《化妆品替代方法验证及转移工作规划》《化妆品替代方法验证和转化工作规范》等替代技术相关指导文件；在替代方法验证与研究方面，正在开展眼刺激性、皮肤致敏性相关的 3 项检验方法技术转化工作，同时参与了 1 项皮肤致敏性检测方法实验室间验证；作为化妆品替代方法验证及研究工作组秘书处，起草了化妆品替代工作组章程和规划文件；拟定了《体外重建人体模型方法验证指南》和《体外重建人体模型替代检验方法管理认可工作程序》，并组织召开了替代工作组年度研讨会；在培训和国际交流方面，以化妆品致敏性的有害结局路径（AOP）组合策略为主题，开展了体外毒理学技能培训班。

四、探索构建化妆品安全风险监测机制

风险监测为化妆品监管工作的重要技术手段，一是为监督抽检提供线索，二是为制修订技术规范积累数据，三是开发新的检验检测方法。2019 年风险监测重点工作是搭建化妆品风险监测工作体系，起草了风险监测工作规范和

成员单位管理规范等文件，制定了年度工作方案，组织 6 家风险监测机构分两个阶段开展了国家化妆品风险监测工作，进行了数据统计分析，编制了阶段和年度总结报告，维护了系统数据信息，完成了成员机构现场检查和工作质量评比。2019 年全年共组织完成 21 类化妆品的风险监测，主要针对面膜、祛斑、祛痘等高风险产品实施监测，样品采集应用线上线下结合的方式，为配合风险监测工作，研究建立多个非标检验方法。利用标准检验方法与非标检验方法对样品进行检测，发现的问题主要有：非法添加禁用组分（包括重金属、抗感染类药物、激素等）；超范围或超限量使用限用和准用组分；微生物超标等，为监督抽检提供了重点品种和项目，也积累了部分基础数据。针对目前化妆品风险物质检验项目分散、标准不全面等问题，初步建立了风险物质在线筛查技术平台，有效提高风险物质识别和鉴定的速度和准度。

五、践行科学监管理念，促进监管工作创新

监管科学是以保护和促进公众健康为使命，针对新时期化妆品监管工作中存在的前沿性、交叉性、综合性问题，通过创新工具、标准和方法等，进一步增强监管工作的灵活性和适应性，提升化妆品安全性、有效性和质量可控性，更好地满足新时代公众对药品安全的新需要。

2019 年，中检院作为实施单位，配合国家药品监督管理局化妆品监管司开展化妆品安全性评价方法研究，该项目是中国药品监管科学行动计划首批 9 个重点项目之一。主要分为化妆品安全评价和风险评估标准体系研究、注册备案管理体系研究、不良反应监测体系研究、化妆品监管科学中长期发展规划等四个子项目，中检院负责其中 3 个子项目的牵头实施。2019 年，我所按照国家药监局和院里的要求，制定了化妆品监管科学实施方案，完成了以下工作：化妆品安全评价和风险评估标准体系研究，起草了《国际化妆品替代方法标准体系研究报告》等 5 项化妆品替代毒理学规范性文件；完成《化妆品安全评价技术指导原则》《化妆品功效宣称评价指导原则》《化妆品分类规范》等规范性文件草案的制定工作；为指导和规范化妆品行业组织开展化妆品风险评估工作，组织化妆品领域的专业技术人员编写了《化妆品安全评估实例》，作为《化妆品安全评价技术指导原则》的配套丛书。开展了宣称含植

物原料化妆品的风险监测工作，初步摸底了解我国植物原料的实际使用情况。

六、及时开展化妆品舆情应对及风险分析

对突发舆情事件进行深度解读和分析，并提供处置建议，协助监管部门研判舆情、引导舆论、科学决策。2019 年完成《美国防晒剂研究舆情分析报告》等 5 份风险分析报告；完成国家药监局多项应急检验任务并提出了监管建议。

（作者单位：中国食品药品检定研究院）

化妆品监管科学重点研究领域分析及展望

何一凡　王巧娥　董银卯

随着国民生活水平的提升以及审美意识的提高，化妆品已成为人们美化生活和提升幸福感的日用消费品和关系国计民生的大宗消费品。近十几年来，被誉为"美丽经济"的中国化妆品产业发展迅速，市场销售额以年均 10% 以上的速度快速增长，目前已成为全球第二大化妆品消费市场。不容忽视的是，相对于我国化妆品行业的快速发展，监管相关的法律法规与制度的发展相对滞后，导致市场上一些扰乱行业秩序和损害消费者权益的事件时有发生，化妆品生产、经营、使用、监管过程中也出现了一些急需解决的新问题、新情况和监管盲点，如假冒伪劣、非法添加、夸大宣传、安全功效评测技术和手段不足、对新业态缺乏有效监管方法等，既增加了消费者使用化妆品的风险，也不利于我国化妆品行业的持续发展。为了适应新形势下化妆品监管的需要，切实保障公众化妆品消费安全及我国化妆品行业持续健康、高质量发展，近年来化妆品监管部门在健全监管法规制度、调整监管模式、强化风险管理的基础上推行科学监管。客观来看，化妆品生产、经营、使用过程中的安全风险是客观存在的，科学监管就是基于风险分析与决策管理理念，对化妆品生产全过程、产品生命周期内存在的风险进行层次剖析和量化分级，借助科技手段和途径，达成有序监管、科学管理和综合应对。鉴于此，为全面实现科学监管，化妆品监管科学应运而生。

一、化妆品监管科学的内涵及定义

作为一门新兴学科，监管科学最早于 20 世纪 60—70 年代提出。基于监管科学的应用领域，国内外专家学者对其含义和内涵给出了大同小异的解读和诠释，在此不再赘述。尽管监管科学在国际上已发展多年并初具成效，但在我国仍处于起步阶段，尤其在化妆品监管领域中的应用更是刚刚开始，对化妆品监管科学内涵、定义和应用范围也尚未达成共识。本部分仅根据我国化妆品监管工作实际，借鉴国内药品、医疗器械和食品监管科学的内涵和定义，结合化妆品行业的基本属性及其与药品、医疗器械和食品在使用方式和使用目的上的不同之处（这导致化妆品潜在危害发生的频率以及危害程度均较低），提出我国化妆品监管科学的内涵和定义。

化妆品监管科学，是一门评估化妆品的安全性、有效性、质量及性能的新工具、新标准或新方法的科学。作为监管科学的一个重要组成部分，化妆品监管科学以化妆品全产业链为研究主体，对化妆品研发、生产、流通、使用等生产全过程、产品全生命周期中存在的风险进行层次剖析和量化分级，借助相关科技成果建立评价化妆品安全性、有效性和质量及性能的新工具、新标准或新方法，并通过标准化和规范化手段，实现化妆品风险点发现、预警和防控，实现化妆品安全性、有效性、质量和性能的综合性提升，达成有序监管、科学管理和综合应对。

化妆品监管科学将围绕化妆品监管政策制定、工作机制构建、创新技术应用、标准体系研究等方面，开发建设能够有效促进以合规性、安全性、有效性为核心的监管端与以广泛性、快消性、差异性为核心的市场端之间平衡协调、科学发展的新工具、新标准、新方法。

化妆品监管科学是一门多学科交叉的新兴前沿学科。化妆品监管科学的研究内容不仅涉及研究制定化妆品的监管政策、监管法规构建方法、产品创新技术策略以及各类产品的标准体系等，还将涉及研发评估化妆品及其原料和包装材料的安全性、有效性、质量及性能的新工具、新标准和新方法，同时也要研究分析所面临的监管环境、需要解决的具体问题以及如何设计最优路径去解决实施等。化妆品监管科学既涉及化妆品学、生物学、化学、材料学、毒理学等自然科学，又涉及法学、经济学、管理学等社会科学。化妆品监管科学不同于以科学发现和理论创新为核心的研究科学，而是侧重现有的科学发现和理论在监管实践中的应用，研究开展监测检测、风险评估、溯源预警、过程控制、监管应急等监管工作需要的化妆品安全、功效、质量和性能评价新技术、新工具和新标准。

化妆品监管科学是一门为监管决策提供科学和技术知识体系的应用科学，

既是对化妆品相关新兴、前沿技术产品监管标准和模式的探索，又是对现有监管模式、技术标准的优化和提升，是深化化妆品科学监管的科学基础。

二、我国化妆品监管科学重点研究领域

随着经济全球化进程不断深入以及化妆品新技术、新产品、新业态的不断涌现，如何适应新形势对监管工作提出的新挑战是各国监管部门面临的核心问题。近十年来，国外监管机构和组织陆续出台了促进监管科学的战略计划，我国国家药品监督管理局也于 2019 年 4 月 30 日启动"中国药品监管科学行动计划"，正式开始我国药品、医疗器械、化妆品的监管科学研究。借鉴参考美国、欧盟、日本等国家在化妆品监管科学方面的重点研究领域并结合我国化妆品产业发展和监管现状，建议我国化妆品监管科学研究在原料及产品质量安全评价技术和标准体系、功效评价技术和标准体系、注册备案管理体系、风险识别与评估体系、监管政策与管理体系、化妆品安全大数据分析预警技术体系等重点领域开展。

1. 化妆品原料质量和安全评价技术与标准体系

化妆品的原料是产品质量、安全、功效的源头。目前，虽然我国已经建立了《已使用化妆品原料名称目录》等原料相关法规，但这些目录仅仅是对我国化妆品生产领域已使用原料的客观收录或用于指导化妆品原料的规范命名，与收录原料是否可用以及已收录成分在使用时应满足的相关安全性要求并无直接关联。本领域研究将根据化妆品原料的来源（化学合成、植物提取物、生物产品等）和种类（乳化剂、防腐剂、防晒剂、着色剂等），采用文献计量学、计算毒理学等方法收集、整合已使用化妆品原料及新原料的化学物质结构、状态、理化性质、功效、安全风险、质量规格、使用限量、保存条件等基础信息（必要时可进一步从细胞层面、组织层面、整体动物层面和人体层面进行研究，获得更多的毒性数据和生物效应数据），建立化妆品原料数据库及其质量安全评价技术体系和标准体系。

此外，化妆品植物原料作为一大类重要原料，多数尚缺乏完整的安全性和功效性评价数据支撑，无法对其安全性和功效性进行准确评估，需要根据其特殊性逐步开展已使用化妆品原料目录中的化妆品植物原料的安全与功效

评测工作，建立相应的评价技术、方法与标准，制定《化妆品植物原料安全宣称评价指导原则》和《化妆品植物原料功效宣称评价指导原则》，建立植物原料质量和安全功效评价技术体系、标准体系与风险追溯系统，并构建标准化的安全功效决策分析模型，推动植物原料研发、使用、推广和安全功效性评价的标准化和规范化。

2. 化妆品安全与质量控制技术体系与标准体系

基于国家现有化妆品相关政策法规，运用现代分析仪器和手段，从理化分析、生化分析、细胞实验、人体斑贴试验等不同维度研究化妆品生产和使用过程中的安全风险关键控制点，建立符合我国化妆品监督管理需求的安全与质量控制技术体系和标准体系，保障消费者的使用安全，促进我国化妆品行业的健康发展。具体包括：运用 3R 原则（即减少使用实验动物，并获得相同的科学实验结果、使用动物替代方法达到实验目的、优化实验以达到减少实验过程中给动物带来的痛苦），采用中国人源的 3D 人工皮肤模型、离体动物器官模型、特征细胞和微生物模型等在内的动物替代试验方法，建立化妆品潜在皮肤刺激性、眼刺激性、致敏性、光毒性和遗传毒性等的体外评估方法；运用酶联免疫检测法，制备化妆品中常见违规添加抗生素类、激素类及重金属类特异性单克隆抗体，制备快速检测试剂盒和试纸条，建立化妆品原料及成品中可能含有的抗生素、激素和重金属的快速、高通量、高灵敏度，且不受场地设备和操作技能局限的禁限用物质的检测技术方法；针对化妆品中存在的粪大肠埃希菌、铜绿假单胞菌和金黄色葡萄球菌等不同的致病微生物种类，比较不同基因组 DNA 的提取方法，选取特异性高的目的基因片断作为检测的目的基因，设计优化荧光定量聚合酶链式反应（PCR）引物和探针，优化反应条件与体系，对反应特异性、灵敏度、稳定性进行分析，建立在化妆品样品中进行致病微生物常规 PCR 和荧光定量 PCR 检测方法；针对不同类型的化妆品，不同的检测目标致病微生物，对实时荧光光电检测方法所用的培养基、反应条件等进行优化，建立在化妆品样品中进行致病微生物荧光光电检测方法，开发针对不同致病微生物种类的检测试剂和方法。

此外，为了更好地借鉴国外替代实验的成果，将通过对世界各权威替代方法验证机构的调研，收集并研究替代实验方法的验证过程，梳理国际化妆品替代试验方法应用研究进展和法规认可情况，结合我国化妆品的注册备案法规要求和目前替代方法验证工作中需要解决的问题等，形成《国际化妆品替代试验方法标准体系报告》；在报告的基础上，总结近几年化妆品安全技术规范中替代试验方法的制修订工作经验，统筹规划替代方法验证转移工作，参考国外的方法验证指南，结合国内相关研究成果，形成我国《化妆品替代试验方法验证程序》《化妆品替代方法验证及转移工作规划》等规范性技术文件，解决与化妆品注册备案相关的急迫技术需求。

3. 化妆品功效评价方法与技术体系

化妆品功效宣称是生产经营者向消费者推荐产品的重要窗口，是消费者了解产品的主要途径，也是行政管理部门的监管重点。本领域研究将围绕美白、保湿、防晒等化妆品可宣称的功效，以生物化学、细胞生物学、毒理学和三维重组皮肤模型为理论基础，以动物替代和快速检测方法研究为亮点，从生化水平、细胞水平、人体试用三个维度建立生物化学法、物理化学法、细胞生物学法、三维重组皮肤模型替代法、动物实验法、主观评价法、客观仪器评价法等相结合的化妆品功效评价方法与技术体系。具体包括：通过生物化学实验、细胞实验、动物模型、皮肤重组模型等方法，采用胶原酶抑制、酪氨酸酶抑制、抗糖基化、清除自由基等评测技术，对化妆品功效成分的作用机理和作用途径进行研究；通过人体评测方法，对人体皮肤的水分、油分、色度、弹性、纹理度、毛孔等生理指标进行数据采集，并通过数学统计方法分析采集结果，建立评价美白、保湿、防晒等化妆品功效的方法，建立化妆品功效评测和监督管理的科学理论基础和技术体系。

4. 化妆品注册备案管理体系研究

2020年6月，国务院发布《化妆品监督管理条例》（以下简称"新《条例》"），标志着我国化妆品立法和监管体制改革进入了全新时期。新《条例》要求放、管并重，规定对化妆品产品和原料按风险高低分别实行注册和备案管理，化妆品注册备案管理体系研究已成为新法规通过后亟需研究的重点课题。2021年1月，《化妆品注册备案管理办法》发布，对化妆品新原料注册备案、化妆品注册备案、监督管理、法律责任等作出了明确规定。随着进口普通化妆品备案试点的扩大，起草普通化妆品备案要求以及相关工作程序，形成《普通化妆品技术审查工作规范》，规范指导普通化妆品备案工作。同时，为加强我国化妆品功效宣称管理，指导化妆品行业科学规范地开展功效宣称评价工作，制定《化妆品功效宣称评价指导原则》，规范管理化妆品功效宣称，保证化妆品功效宣称建立在科学、真实、客观以及准确的依据之上；统计分析全国化妆品备案、注册信息，完善升级化妆品审评审批信息系统，逐步实现智能化，提升审批监管效能。

5. 化妆品安全风险识别、监测与评估体系研究

研究风险点发现、预警技术和检验监测规范，构建技术手段规范、结果适度准确、可信的风险识别和监测技术体系；对化妆品风险评估机构或国外权威机构已公布的风险评估原料的相关评估资料进行分析，在符合我国化妆品相关法规规定的基础上，利用现有的科学资料对化妆品中危害人体健康的已知或潜在的不良影响进行科学评价。

6. 化妆品监管政策与管理体系

随着化妆品行业新技术、新产品、新功效和新业态的出现，传统的监管政策与管理体系已不能很好地适应化妆品行业及产业的持续健康、快速发展。本领域将立足监管部门工作实际，结合产品全生命周期研究，围绕化妆品审评、审批制度改革创新，密切跟踪国际监管发展前沿，研究制定符合新《条例》的新监管政策与管理体系，推动化妆品监管创新。具体包括：研究化妆品原材料的采购、生产研发、注册、备案、流通、使用、召回、退市等与其质量和安全相关的关键环节，对整体、系统性的安全风险进行识别，研究应采取何种监管工具、标准及策略等科学问题（如抽检检查、飞行检查等），并提出相应监管策略；通过收集、分析科学信息及相关政策法规，运用更科学的手段、工具开展化妆品监督管理工作，并经过一系列论证后形成新的监管理念和政策决策建议，推动化妆品行业科学健康发展；在化妆品全生命周期监管背景下，重点关注研究化妆品新原料、新产品、新工艺、新功效等相关科学研究产生的新工具、新标准、新方法，根据监管工作的实际需求，进行科技创新成果在监管中的转化和应用，不断制定适应创新产品发展的技术指南，推动化妆品监管创新，提供化妆品安全性、功效宣称一致性等方面的新工具、新标准、新方法。

7. 化妆品监管法规动态与技术前沿追踪

立足国际行业前沿，收集研究全球化妆品监管法规政策动态、前沿科学技术发展现状、专利申请及授权分布、国际行业组织关注的热点问题等，为

制定符合我国化妆品行业发展特点的监管政策法规提供科学决策依据。具体包括：追踪美国、欧盟、日本、韩国等发达国家化妆品监管法规相关动态变化，研究各国法规动态共性问题及制定内涵，并有选择性的学习和引入，为制定符合我国国情、行业发展特点的监管政策提供科学决断依据；研究分析国内外最新相关技术信息，并定期向行业及监管部门发布，为科研机构、政府监管部门制定政策提供科学化依据。

8. 化妆品安全大数据分析预警技术体系

随着云计算、物联网等信息通讯技术的迅猛发展，大数据已渗透到各行各业的各个领域，成为了重要的生产要素，并已显示出巨大优势。大数据使人类生活发生了颠覆性改变，足量的有效数据可以帮助人们精确预测未来事物的发展趋势。对化妆品监管而言，除了监管部门定期公布的化妆品质量抽检监测结果，众多的网络平台上也蕴藏着不计其数的消费者对特定产品的安全和功效评价数据以及热点舆情信息，化妆品安全信息来源不断拓宽。如何充分收集、统计并将这些信息用于监管实践已成为化妆品监管科学的重点和热点研究课题。本领域将利用统计分析、机器学习、深度学习以及各种大数据技术，深入研究与化妆品安全质量与市场监管相关的舆情、监督抽查、风险监测等数据的采集、储存、查询和统计分析方法与应用技术，通过数学建模研究以及计算机算法的智能计算和处理，筛选化妆品安全潜规则信息，充分挖掘其在制定监管政策和策略中的价值，并对其反映的潜在规律进行深入探索，分析研判造成化妆品质量安全与不良反应的原因并进行风险预警，为发布消费提示、引导理性消费、防范安全风险、制定针对性的防控措施及监管决策提供参考依据。同时，构建全系统化妆品安全与监管信息数据库，实现高风险化妆品信息全程可追溯，促进监管的智能化和信息化。

三、未来化妆品监管科学发展前景及保障措施

监管科学是近十几年发展形成的前沿学科，受到世界科学界和管理界的重视。2018 年，中国化妆品监管机构改革，单独组建由国家市场监督管理总局管理的国家药品监督管理局，负责药品、化妆品、医疗器械的注册并实施监督管理。为了适应我国化妆品监管需要，国家药品监督管理局设立化妆品

监督管理司，专门负责化妆品监管工作。随着史上首个化妆品监管司的成立，我国化妆品行业的监督管理进入了新时代，同时也为化妆品监管科学的发展奠定了体制基础。

2019 年 4 月，为推动监管理念制度机制创新，夯实我国药品监管科学基础，助力药品监管科学可持续发展，国家药品监督管理局启动实施"中国药品监管科学行动计划"，明确提出开展药品、医疗器械、化妆品监管科学研究，并确定了首批 9 个重点研究项目，"化妆品安全性评价方法研究"是九大重点项目之一。这标志着我国化妆品监管科学研究正式拉开了帷幕。

由于实现科学监管需要大力发展监管科学，因此化妆品监管科学也随着新《条例》的发布越发受到重视。2020 年 1 月 15 日，国家药品监督管理局批准北京工商大学成为首批化妆品监管科学研究基地，这标志着我国化妆品监管科学的发展驶入了快车道。

随着 2018 年国家市场监督管理总局的组建，我国已经初步建成了面向全过程、全链条的监管格局。同时，物联网、追溯体系、大数据分析等科技创新手段的转化和应用，也使得监管模式正在由政府主导的行政性监管和事后监管的模式向着全社会监督、全民共治和事前预警、事中把控、事后监督的模式转变。国家监管体制和模式的变革，亟需大力发展监管科学，因此作为监管科学的一个重要分支，化妆品监管科学势必将在完善化妆品科学监管的进程中大展宏图。

目前，我国正处于社会转型期，化妆品行业也正向着高速化、多元化、优质化的方向发展，但随着化妆品新技术、新产品、新业态的不断涌现，其安全质量监管也出现了诸多新情况、新困难。随着新一轮机构改革的完成和化妆品监管新《条例》的发布，完善化妆品科学监管已提上日程。目前，监管科学是科学监管的基础已形成监管领域各方共识，如何通过发展监管科学以促进化妆品科学监管也已成为我国化妆品监管领域需要思考并解决的问题。为了能更好地推动化妆品监管科学的发展，提出如下建议及保障措施。

1. 强化化妆品监管科学战略部署

除了国家药品监督管理局已于 2019 年 4 月启动的"中国药品监管科学行动计划"，化妆品监管部门根据国际化妆品监管科学发展态势及我国国情和化妆品行业的特点，考虑制定和实施"化妆品监管科学发展规划"次级规划，从顶端设计入手，布局化妆品监管科学研究工作。同时，在"十四五"规划等国家重大专项和重点研究项目中，重视监管科学所需工具的基础性研究投入，设置化妆品监管科学研究专项基金，再通过合理设立各类研究课题，引导科技人员有序开展化妆品安全性、有效性、质量和性能评价的新标准、新工具、新技术和新方法的研究，并注重加快科技成果在监管领域的转化，推动监管需要的新技术、新方法、新工具研发及标准体系科学化、规范化，切实提高化妆品科学监管的能力。

2. 建设化妆品监管科学研究基地

2018年1月，国家食品药品监督管理总局会同科技部，联合发布《关于加强和促进食品药品科技创新工作的指导意见》，对优化科技创新布局、建设高水平科技创新基地、建立产学研协同机制等做出了系统部署。2019年4月启动的"中国药品监管科学行动计划"明确提出要开展药品、医疗器械、化妆品监管科学研究，并将"建设3~5家药品监管科学研究基地"作为3项重点任务之一。在这一社会背景下，建设化妆品监管科学研究基地既是国家对化妆品领域科技创新的要求，也是国家监管科学行动计划的必然要求。建设化妆品监管科学研究基地应选择在化妆品方面研究基础好、科研水平高并在行业有一定影响力的高等院校和科研院所为依托单位，充分利用高等院校和科研院所的基础研究和应用研究优势，建立多学科交叉的创新网络，同时充分利用社会资源，尤其要调动企业技术创新的主体作用，坚持协同发展，形成创新合力，提升监管水平和效率。化妆品监管科学研究基地应整合各方资源，优先开展化妆品科学监管相关的新技术、新方法、新标准、新工具研究，牵头组织并落实国家重大监管科学科技专项计划和任务，夯实我国化妆品监管科学基础，助力化妆品监管科学可持续发展，推动我国化妆品安全监管体系的规范化、科学化和现代化。

3. 加强监管科学人才培养与学科建设

人才是第一资源，是创新活动中最为活跃、最为积极的因素。要把科技创新搞上去，就必须建设一支专业知识扎实、结构合理、素质优良的人才队伍。我国化妆品行业起步较晚，化妆品专业人才，尤其是专业的监管人才匮乏，开展化妆品监管科学研究、完善化妆品科学监管，首先要加强化妆品监管科学人才培养与学科建设。国家教育部门应鼓励并支持高校开设化妆品和监管科学专业，培养专业型化妆品监管人才。北京工商大学于 2012 年申请设置了全国第一个"化妆品科学与技术"二级学科，目前已有北京工商大学、上海应用技术大学、广东药科大学等多家高校设置了"化妆品技术与工程"或"化妆品科学与工程"本科专业，这标志着化妆品专业和学科建设正式纳入了我国普通高等教育序列，开启了我国化妆品从本科到研究生教育的实践探索。国家教育部门应鼓励并支持这些有化妆品专业人才培养基础和条件的综合性高校整合校内资源，设置包括法学、化妆品学、经济学、管理学等多学科交叉的化妆品监管科学学科，建立从本科、硕士到博士一条龙的化妆品监管人才培养体系，打造一支专业知识扎实、结构合理、综合素质高的化妆品监管队伍。

4. 积极参与监管科学国际合作

首先，需要深化与美国食品药品管理局（FDA）、欧洲药品管理局（EMA）、日本药物及医疗器械管理局（PMDA）等国外监管部门及国际组织的合作交流，学习、借鉴其监管法规与政策，引进、吸收其监管科学精髓，并根据我国化妆品行业的特点和监管实际形成具有中国特色的化妆品监管科学。其次，要参与监管科学国际会议，与发达国家专家交流经验，并积极参与国际化妆品标准和行业技术指导文件的制定。再次，要积极主办监管科学国际会议，按照平等互利原则与国际领先机构开展项目合作，不断提升我国化妆品监管技术水平和在国际标准领域的话语权。

（作者单位：北京工商大学化妆品监管科学研究院）

我国化妆品备案若干问题探讨

作者：邓海云　通讯作者：刘恕

　　《化妆品监督管理条例》①（以下简称《条例》）已于 2020 年 6 月 29 日由国务院公布，并已于 2021 年 1 月 1 日起实施。《条例》规定，国家按照风险程度对化妆品、化妆品原料实行分类管理。化妆品分为特殊化妆品和普通化妆品。国家对特殊化妆品实行注册管理，对普通化妆品实行备案管理。我国对于普通产品中的国产产品自 2014 年起实行网上备案；对于普通产品中的进口产品，自 2017 年 3 月 1 日起上海市浦东新区首次试点备案管理②，到 2018 年 11 月 10 日调整为全国统一备案管理③，直至《条例》发布，我国普通化妆品真正意义上完成了从"注册"到"备案"的转变。

　　随着《条例》出台，备案管理的相关法规也陆续更新，现将和备案相关的主要法规文件梳理如下。

　　（1）《化妆品安全技术规范》（2015 版）（以下简称《规范》）提供技术支持，规定了化妆品的安全技术要求，包括通用要求、禁限用组分要求、准用组分要求以及检验评价方法等。

　　（2）《化妆品注册和备案检验工作规范》于 2019 年 9 月 10 日实施，对于化妆品注册和备案相关的微生物与理化检验、毒理学试验和人体安全性与功效评价检验等检验检测工作进行规范。

　　（3）《化妆品注册备案管理办法》将于 2021 年 5 月 1 日起施行，对于化妆品和化妆品新原料注册备案的基本要求、注册备案管理、监督管理和法律

---

① 中华人民共和国国务院令第 727 号《化妆品监督管理条例》于 2020 年 6 月 29 日发布。
② 原国家食品药品监督管理总局关于发布上海市浦东新区进口非特殊用途化妆品备案管理工作程序（暂行）的公告（2017 年第 10 号），于 2017 年 1 月 17 日发布。
③ 原国家食品药品监督管理总局关于在更大范围试点实施进口非特殊用途化妆品备案管理有关事宜的公告（2018 年第 31 号），于 2018 年 3 月 8 日发布。

责任进行了规定。

（4）《化妆品注册备案资料规范（征求意见稿）》，对于化妆品注册和备案资料的具体要求、用户权限开通和维护等，进行了详细规定。

（5）《化妆品分类规则和分类目录（征求意见稿）》，本目录将化妆品按照功效宣称、作用部位、产品剂型、使用人群和使用方法进行分类编码，从产品编码即可以分辨普通化妆品和特殊化妆品。

（6）《化妆品安全评估技术导则（征求意见稿）》，是对于化妆品原料和产品安全评估的技术指导。

（7）《化妆品功效宣称评价规范（征求意见稿）》，对于化妆品功效宣称评价的总体原则和要求进行了规定。

（8）《化妆品标签管理办法（征求意见稿）》，对化妆品标签标识的内容和形式进行了规范。

一、各国化妆品准入制度和监管方式总结[①]

（一）中国

《条例》是我国化妆品管理的核心法规，国家药品监督管理局是主要监管机构。国家按照风险程度对化妆品、化妆品原料实行分类管理。化妆品分为特殊化妆品和普通化妆品。国家对特殊化妆品和高风险新原料实行注册管理，对普通化妆品和低风险新原料实行备案管理。

（二）美国

《联邦食品、药品和化妆品法案》是美国化妆品管理的基本法。美国食品药品管理局（FDA）是美国主要的化妆品监管机构。美国化妆品的进口和生产不需要进行上市前的审批，FDA建立了一个化妆品自愿登记系统（VCRP），鼓励企业自愿向该系统提交产品信息。具有特定功效的产品，如果能严格符合非处方药（OTC）专论中关于活性成分、标签等的要求即可不需要经过FDA的审批，像化妆品一样直接上市。

---

① 王钢力，张庆生.全球化妆品技术法规比对［M］.北京：人民卫生出版社，2018.

（三）欧盟

《欧盟化妆品法规》（EC）1223/2009 是欧盟化妆品监管方面的核心法规。在欧盟，没有普通化妆品和功能性化妆品之分。欧盟对化妆品产品实行备案制度，即在化妆品投放市场前，化妆品责任人应当通过化妆品电子信息提交系统向欧盟委员会提交产品信息资料（CPCN）。欧盟各成员国化妆品主管部门分别负责其国内上市产品的市场监督管理。出于监督的考虑，《欧盟化妆品法规》（EC）1223/2009 要求责任人按照检查的目的，对每个上市产品标签上标注规定的地址，准备一套相应的数据文件（产品信息，PIF）并及时更新，以备监管部门查验。

（四）日本

日本对化妆品和医药部外品监管的主要法律依据是《药事法》，监管主体单位是日本厚生劳动省。化妆品在日本被分为两类：一类叫"化妆品"，上市前进行产品备案；另一类被称为"医药部外品"，实行严格的审批制度。

（五）韩国

《化妆品法》是韩国化妆品业界最高级别的法规。主管部门为韩国食品医药品安全部以及各地方厅。韩国将化妆品分成两大类进行管理：一般化妆品和功能性化妆品。一般化妆品上市前不需要进行任何备案或许可，功能性化妆品在上市前需通过备案或注册。

通过对上述各国法规的了解，不难发现，此次《条例》中对于产品准入制度的规定，充分接轨了国际上先进的管理模式，同时结合了我国企业现状和监管基础。《条例》立足于基本国情，改革创新，一系列法规细则的发布，将有效地引导企业提升自身能力，落实主体责任。

二、问题探讨和合理化建议

（一）关于《已使用化妆品原料名称目录》的增补

1. 各国原料管理模式

中国对化妆品原料的管理主要实行目录管理，制订了禁限用组分、准用组分（包括防腐剂、防晒剂、着色剂、染发剂）目录和《已使用化妆品原料名称目录》。

美国 FDA 颁布化妆品禁用物质和限用原料清单。对于着色剂的管理极为严格，需 FDA 审评许可。

欧盟是从原料角度对化妆品进行管理，规定了化妆品禁用组分、限用组分（其中包含染发剂），以及允许使用的防晒剂、防腐剂、着色剂。化妆品中使用的原料必须符合相关要求。对于除以上原料以外的其他化妆品成分，化妆品"责任人"负责对其进行安全评估。

日本对于化妆品和医药部外品的原料进行分类管理，对于化妆品，除《化妆品基准》中提到的禁用组分、限用组分清单中所收录的物质以外，允许在企业承担安全自认的情况下，自行判断使用。在"新原料"的管理方面，日本区分了有使用历史和无使用历史的原料，根据相应的判断依据评估原料的安全性。对于医药部外品中的配合成分，法定清单中未被收录的成分，如用于医药部外品，应作为新原料和产品一同申报。

韩国对于化妆品原料的管理采用否定清单制度，食品医药品安全部规定了禁用原料和限用原料清单，清单以外的其他原料都可以自由使用。功能性化妆品功效原料按照功能性化妆品审查机关规定进行管理，包括 9 种美白功效原料、4 种抗皱功效原料清单和防晒剂原料清单。使用清单以外的功效原料时需在申报功能性化妆品时提交相应资料[①]。

2. 对《已使用化妆品原料名称目录》增补的建议

目前，企业判断一个新原料，主要参考《已使用化妆品原料名称目录》（以下简称《目录》）和《化妆品安全技术规范》（以下简称《规范》）2015 版中的准用清单。

《条例》第四条规定，国家对风险程度较高的化妆品新原料实行注册管理，对其他化妆品新原料实行备案管理。《条例》第十四条规定，经注册、备案的化妆品新原料投入使用后 3 年内，新原料注册人、备案人应当每年向国务院药品监督管理部门报告新原料的使用和安全情况。对存在安全问题的化妆品新原料，由国务院药品监督管理部门撤销注册或者取消备案。3 年期满未

---

① 吴莹，延在昊，吴冯丹，等．韩国化妆品法规现状及动态分析［J］．日用化学品科学，2016（7）：1-5.

发生安全问题的化妆品新原料，纳入国务院药品监督管理部门制定的已使用的化妆品原料目录。《条例》对于新原料的管理规定，让我们对《目录》的增补充满期待，对此提出以下建议。

（1）建议针对《目录》中的植物提取物和类别原料，将其已使用的具体原料名称进行补充。

（2）对于《目录》中的原料名称在《国际化妆品原料标准中文名称目录》中有名称更新的，建立更新规则与机制。

（3）建立动态的《目录》管理机制。

（4）优化备案的申报系统，对于《规范》或其他法规中对化妆品具体原料有限制要求的，在系统中应增加提示功能，方便企业操作。

（二）关于普通产品中含有常见美白剂成分

在调研中，笔者了解到，企业有以下疑问：当普通产品中含有常见美白剂成分时，如果没有美白宣称，是否可以按照普通产品进行备案？对此，收集整理了以下资料，供各方参考。

1. 各国美白产品和美白原料的管理方式[①]

中国《条例》中规定，祛斑美白功能仍然按照特殊化妆品管理。目前我国没有美白祛斑产品的原料清单，在《化妆品功效宣称评价规范（征求意见稿）》中，对于美白产品（物理遮盖除外）规定应当通过人体功效评价方式进行功效宣称评价，并公布产品的功效宣称依据的摘要。

美国对于美白类产品，根据是否影响人体结构和功能，及功效宣传用语措词的不同，分别按新药申请、OTC 专论药品或一般化妆品进行管理。按照OTC 来进行管理的部分"美白产品"，其管理也是基于活性成分的种类和含量，以及产品的标签和使用说明等规定。

欧盟没有针对美白产品的特殊规定，而是通过禁用或者限用清单来对原料进行管理，产品中使用的原料需符合原料清单及欧盟其他法规要求。

韩国将美白类化妆品在列为功能性化妆品的一种，其在上市前需经官方许可。韩国官方有美白剂清单，包括具体的美白成分和含量，以及《功能性

[①] 王昌，刘保军，何聪芬. 国际及我国美白类化妆品的审评及管理现状［J］. 北京日化：美白专刊，2015 年增刊.

化妆品标准及试验方法》。

在日本，某个美白产品的"宣称"决定了它是按照化妆品进行管理的还是按照"医药部外品"来进行管理。例如，某个产品仅仅宣称"亮泽皮肤"，则只是按照化妆品管理；如果有宣称其"通过抑制黑色素生成，祛除或淡化色斑"的功能，还是要按照"医药部外品"来进行管理（表1）。

表 1　各国美白产品管理一览表

国家	界定美白产品的方法	是否有美白剂清单	是否考虑含量	评价
美国	宣称及是否影响机体结构	无	无	无
欧盟	无	无	无	无
韩国	宣称	有	有	功效性及安全性
日本	宣称	有（在厚生省备过案的美白剂清单）	有（在厚生省备过案的美白剂含量）	功效性及安全性
中国	宣称	无	无	功效性及安全性（完善中）

2. 目前的注册备案情况

当某一产品中含有常见的美白剂成分，按照目前的法规，企业可参考以下标准（表2）。

表 2　常见美白剂成分申请类型一览表

配方	宣称	产品类型
有化学美白剂	美白	特殊产品
有化学美白剂	无"美白"宣称	普通产品
无化学美白剂	美白	特殊产品（物理遮盖）
无化学美白剂	无"美白"宣称 仅仅遮盖斑点	普通产品

在整理企业备案中收到的意见时，有如下意见：产品配方中含10%烟酰胺（该原料是韩国、日本美白原料清单中的原料，起效浓度2%~5%），该产

品作为普通产品备案，在中文标签中虽未宣称"美白"，但产品名称中"烟酰胺"暗示产品的美白功效。请对此进行合理解释说明（产品名称为某烟酰胺精华液）。

目前，我国没有美白祛斑产品的原料清单，对于美白剂的用量也没有相应的要求。企业对于以上意见产生困惑。适逢《条例》出台，相应法规更新之际，呼吁监管部门尽快明确美白祛斑产品及其功效成分的管理标准，具体建议如下。

（1）制定美白剂清单和安全使用限量。

（2）继续以宣称对美白产品进行界定。如果普通产品中含有常见美白剂成分，若不进行宣称，企业在保证产品安全的情况下可以按照普通产品备案。落实企业主体责任，一旦发现这类产品已宣称"美白"，从严处罚。

（三）关于备案中对于原料安全信息的管理

1. 法规中对于原料质量安全信息的要求

在《规范》（2015 版）概述的原料要求中提到，原料技术要求内容包括化妆品原料名称、登记号（CAS 号和 / 或 EINECS 号、INCI 名称、拉丁学名等）、使用目的、适用范围、规格、检测方法、可能存在的安全风险物质及其控制措施等内容。

《化妆品注册备案管理办法》第三十条，化妆品注册人、备案人申请注册、进行备案时，应当通过信息服务平台明确原料来源和原料安全相关信息。

《化妆品注册备案资料规范（征求意见稿）》中，对于原料安全相关信息的要求是：注册人、备案人或者境内责任人应当填写产品所使用原料的生产商信息并上传由原料生产商出具的原料质量安全信息文件。原料生产商已根据《化妆品原料质量安全相关信息报送指南》报送原料质量安全相关信息，注册人、备案人或者境内责任人可填写原料报送码关联原料质量安全信息文件。这里可以发现，对于原料质量规格的要求具体细化为原料质量安全信息。

各国对于化妆品原料安全信息的管理方式如下。

中国：征求意见稿中，《化妆品原料质量安全相关信息报送指南》指出，原料质量安全相关信息应当包括原料商品名、原料基本信息、原料生产工艺简述、必要的质量控制要求、国际权威机构评估结论、其他行业使用要求、风险物质限量要求等。化妆品注册人、备案人或者境内责任人在申请特殊化妆品注册或者办理普通化妆品备案时，化妆品注册人、备案人或者境内责任人在产品注册备案资料中以配方表附件形式上传由原料生产商出具的原料质量安全信息文件，或者填写原料报送码关联原料质量安全信息文件，每个原料至少需选择一个原料质量安全信息文件。按照这个规定操作，优势是每个原料都可以溯源，并且规范了原料质量安全信息的内容；笔者的担心是，在实际操作中，本质相同的原料可能由于规格、包装等不同有不同的商品名，造成信息重复。

美国：企业对于原料的安全信息负责，美国食品药品管理局并无强制性要求保证化妆品原料安全性所采用的具体实验方法，也不强制要求企业提交相应的资料，但是化妆品企业需要持有这些原料的翔实资料，以确保化妆品的安全性。美国的一些行业协会对于原料的信息收集和发布发挥了积极作用：美国个人护理产品协会（PCPC）是美国重要的个人护理用品行业组织，编写了《国际化妆品原料字典和手册》并持续更新和公开发布，《国际化妆品原料字典和手册》收集化妆品原料信息，例如 INCI 名称，CAS 号和 / 或 EINECS 号，化学经验式，定义，使用目的，商品名等信息；另外，美国化妆品原料评价委员会（CIR）设立一个由专家组成的评审组，该评审组负责决定需要评价的化妆品原料名单，并对这些原料的安全性资料进行评审，且发布评估报告，报告中对于原料的观点和结论为化妆品公司和行业提供重要的参考。

欧盟：与前文所述，欧盟对于化妆品原料规定了禁限用组分清单和允许使用的防晒剂、防腐剂、着色剂清单。欧盟消费者安全科学委员会（SCCS）作为欧盟科学委员会之一，遵循独立性、透明性、保密性的原则，负责针对清单中所列的物质以及应列入清单中管理的物质进行评估，并将评估的科学意见发表；对于清单以外的化妆品原料，企业需要按照《化妆品安全性评价测试指南》进行安全评估，对于这部分原料的安全信息，企业自行保存。

日本：对于化妆品原料安全信息的管理有以下几个方面：政府层面发布了《医药部外品原料规格》，将可用于医药部外品的原料基本信息予以公布，例如外观、性状、比重、纯度试验和确认试验方法等；除此以外，企业自行制定并作为医药部外品成分、得到厚生劳动省批准的原料规格，由企业自行管理，不对外公开；对于其他的化妆品原料，企业可参考日本化妆品工业联合会的《化妆品原料规格制定指南》，自行制定化妆品原料规格并依其进行管理。

韩国：在原料信息管理方面，对于六种功能性化妆品韩国制定了相应的功效原料清单，其原料质量规格要求由政府公开发布；对于其他原料的安全信息，政府并没有特别要求，企业对产品负责，需要保障原料的安全和合规；韩国食品医药品安全部建立了韩国化妆品的原料数据库，收载了化妆品的常用组分，包括来源、分子式、EINECS 号、CAS 号以及限用原料的使用量等。

2. 对于原料质量安全信息管理的建议

总体建议是基于风险管理的理念，发挥行业协会的优势和力量，结合企业自律，按照化妆品原料的风险等级，对于原料质量安全信息进行分级管理。具体建议如下。

（1）对于限用物质和具有防腐、防晒、着色、染发、祛斑美白的化妆品原料，相对风险较高，这部分原料的质量安全相关信息要求，可参考《化妆品注册备案资料规范（征求意见稿）》附件 14《原料质量安全相关信息》中部分内容，在备案/注册时进行提交。

（2）除限用物质和防腐、防晒、着色、染发、祛斑美白以外的原料，相对风险较低，建议企业对于自己使用的原料自行维护原料质量安全信息以备查。

（3）建议将《已使用化妆品原料名称目录》中的原料进行梳理，对于国际权威机构评估已经评估过的化妆品成分，可参考其评估结果；剩余成分，建议基于使用频率、风险高低，尤其是有中国特色的植物原料，逐步制定和公布相应的原料信息数据库，供企业参考。

（4）优化备案系统，企业将需要提供的原料质量安全信息文件在备案系统中统一提交，涉及具体产品时在系统中进行关联。企业在系统中对自己的原料质量安全信息文档和数据进行维护。

（四）关于产品中天然来源成分的界定

在我国，由于天然/有机化妆品还没有建立相关的法规标准，目前列入《有机产品认证目录》的还不包括化妆品，也没有天然/有机化妆品的认证标准。因此，宣称天然/有机化妆品目前是不被认可的。企业可以宣称产品中的天然来源成分，但是对于天然来源成分的界定还没有建立统一标准。

1. 各国相关标准

（1）ISO/TC217 化妆品标准化委员会，分别于 2016 年 2 月和 2017 年 9 月发布的标准《天然和有机化妆品成分和产品的技术定义和标准》（ISO16128-1/2）中，对于天然成分和天然来源成分有相对清晰的界定，具体如下。

天然成分是仅从植物、动物、微生物或矿物质中获取的化妆品成分，包括通过下列方式从这些物料中获取的成分。

- 物理过程（例如研磨、干燥、蒸馏）；
- 自然界中发生并导致分子自然形成的发酵反应；
- 其他制备方法，包括传统方法（例如使用溶剂提取），但是不能有意地改变其化学结构。

下列物料以及源自这些物料的物料应被视为属于天然来源的通用类别：

a）植物，包括真菌和藻类；

注 1：在全球某些地区，来自转基因植物的成分可以被视为天然成分。

注 2：在这些指南的背景下，"草本植物"一词可用作"植物"一词的同义词。

b）矿物质；

c）动物；

d）微生物。

从化石燃料中获取的成分不在定义范围之内。

（2）韩国于 2019 年 7 月修订了《天然和有机化妆品标准规定》[①]，对于天然成分和天然来源成分有如下界定。

1）"有机原料"是指属于以下任何一项的化妆品原料。

- 根据《促进生态友好型农业和渔业以及有机食品的管理和支持法》的有机渔业产品，或根据该规定允许的物理过程进行加工的产品；
- 由认证组织根据外国政府（美国、欧盟、日本等）建立的标准认可为有机水产品，或根据该规定允许的物理过程进行加工；

---

① 韩国食品药品安全部公告 2019-66 号《天然和有机化妆品标准规定》于 2019 年 7 月 29 日发布。

- 由在国际有机农业与运动联合会（IFOAM）注册的认证机构认证为有机原料，或根据该规定允许的物理过程进行加工。

2）"植物原料"是指未经自行加工（包括海藻等海藻植物和蘑菇等菌丝体）或未经该规定许可的物理过程加工的化妆品原料。

3）"动物性原料"，除了动物本身（细胞、组织、器官）以外，作为自然生产的动物而不加工，或者从该动物那里自然生产，并根据本规定允许的物理工艺加工的鸡蛋、牛奶、蛋白质等化妆品原料。

4）"矿物质原料"是指因地质学作用而自然生成的物质，根据本规定中允许的物理工程加工而加工的化妆品原料。但是，从化石燃料发源的物质除外。

5）"有机农来源原料"是指根据该规定允许的化学或生物工艺加工的原料。

6）"植物来源、动物性来源原料"指的是拥有第2类或第3类原料，根据本公告中允许的化学工艺或生物工艺进行加工的原料。

7）"矿物质来源原料"是指拥有第4类原料，根据本规定中允许的化学工程或生物工艺加工的原料。

"天然原料"是指从第1类到第4类的原料。

"天然来源原料"指的是第5类到第7类的原料。

2. 对于化妆品中的天然原料和天然来源原料缺少统一的标准

对于进口产品，当原包装出现"本品含XX%天然来源成分"的宣称时，目前，企业可参考原产国相应的标准和定义，结合配方成分的含量，作为原包装宣称天然来源的依据。然而，随着标签标识相关法规的进一步明确，企业担心在国内缺少统一标准的情况下，国外的相关标准是否能继续被认可？尤其在上市后监管中；而对于国产产品，企业宣称天然来源成分时则缺少统一的指导原则。对此，建议如下。

（1）监管部门进一步完善对于化妆品中的天然原料和天然来源原料的定义和标准。

（2）在国内标准有待进一步完善的过程中，考虑互认机制，认可国外相关标准，促进我国天然化妆品的研发和创新。

三、小结

《条例》贯彻落实"放管服"的改革要求，简化注册备案流程，加强事中事后监管、落实企业主体责任人。本课题选取在备案过程中企业碰到的四个问题进行了分析探讨，建议监管部门在修订《条例》的配套文件时，明确和统一相关标准，完善具体要求，优化备案操作系统。

政策是指引企业前行的灯塔，《条例》为我们打下坚实的基础，期待更加完善的规定和流程，结合企业自我监管，帮助和促使企业落实主体责任。各有所职，而百事举！期待化妆品事业的美好新篇章！

（作者单位：邓海云，上海市食品药品安全研究会进出口化妆品专委会研究部；刘恕，上海市食品药品监督管理局认证审评中心）

论省级药品监督管理部门在
化妆品社会共治中的作用

陈多培

化妆品是消费者自主选择的消费产品，市场自由度较大、产品更新频率较快，化妆品监管仅由负责药品监督管理的部门"单一兵种作战"显然力不从心，因此在监管制度设计中引入全社会共同参与治理的理念，即"社会共治"理念，推进化妆品治理"多兵种联合作战"，极为重要，也非常必要。

《化妆品监督管理条例》（以下简称《条例》）颁布以来，化妆品社会共治引起业内专家热议。综合有关论述，结合《条例》学习和监管实践，现就省级药品监督管理部门在化妆品社会共治中的作用作一探讨，以期强化职责任务落实，深化《条例》理解宣贯，推进化妆品社会共治体系建设。

一、化妆品社会共治理念的内涵

行业自律、行政监管、社会监督是构建社会共治体系的三要素。社会共治需要不断实现从理念到制度再到机制的跨越。《条例》体现了社会共治的监管理念，坚持企业主责制度、政府监管制度和社会共治制度有机统一，着力形成化妆品监管齐抓共管、多措并举的合力，对落实企业自治、行业自律、社会监督、政府监管提供了明确的法律依据。比如《条例》规定，"化妆品生产经营者应当依照法律、法规、强制性国家标准、技术规范从事生产经营活动，加强管理，诚信自律，保证化妆品质量安全。化妆品行业协会应当加强行业自律，督促引导化妆品生产经营者依法从事生产经营活动，推动行业诚信建设。消费者协会和其他消费者组织对违反本条例规定损害消费者合法权益的行为，依法进行社会监督。"同时，《条例》对负责药品监督管理的部门及有关部门的化妆品监管职责进行明确。在新法规框架下，社会共治体系主要包括以下内容。

1. 明确负责药品监督管理的部门在监管体系中的核心地位

《条例》规定，"国务院药品监督管理部门负责全国化妆品监督管理工作。国务院有关部门在各自职责范围内负责与化妆品有关的监督管理工作。县级以上地方人民政府负责药品监督管理的部门负责本行政区域的化妆品监督管理工作。县级以上地方人民政府有关部门在各自职责范围内负责与化妆品有关的监督管理工作"。监管部门从保障原料和产品安全的角度出发，对必要的项目进行审批。同时实现科学监管、精准监管，能通过事中事后监管解决的，不做事前审批；能通过备案管理的，不做变相审批。

2. 明确化妆品注册人、备案人以及生产企业的主体责任

在社会共治体系下，结合《条例》规定的注册人、备案人制度和生产许可制度，要求应由企业承担的责任落实到企业，应公示的信息由责任人主动公开，应依法进行的自查和监测及时开展，应向监管部门提交的资料如实报送等。

3. 明确企业主体责任

《条例》第6条明确规定，化妆品注册人、备案人对化妆品的质量安全和功效宣称负责。化妆品生产经营者应当依照法律、法规、强制性国家标准和技术规范从事生产经营活动，加强管理，诚信自律，保证化妆品质量安全。《条例》第二章"原料与产品"，第三章"生产经营"，主要规定了化妆品生产经营者的主体责任。

4. 发挥行业协会的桥梁纽带作用

化妆品行业协会一方面应面向企业做好《条例》和配套法现文件的宣贯工作，积极引导行业加强自律，推动化妆品行业开展诚信建设；另一方面应面向消费者加强化妆品基本知识的普及，倡导科学认知、理性消费。

5. 发挥新闻媒体的积极作用

引导媒体对行业信息进行适时适度的宣传报道，对合法的化妆品广告和企业宣传进行推广，对容易误导消费者的言论及时辟谣，对国内外化妆品行业先进技术、重大事件及时报道，通过媒体的科学宣传增强消费者信心，普及科普知识，引导理性消费。

6. 消费者和消费者协会等社会组织参与社会共治

建立消费者协会与消费者之间的有效联系途径，对企业公开的虚假信息和其他损害消费者合法权益的行为，依法进行社会监督；对研究机构发布的研究结果或媒体公布的行业消息提出合理建议，在强化信息公开的正确性、严谨性方面发挥积极作用。

二、负责药品监督管理的部门在化妆品监管中的主要职责

《条例》强化各级负责药品监督管理的部门之监督管理职责，明晰权责边界，赋予其明确的监督权力。

1.《条例》对各级负责药品监督管理的部门履行监督管理的职责进行了明确分工，明晰了相应职责

如国家药品监督管理部门负责化妆品新原料的注册、备案工作；负责特殊化妆品的注册工作；负责进口普通化妆品的备案工作。省级药品监督管理部门负责普通化妆品的备案、化妆品生产许可工作。需要注意的是，按照《国家药品监督管理局职能配置、内设机构和人员编制规定》（2018）第三条第十二项"有关职责分工"中"省级药品监督管理部门负责药品、医疗器械和化妆品生产环节的许可、检查和处罚，以及药品批发许可、零售连锁总部许可、互联网销售第三方平台备案及检查和处罚。市县两级市场监管部门负责药品零售、医疗器械经营的许可、检查和处罚，以及化妆品经营和药品、医疗器械使用环节质量的检查和处罚"之规定，省级药品监督管理部门还应当负责化妆品生产环节的检查及违法行为的查处。市县两级市场监督管理部门负责化妆品经营环节的检查和处罚。

2. 授予负责药品监督管理的部门较为广泛的监督管理权力

《条例》规定，负责药品监督管理的部门对化妆品生产经营进行监督检查时，有权采取下列措施：①进入生产经营场所实施现场检查；②对生产经营的化妆品进行抽样检验；③查阅、复制有关合同、票据、账簿以及其他有关资料；④查封、扣押不符合强制性国家标准、技术规范或者有证据证明可能危害人体健康的化妆品及其原料、直接接触化妆品的包装材料，以及有

证据证明用于违法生产经营的工具、设备；⑤查封违法从事生产经营活动的场所。

3. 规定基于风险管理理念，负责药品监督管理的部门可以采取措施的情形

《条例》规定，对造成人体伤害或者有证据证明可能危害人体健康的化妆品，负责药品监督管理的部门可以采取责令暂停生产、经营的紧急控制措施，并发布安全警示信息；属于进口化妆品的，国家出入境检验检疫部门可以暂停进口。

4. 负责药品监督管理的部门应当公布化妆品监督管理信息，建立化妆品生产经营者信用档案

《条例》规定，负责药品监督管理的部门应当依法及时公布化妆品行政许可、备案、日常监督检查结果、违法行为查处等监督管理信息。公布监督管理信息时，应当保守当事人的商业秘密。

负责药品监督管理的部门应当建立化妆品生产经营者信用档案。对有不良信用记录的化妆品生产经营者，增加监督检查频次；对有严重不良信用记录的生产经营者，按照规定实施联合惩戒。

5. 负责药品监督管理的部门可以采取一定的柔性管理措施

如发现化妆品生产经营过程中存在安全隐患且企业未及时采取措施消除的，可以对化妆品生产经营者的法定代表人或者主要负责人进行责任约谈。通过约谈，化妆品生产经营者应当立即采取措施，进行整改，消除隐患。同时有关责任约谈情况和整改情况应当纳入化妆品生产经营者信用档案。

三、提高政治站位，找准工作定位，推进社会共治体系建设

从上述职责可以看出，省级药品监督管理部门在化妆品监管中具有承上启下的重要作用，因此必须提高政治站位，找准工作定位，明确事权划分，深化《条例》培训宣贯，完善政策措施，在化妆品社会共治中发挥积极作用。

1. 吃透上情，大力宣贯

主动向国家药品监督管理局相关司室沟通汇报，自觉接受上级业务指导；

加强统筹协调，整合宣贯培训资源，成立《条例》宣讲团，制定培训方案，创新培训方式，把握重点内容，深入开展《条例》的学习、宣传和培训工作；突出针对性和实效性，注重分级分类分阶段培训，特别是加强对一线监管人员和企业的培训，提高监管人员的依法行政水平，帮助企业更新理念、积极适应《条例》的监管要求；创新宣传培训方式，因地制宜开展培训，充分利用网络技术和平台，通过举办培训班、研讨会、专题讲座、线上培训等多种方式，进行系统宣传和培训；充分调动行业协会、社会组织、高校科研院所、专家学者等社会各方的力量，采用生动活泼、喜闻乐见的形式，积极宣传《条例》及其配套法规的新制度、新举措、新规定、新要求，提升公众的普及率、知晓率，营造《条例》实施的良好氛围。按照"谁执法、谁普法"和"五结合一衔接"的原则，落实普法责任制。"五结合一衔接"即：坚持日常检查、稽查办案与普法宣贯相结合，日常普法宣贯与集中普法宣贯相结合，属地管理与省市县三级联动相结合，普及与提高相结合，监管人员与企业相结合，行政执法与刑事司法相衔接。将普法宣贯渗透到化妆品日常监督检查、稽查办案、技术审评、检验监测全过程，通过文明执法促进深度普法宣贯，通过广泛普法宣贯促进文明执法。如，我们将《条例》宣贯纳入政府目标责任考核，督促各级抓好宣贯培训；举办3期《条例》培训班，对340名省市县三级监管人员进行培训，对160名化妆品生产经营企业负责人及技术人员进行培训；组织相关专家、企业负责人召开研讨会，交流《条例》学习体会，搭建学习交流平台，共谋产业发展大计，收效明显，普遍反映较好。近期，14个市州和兰州新区以及86个县区市场监管部门陆续开展《条例》宣贯培训，年底前预计培训监管人员及企业人数超过3000人次。

2. 把准省情，建章立制

《条例》构建的科学监管体系离不开各项制度的细化落实。目前，《化妆品注册备案管理办法》已经发布，国家药品监督管理局起草、制修订的《化妆品生产经营监督管理办法》《化妆品生产质量管理规范》《化妆品不良反应监测管理办法》《化妆品监督抽样检验管理规范》等相关配套规章和规范性文件征求意见稿，相继公开征求意见，我们及时组织调研和论证，积极研究提出修改意见，配合国家药品监督管理局做好《条例》有关配套文件的制修订工作。同时，结合监管事权和行政区域实际，对现行的与化妆品监管有关的地方性法规、规章和规范性文件进行梳理，根据《条例》和相关配套文件的要求，结合当地监管实际，及时向省委、省政府请示报告，加强与相关部门的沟通协调，做好地方政府规章和规范性文件的制修订工作，保障《条例》的有效贯彻实施，确保监管工作、产业发展符合《条例》的新要求。

3. 掌握下情，接好"地气"

《条例》确立了化妆品标准、审评、检查、检验、监测评价、安全评估等制度体系，规定了抽样检验、责任约谈、紧急控制、举报奖励、补充检验方法等一系列监管措施，为全面提升化妆品监管能力和水平奠定了良好的法治基础。省级药品监督管理部门应当加强对市县监管部门的业务指导、人员培训，当好"领路人""宣传员"，做好"传帮带"，不做"二传手"，潜心静气多做打基础、管长远的工作，大力加强监管能力建设，重点抓好三支队伍建设，即：化妆品监管队伍、化妆品检查员队伍、化妆品审评专家队伍建设，树立全省"一盘棋"思想，凝心聚力，群策群力，立足省情，保证监管措施落地见效，推动化妆品监管水平整体提升。如，在全省开展"化妆品监管大家谈"征文活动，激发工作热情，凝聚监管力量，营造社会共治氛围。在4个市级市场监督管理局开展创新监管方式、化妆品社会共治等试点，探路子、创经验、促监管，起到很好的示范引领作用。

4. 信息先行，智慧监管

信息公开是社会共治的重要组成部分。加强信息化建设，有效利用现有的化妆品信息化系统，进一步提高在线政务服务水平，推进监督管理信息共享，结合科普宣传，为人民群众查询化妆品信息、了解化妆品知识提供便利条件。

5. 强化自律，诚信监管

推动行业信用体系建设，实现诚信监管，引入信用管理的原则，鼓励企业自律。通过信用管理，让诚信的企业更好、更健康、更自由地发展，让失信的企业时时处处感受到社会舆论的巨大压力，使"守信者一路绿灯，失信者处处受限"。

6. 全程管理，严防风险

化妆品的生命周期包括研制、生产、经营、使用等环节。化妆品生产经营的任何环节存在缺陷，都可能导致化妆品质量风险的发生。仅在最后阶段对化妆品采用检验、召回等手段，无法为消费者提供充分有效的保障。《条例》确立了化妆品注册人、备案人制度，最大限度体现了化妆品全生命周期质量安全管理。注册人、备案人，就是化妆品的"出品人"，依法对化妆品全生命周期质量安全承担法律责任。

研制环节管理制度，主要包括化妆品的注册和备案分类管理、化妆品新原料注册与备案分类管理等。研制环节的风险，属于源头性风险，应当予以重点关注。

生产环节管理制度，主要包括生产许可制度、委托生产管理制度、生产质量管理体系制度、质量安全负责人制度、从业人员健康管理制度、进货查验记录制度、产品销售记录制度、生产质量管理规范执行情况自查制度、标签管理制度等。

经营环节管理制度，主要包括进货查验记录制度、贮存运输管理制度、集中交易管理制度、电商平台销售管理制度、广告管理制度、召回管理制度等。

通过落实上述制度，实行全程监管，加强化妆品全生命周期的风险防控，实现源头严防、过程严管、风险严控，提高化妆品质量安全水平。

四、小结

法律是公共幸福的制度安排。法律是治国之重器，良法是善治之前提。"奉法者强则国强，奉法者弱则国弱。"《条例》的颁布，在我国化妆品监管发展史上具有里程碑意义，为化妆品科学监管提供了强有力的法律武器，为监管工作提供了全新的理念、思路和手段，也对化妆品监管、行业健康有序发展提出了新的更高的要求。宣贯好、实施好《条例》是各级监管部门当前和今后一个时期一项重要而紧迫、光荣而艰巨的任务，省级药品监督管理部门重任在肩、责无旁贷，当以《条例》颁布实施为契机，坚持以人民为中心的发展思想，抓住机遇，直面挑战，开拓进取，担当作为，坚决维护《条例》的严肃性和权威性，发挥职能作用，推进监管理念由"单一兵种作战"向"多兵种联合作战"转变，推动社会共治，当好化妆品科技创新的引路人、化妆品质量安全的把关人、人民群众安全用妆的捍卫人、化妆品产业发展的守夜人，满足人民群众对化妆品的消费需求和化妆品产业的发展需要，用监管人员的辛苦指数、智慧指数，换来老百姓的安全指数、幸福指数，换来企业的创新指数、发展指数。

（作者单位：甘肃省药品监督管理局）

化妆品委托生产的相关监管问题研究

吴军胜　　朱升海

2020 年，自贡市市场监督管理局组织对辖区国产非特殊用途化妆品备案企业开展全覆盖监督检查，对其委托生产备案产品的产品配方、销售包装、产品工艺、技术要求、检验报告等进行重点检查，发现委托生产化妆品普遍存在一系列问题，需要引起化妆品监管部门高度重视。

一、当前化妆品委托生产现状

化妆品生产经营企业在取得产品备案后，特别是化妆品经营企业通常通过委托其他化妆品生产企业进行化妆品生产，化妆品委托生产按照委托内容不同主要分为委托生产（OEM）和委托研发并生产（ODM）两种模式，OEM即委托方负责产品研发和销售，向受托生产企业提供原料、生产工艺及配方等，受托生产企业按要求开展代加工业务；ODM即受托生产企业可参与部分或直接进行产品的研发并生产，负责从技术研发到生产包装的全过程。委托生产方式对发挥企业各自的优势，促进生产设施设备资源的充分利用、集约化管理和降低产品成本具有积极的意义。

在我国化妆品生产中，委托生产是化妆品生产中较为常见的方式，以我市为例，化妆品委托生产备案企业 13 家，备案品种 41 种，产品均委托省外化妆品生产企业生产。从全国来看，我国化妆品生产企业有 5008 家（数据截至 2019 年 11 月），其中从事委托生产业务的生产企业近 3000 家，委托生产的比例高于自行生产。目前，委托生产企业和受托生产企业实现"双赢"的同时，还存在双方产品质量管理责任不清、工作落实不到位，备案准入门槛低、监管信息不畅等问题，化妆品产品质量安全存在潜在风险。

二、委托生产中存在的问题

（一）托受双方落实质量管理责任的监管缺乏支撑

一方面，原国家食品药品监督管理总局于 2015 年发布的《关于化妆品生产许可有关事项的公告》（2015 年第 265 号）中明确了对化妆品生产企业实行生产许可制度，要求委托生产化妆品的，委托方应当为非特殊用途化妆品的备案人或者是特殊用途化妆品注册证书持有人，规定了企业法定代表人是化妆品质量的主要负责人，但在公告列出的 105 条检查项目中均未明确对委托生产方的核查要求。另一方面，主体责任不明确也间接导致了对产品质量及产品责任存在误区，尤为表现在从事 OEM 的产品委托生产中，委托企业提供产品原材料、生产工艺及技术规范等，受托生产企业进行代加工，委托企业认为其只对成品质量提出要求并由受委托企业按照规范要求组织生产，生产企业应该对产品质量负责，以至委托生产负责人不了解整个产品生产环节，也不关注整个生产过程中的质量保证情况；而受托企业主观上认为产品不是自己所有，只收取加工费用，不应承担质量责任。尽管有些委托协议对质量管理进行了明确，但协议仅仅是民事范畴，缺乏法规的约束，监管部门缺乏有效的监管依据来界定这类交叉责任，生产质量管理责任不明确，存在产品质量安全风险。

（二）委托方申请的产品备案主要采取形式审查，现场核查环节滞后

当前，化妆品委托生产产品备案由备案人通过国家药品监督管理局官网提交包括产品配方、产品销售包装等在内的申报资料后由委托方所在地省级药品监管部门组织对产品进行线上审核，通过审核后由省级药监部门发放备案编号并在国家药品监督管理局网站进行公示完成备案（此时备案产品可上市销售），备案完成后由委托方所在地省级药监部门在 3 个月内对备案产品进行备案后现场检查。省级药监部门将委托生产备案后的现场检查工作委托备案人所在地市州局开展，而市州局对备案产品开展现场检查时，其实产品已经完成备案并可以上市销售，一旦现场发现备案企业或其备案产品不符要求（如实际经营产品标签存在虚假宣传、委托方虚构备案联系人及联系方式、备

案人实际地址与网上申报资料不符等情况），虽可对其进行责令整改或立案调查，但此时问题产品已流入市场，加之部分委托方将备案工作全权委托受委托生产企业，备案资料现场不能提供，增加了产品质量监管的难度。

（三）委托方准入条件与承担化妆品质量安全责任不对等

一是委托生产中委托方准入条件低，相较于药品及医疗器械注册备案要求，化妆品委托方准入门槛较低。以医疗器械委托生产为例，医疗器械委托生产的委托方和受托方均应取得医疗器械生产许可证，而当前化妆品监管中仅要求受托生产企业须是取得相应生产资质的化妆品生产企业，但对于委托方主体资格尚未设定准入限制条件；二是委托生产人员准入要求尚不明确。新修订《化妆品监督管理条例》（以下简称《条例》）规定了化妆品委托生产注册人、备案人、受托生产企业应当设立质量安全负责人，承担相应产品质量安全管理和产品放行职责，且要求质量安全负责人应当具备化妆品质量安全相关专业知识，并具有 5 年以上化妆品生产或者质量安全管理经验。但新修订《条例》未对如何认定具有质量安全相关知识或质量安全管理经验进行明确，如是否需要提交取得相关专业知识的学历或专业证书等资质证明材料，进而无法体现其设立质量安全负责人的履职能力，导致化妆品委托生产方质量安全负责人的履职能力与质量管理要求往往存在差距。

（四）托受双方对化妆品生产质量管控存在脱节

在化妆品生产过程中，原料验收、生产及出厂检验、发货等环节应该环环相扣，全过程无缝管理。但在原料验收方面，一是多数企业生产原料由委托方自行在价格较为低廉的化工原料供应商处采购（我市 13 家国产非特殊用途化妆品备案企业均自行采购生产原料后交由受托生产企业进行生产），由于协议约定原料由委托方提供，受托方只负责生产就默认原料已经过检验，不再进行投产前的原料质量检测，也不审查原料采购发票、原料检验合格证明等相关资料。二是委托方鉴于商业保密不提供产品配方，仅将配方中各种成分编号交给受托方，受托方也无法对产品配方进行审查，无法发现是否可能影响产品质量。三是一般委托生产的品种较多，但个别单品生产量较少，受托方往往不注意完整保存批生产指令、批生产记录、批检验报告等，委托方认为产品质量由生产方负责，也不注意索取和查验相关文件资料。

（五）监管信息不畅通，没有形成监管合力

当前，国产非特殊用途化妆品采取双备案形式（委托企业和受托生产企业均应向所在地省级药品监管部门提交申请备案），委托方所在地药品监管部门虽可以通过备案掌握委托方部分内容，但若受托企业位于外省市，由于当前不同属地的监管信息交流缺乏相应的交换沟通渠道，委托方所在地药品监管部门既无法了解产品真实生产情况，同时若受托方生产企业所在地药品监管部门发现生产企业存在违法违规行为或生产企业因发生可能导致产品质量受影响的重大事项变更时，缺乏相应渠道及时向委托方所在地药品监管部门进行通报，这些监管薄弱环节甚至盲点均加大了委托生产化妆品的质量安全管控风险。

三、进一步细化委托生产监管的建议

新修订《条例》规定了化妆品注册人、备案人制度，明确了委托企业作为注册人、备案人对化妆品安全质量负总责的义务。但针对委托生产中出现的一系列问题，还应从出台的配套法规方面予以规范和解决。

（一）完善配套法规，压实托受双方质量管理责任

新修订《条例》中，特殊化妆品和普通化妆品均允许注册人、备案人委托生产，委托人对化妆品安全质量负总责。一方面，要压实受托方的产品质量管理责任，保证化妆品生产过程和质量控制符合《化妆品生产许可检查要点》等要求，加强原料验收、生产及检验记录、台账记录、留样跟踪等薄弱环节的管理。另一方面，要对申请产品备案的委托方的主体资格、质量管理岗位人员资质等设定准入条件，保证委托方具备对化妆品质量安全负责的能力和水平。此外，还要加强委托行为的管理，委托方要全面考察企业资质和受托产品资质，掌握委托方实际经营地址、联系方式等基本信息，选择具有生产条件和能力、取得相应核准范围的合法化妆品生产企业作为受托方，并对其生产质量安全管理情况等进行核查。同时，签订化妆品委托生产质量协

议，明确委托双方质量管理责任，保证委托生产化妆品安全、质量可控。

（二）科学设计流程，前移产品备案现场检查关口

建议将委托生产备案程序中的备案后现场检查提前到备案人网上提交备案资料时同步开展，在省药监部门对备案人提交网报资料进行网上受理的同时，组织对备案产品的委托方和受托方进行现场检查，现场检查企业主体资质证明文件、产品配方、销售包装、产品工艺、技术要求、检验报告等材料在线上线下提交资料的一致性和合规性，并结合实际设置不合格判定标准，将检查结果纳入企业能否取得备案的条件体系中，避免出现线上线下提交备案资料无问题、现场检查有问题但产品已流入市场的情况，实施"关口前移"，加大属地药品监管部门对备案产品的事前监管力度，能提升监管效能，及时排除产品安全隐患。

（三）加强信息化建设，实现托受双方监管数据共享

目前，国家药品监督管理局网站公开的化妆品数据库，包括国产及进口化妆品备案检验机构、化妆品行政许可检验机构、国产和进口非特殊用途化妆品备案等信息，建议在此基础上进行整合优化。一方面，对于委托生产而言，以国产非特殊用途产品备案为例，现有国产非特殊用途备案系统中具体到每一个产品都关联了委托生产的信息。可以在备案系统中对于委托方和受托方设定"门槛"，对进入"门槛"的企业，对其备案产品进行动态评价，制定相应的奖惩措施和退出机制，做到"分级分类重点监管"，同时还可以将化妆品经营网络数据、化妆品投诉数据、化妆品不良反应监控数据等进行整合，提取涉及委托生产的相关节点数据。另一方面，建立注册备案系统产品数据实时共享机制，有效串联产品注册备案信息，并将查询系统数据情况作为执法办案的依据，为化妆品委托生产全生命周期监管提供有力信息支撑，确保产品来源可追溯、去向可查。

（四）强化协作机制，增强委托生产监管合力

一是，属地监管部门加大对辖区委托生产双方企业的现场核查检查力度，严格对标检查，做好企业存在问题整改后的复查工作，对整改后仍未达到要

求的，上报省级药品监管部门强制注销产品备案信息，取消其备案资格，并将企业纳入重点监管对象实施监管；二是，建立部门协作机制，对托受双方不在同一省市的探索实施监管信息共享，对发现的案源线索及时通报，精准及时打击委托生产中的违法违规行为；三是，加大产品靶向抽检力度，结合委托生产化妆品产品广告宣称及全成分的标签标识信息，加大对生产流通领域产品抽检频次，及时公布抽检结果，杜绝不合格化妆品流向消费者。

（五）加强宣传引导，努力营造社会共治氛围

监管部门要主动公开公示化妆品委托生产的相关法律法规，通过官方网站、微博、微信平台、企业 QQ 群等方式，广泛宣传相关法规文件；通过承诺、约谈等方式强化企业的自律意识，督促企业建立产品销售质量档案，增强企业的社会主体责任感；及时定期公开注册备案检查结果，让消费者知晓企业经营状况，了解产品的真实性、合法性、安全性；畅通投诉举报渠道，推进阳光监管；积极发动协会、社区群众等社会力量对委托生产化妆品质量进行监督，形成社会共治格局。

四、结语

要保障化妆品委托生产的规范化，需要多方共同努力，本文通过对化妆品委托生产存在的风险问题进行分析梳理，针对性地提出加强监管的建议，通过多方联动，多措并举以实现对化妆品委托生产全生命周期进行风险管控，从而有效降低化妆品委托生产的监管风险，推动化妆品产业健康发展。

（作者单位：四川省自贡市市场监督管理局）

化妆品安全性评价现状及趋势

帖航　温雪华　薛圣然

化妆品是指以涂擦、喷洒或者其他类似方法，施用于皮肤、毛发、指甲、口唇等人体表面，以清洁、保护、美化、修饰为目的的日用化学工业产品。由于化妆品的长期使用性及接触人群广泛性，决定了化妆品品质的大前提是必须安全可靠，要求在正常及合理可预见的使用条件下，特别是考虑到产品警示标签、使用说明和处置的情况下不能对人体健康造成伤害，因此对化妆品安全性的评估和监管显得尤为重要。

一、对化妆品安全性的基本要求

（一）欧美

《欧盟化妆品法规》对化妆品没有进行分类管理，而是对所有产品采用了统一管理的方式。化妆品上市前需进行备案，但欧盟不对化妆品进行逐一检测，而是强调企业自律和责任风险，要求企业指定的化妆品负责人完成包含产品原料、产品安全性等内容的统一备案，并且承担化妆品上市后的产品安全责任。

美国对化妆品的管理主要依据《联邦食品、药品和化妆品法案》（FD&C Act）。美国食品药品管理局（FDA）将化妆品定义为"用于人体清洁、美化、提升吸引力或改变外观的产品"，而"用于诊断、治愈、缓解、治疗或预防疾病"的产品则属于药品。所以在美国，一般所指的"化妆品"，FDA划分成化妆品和非处方药（OTC）药品，并且同一个产品既可能是化妆品，也可能是药品，例如含氟牙膏，因为它既可以宣称清洁功效，也可以宣称预防龋齿功能，所以它既可能属于化妆品也可能属于药品，或者同时属于化妆品和药品。在管理上，如果一个产品同时属于化妆品和药品，那么该类型的产品需要同时满足化妆品和药品的管理要求。另外，美国对肥皂进行了单独的分类，且不受 FD&C Act 管理，具体的区分方式需要根据产品的成分以及其预期使用用途进行划分。美国的化妆品监管模式与欧盟类似，以企业自律、上市后监管为主，不强制化妆品在上市前必须通过 FDA 的批准，但销售该产品的公司或个人对其安全性负有法律责任，OTC 类药品如果符合《美国药典》中 OTC 类药物专著（Monograph）的要求，也不需要 FDA 批准，仅作简单备案即可，对于不符合 Monograph 要求的 OTC 类药品则需要经过 FDA 的批准后才能上市。

（二）中国

2020 年 6 月 29 日国务院公布了《化妆品监督管理条例》（以下简称新《条例》），自 2021 年 1 月 1 日起实施。新《条例》在《化妆品卫生监督条例》的基础上，将特殊用途化妆品和非特殊用途化妆品调整为特殊化妆品和普通化妆品，强调了依据产品安全风险程度对化妆品分类管理的监管理念。染发、烫发、祛斑美白、防晒、防脱发的化妆品产品作为特殊化妆品管理，宣称新功效的化妆品产品，考虑到其安全风险，也纳入特殊化妆品范围，进行严格管理。特殊化妆品以外的化妆品为普通化妆品，对特殊化妆品实行注册管理，对普通化妆品实行备案管理。值得一提的是，育发、脱毛、健美、美乳、除臭的化妆品不再作为特殊化妆品管理，根据产品安全风险程度，以上 5 类化妆品将根据产品的作用机理，分别按照普通化妆品、特殊化妆品管理或纳入药品管理。

化妆品产品按照安全风险程度分类管理，作为与产品安全息息相关的化妆品原料，同样根据安全风险程度进行分类管理。对于化妆品原料，原国家食品药品监督管理总局于 2015 年发布了调整完善的《已使用化妆品原料名称目录》（2015 版）。为进一步加强化妆品原料管理，化妆品原料被分为新原料和已使用原料。对于化妆品新原料，新《条例》要求具有防腐、防晒、着色、染发、祛斑美白功能的、安全风险程度较高的化妆品新原料实行注册管理，对其他化妆品新原料实行备案管理。同时设置了 3 年安全性监测期限，以保证其用于产品的安全性。

二、我国化妆品安全性评价体系的发展历程

我国化妆品安全性评价体系最早始于原卫生部 1987 年颁布的《化妆品卫生标准》（GB7916—1987），规定了化妆品产品和原料的卫生技术要求，与之配套的检验方法有《化妆品微生物标准检验方法》（GB7918.1~7918.5—1987）、《化妆品卫生化学标准检验方法》（GB7917.1~7917.4—1987）和《化妆品安全性评价程序和方法》（GB7919—1987）（以下简称"国家标准"），并且沿用至今。

原卫生部和原国家食品药品监督管理总局在国家标准的基础上先后制修订形成了 1999 年版、2002 年版和 2007 年版《化妆品卫生规范》，以及 2015 年版《化妆品安全技术规范》（以下简称《规范》），并于 2016 年 11 月、2017 年 8 月以及 2019 年 3 月又相继将《化妆品用化学原料体外 3T3 中性红摄取光毒性试验方法》《化妆品用化学原料离体皮肤腐蚀性大鼠经皮电阻试验方法》《皮肤光变态反应试验方法》和《化妆品中游离甲醛的检测方法》等 9 项检验方法纳入《化妆品安全技术规范》（2015 年版），对《规范》进行了修改完善。

目前，我国存在着化妆品安全技术规范、卫生标准以及其他质量和产品标准等多个技术要求并存的现象，这些法规文件和标准由不同的部门制定颁布，从不同方面对化妆品的安全性进行了要求，相互补充，但在某些方面也存在一些差异，化妆品注册和备案实际工作中主要依据的法规文件是《化妆品安全技术规范》（2015 版）。

《规范》中的化妆品检验方法可以具体分为微生物检验方法、理化检验方法、毒理学试验方法和人体安全性检验方法。其中，毒理学评估主要内容包含急性毒性、动物皮肤黏膜试验刺激性、亚慢性毒性、致畸、致突变、慢性毒性和致癌等 24 项毒理学评估方法，人体安全性检验则主要指的是人体斑贴测试和人体试用试验安全性评价两项。2019 年，国家药品监督管理局发布实施了《化妆品注册和备案检验工作规范》，对不同类别化妆品的检验项目作了具体规定。

目前，我国化妆品毒理学评价使用的检测方法主要是动物试验，但是随着近年来公众对动物福利保护的呼声越来越高，动物试验的伦理问题一直饱

受争议，同时从科学的角度来看，动物试验本身存在着诸多方法科学性的问题，比如动物皮肤及角膜无论在生物学构造还是生理功能方面都与人的皮肤和角膜存在着较大差异，动物毒理学试验的评价标准主要为试验者的主观评价，不同实验者得到的结论可能存在差异等情况。其次，动物试验还存在试验周期较长的问题。所以，近年来，体外检测方法越来越受到人们的关注，尤其是在化妆品安全性评价中。我国相关职能部门已经在积极推动体外替代方法研究并且应用到化妆品安全性评价体系中，自2016年起，我国先后将《化妆品用化学原料体外3T3中性红摄取光毒性试验》等6项替代毒理学试验方法纳入《化妆品安全技术规范》。

三、化妆品安全性评价体系的发展趋势

（一）欧美

欧盟于2013年3月全面禁止化妆品成品及原料的动物试验以及销售经过动物试验的化妆品。此禁令对欧盟所有成员国适用，并列入WTO双边协议。目前，欧盟对化妆品原料采用动物替代试验进行安全性评估，对于成品采用风险评估方式进行安全性评价。

美国自20世纪开始的国家毒理计划（NTP）也一直致力于毒理检测方法的改进和研究。其"21世纪毒性试验：远景与策略"报告中指出"未来的毒性检测策略将以研究毒性机制和靶向测试为核心，方法逐渐由当前的体内试验转变为体外试验"。美国环境保护署（EPA）于2019年9月宣布计划在2025年前削减30%对动物试验的经费资助，并在2035年前全面取消动物试验。

此外，俄罗斯、加拿大、澳大利亚、以色列、印度等数十个国家及地区均推出了化妆品动物试验禁令或者正在讨论禁止化妆品动物试验。有些国家，如日本，虽未立法禁止动物试验，但已设立了专门的替代方法研究中心。

国际上较为权威的替代试验研究机构和验证中心有欧盟联合研究中心（JRC）、美国体外科学研究院（IIVS）、欧盟欧洲替代动物方法核心实验室（EURL-ECVAM）、美国机构间替代方法评价协调委员会（ICCVAM）和日本替代试验验证中心（JaCVAM）等，经过替代方法验证中心认可的试验方法，

可以申请纳入经济合作与发展组织（OECD）方法指南，并受到世界各国的广泛认可。

体外替代试验的发展由离体器官和鸡胚等取代整体动物的方法，发展至现在的以体外细胞系和重建人体组织模型为研究对象的方法，并向着以微生理为基础的"human-on-chips"或称为"lab-on-chips"的芯片技术，以及以计算机技术为基础的定量构效关系（QSAR）方向发展。

（二）中国

近年来，我国化妆品监管部门为进一步推动行业发展，不断调整监管思路与政策，一方面积极完善方法体系，另一方面也在积极推动"风险评估"理念在化妆品安全性评估中的应用。2010 年 8 月，国家药品监管部门发布了《化妆品中可能存在的安全性风险物质风险评估指南》，将安全风险评估概念正式引入我国化妆品法规体系之中，并明确了化妆品安全风险评估的程序及所需提交的风险评估资料要求等，标志着化妆品安全风险评估成为我国化妆品监管的科学方法之一；2013 年 12 月，国家药品监管部门发布《关于调整化妆品注册备案管理有关事宜的通告》，明确指出，国产非特殊用途化妆品可采用风险评估的方式进行安全性评价，并且在能够充分确认产品的安全性时，可以豁免相关毒理学试验，这有效促进了化妆品安全风险评估方法的使用；2015 年 11 月，国家药品监管部门发布《化妆品安全风险评估指南（征求意见稿）》，明确了化妆品风险评估的基本原则、要求、程序、毒理学、原料及产品安全性等要求，并提供了评价报告模板，对我国化妆品安全风险评估工作给予了进一步的规范和指导；2016 年起，我国先后将 6 项体外替代方法纳入《化妆品安全技术规范》（2015 版），标志着动物替代方法正式进入我国化妆品安全评估标准体系中。新《条例》出台后，与之配套的细则文件相继公开征求意见，其中，2020 年 7 月 29 日公布的《化妆品安全评估技术导则（征求意见稿）》对化妆品和化妆品原料的安全风险评估程序和要求作了进一步完善，并合理地给出了过渡期的实施方案；2020 年 8 月 28 日，《化妆品注册和备案资料规范（征求意见稿）》公开征求意见，提到了普通化妆品豁免毒理学试验的要求，豁免毒理学检验的产品范围有所扩大。

综上所述，目前世界上主要化妆品生产国的安全评价体系均在向着体外替代和风险评估方向发展。近年来，我国化妆品体外替代和风险评估工作也取得显著成果。相信我国将在化妆品安全评估细胞株和皮肤模型开发、替代方法开发与验证体系建设、化妆品风险评估的原料安全性数据库以及相关管理办法等方面进一步深入和完善，为我国化妆品行业的健康发展提供支持与保障。

（作者单位：中国检验检疫科学研究院化妆品技术中心）

浅析化妆品功效评价的现状和发展

杨丽 贾雪婷 苏宁

2019 年 9 月 1 日，中国食品药品检定研究院就《化妆品功效宣称评价指导原则（征求意见稿）》向社会公开征求意见，意见反馈截止日期为 2020 年 9 月 17 日。该指导原则旨在指导化妆品行业科学、规范地开展功效宣称评价工作，推动行业健康发展。

事实上，在全球范围内，作为化妆品质量控制的重要环节，化妆品功效评价的重要性日益凸显，是各个国家和地区化妆品企业、研究机构、监管部门的关注热点。

一、欧美：功效评价技术较成熟

化妆品功效评价是综合物理学、化学、生物化学、生物物理学、皮肤科学、影像学等多门学科，采用科学的分析测试手段，结合人体美学及伦理学，应用生物统计学等方法，对化妆品功效进行评估的一门学科。

欧美等发达国家和地区化妆品行业起步较早，凭借皮肤科学研究、机械设备和技术优势，化妆品功效宣称监管始终走在世界前列。如今，其化妆品功效评价技术及设备已较为成熟。

在化妆品功效的无创性检测方法方面，欧美等发达国家和地区已发布多项指导方法和指南。例如，EEMCO（欧洲化妆品及其他商品有效性评估专家机构）针对皮肤生物物理学参数检测，发布了多项临床评价技术指南，包括皮肤颜色测试、光泽度测试、水分含量测试、皮肤屏障功能测试等，为评价产品宣称的美白、保湿、抗皱等功效提供支持。

此外，多个国家和地区还建立了防晒类化妆品功效评价标准方法，如JCIA（日本化妆品工业联合会）标准方法、FDA（美国食品药品管理局）标准方法等。

二、中国：方法标准限于保湿防晒

如今，我国化妆品功效评价技术研究日益深入，与国际先进技术水平的差距逐渐缩小。

目前，我国针对防晒、保湿类化妆品建立了一系列功效评价方法和标准。例如，2011 年，工业和信息化部发布了轻工行业标准《化妆品保湿功效评价指南》（QB/T 4256—2011），是现在化妆品保湿功效评价参考的基本标准。《化妆品安全技术规范》（2015 年版）收录了防晒类化妆品防晒指数（SPF 值）测定方法、长波紫外线防护指数（PFA 值）测定方法以及防水性能测定方法。2019 年，海关总署发布出入境检验检疫行业标准《防晒化妆品 UVA 光防护效果体外测定方法》（SN/T 5150—2019），该标准等同引用 ISO24443，于 2020年 5 月正式实施。该标准是我国对化妆品功效评价国际评价标准的重要转化和引用，其发布实施标志着我国防晒类化妆品功效评价体系在体外研究领域实现突破，将明显提高检测效率，为化妆品监管提供更有效的技术保障。

此外，牙膏参照有关普通化妆品的规定进行管理后，卫生行业标准《牙膏功效评价》（WS/T 326—2010）仍然适用。该标准规定了防龋、抑制牙菌斑和（或）减轻牙龈炎症、抗牙本质敏感等功效的评价方法。

在政府部门制定出台化妆品功效评价标准的同时，我国化妆品企业和相关团体组织也在积极建立功效评价标准和技术方法。浙江省保健品化妆品行业协会与珀莱雅化妆品股份有限公司联合制定了《化妆品美白祛斑功效测试方法》（T/ZHCA001—2018）、《化妆品控油功效测试方法》（T/ZHCA002—2018）、《化妆品影响经表皮水分流失测试方法》（T/ZHCA003—2018）、《化妆品影响皮肤表面酸碱度测试方法》（T/ZHCA004—2018）、《化妆品影响皮肤弹性测试方法》（T/ZHCA005—2019）、《化妆品抗皱功效测试方法》（T/ZHCA006—2019）等团体标准；上海日用化学品行业协会组织制定了《化妆品改善眼角纹功效临床评价方法》（T/SHRH018—2019）。此类团体标准虽为自愿采用，不具有强制性，但可起引领市场导向、加强行业自律作用。

虽然我国在化妆品功效评价方面建立了一些方法标准，但仅限于防晒、保湿类产品,且标准化程度有待提高,未来需要各方共同完善提升。

三、展望:功效评价要求提高

近年来,我国化妆品监管日趋严格,对化妆品功效评价提出了更高要求。

2021年1月1日起实施的《化妆品监督管理条例》(以下简称《条例》)调整了化妆品定义:以涂擦、喷洒或者其他类似方法,施用于皮肤、毛发、指甲、口唇等人体表面,以清洁、保护、美化、修饰为目的的日用化学工业产品。定义调整后,化妆品产品组成发生变化,化妆品品类显著增加,未来功效评价检测的目标物质范围将发生变化,对化妆品功效评价的要求也将越来越高。

同时,《条例》按照风险程度,将化妆品分为特殊化妆品和普通化妆品,并规定牙膏参照有关普通化妆品的规定进行管理,牙膏备案人按照国家标准、行业标准进行功效评价后,可以宣称牙膏具有防龋、抑牙菌斑、抗牙本质敏感、减轻牙龈问题等功效。

2020年7月,国家药品监督管理局就《化妆品分类规则和分类目录(征求意见稿)》公开征求意见。征求意见稿按功效宣称、作用部位、产品剂型、使用人群,同时考虑使用方法,对化妆品进行细化分类,包括清洁、卸妆、滋润、保湿、美容修饰等28类。《化妆品功效宣称评价指导原则(征求意见稿)》明确了相应功效的评价原则和标准检测方法。由此可见,我国化妆品监管将更加严格,监管重点更加聚焦。

在功效评价方面,我国化妆品企业与国际知名企业存在差距。在我国,化妆品功效评价对仪器设备依赖性较高,只有少数企业拥有满足需要的功效检测设备,多数企业必须依靠第三方检测机构开展功效评价;国外知名企业的功效性化妆品进入市场前,会在企业内部和第三方检测机构进行功效评价,并对比双方结果,保证功效评价结果可靠。

不过,随着大数据、计算机技术的发展,人工智能技术在化妆品功效评价领域的应用已成为我国具有的独特优势。目前,我国化妆品功效评价在设备自动化、便携式方面取得了飞跃性进步,功效评价结果的科学性、全面性、综合性明显提高,充分体现出我国化妆品行业的新生创造力。

　　未来，需要化妆品企业和相关从业人员借助技术创新优势，从仪器设备、检验技能、高水平检测人员培养等角度共同推进化妆品功效评价；建立完善化妆品功效评价体系，提升化妆品功效评价整体水平，推动功效性化妆品行业高质量发展。

（作者单位：中国检验检疫科学研究院化妆品技术中心）

浅谈《强制性国家标准管理办法》
对化妆品行业的影响

刘恕

2020年1月6日，国家市场监督管理总局发布《强制性国家标准管理办法》（以下简称《办法》），于6月1日起施行。《办法》明确了强制性国家标准的通用性原则，同时强调优先制定跨领域跨专业的产品、过程或者服务的标准；取消条文强制，实行技术要求全部强制，并对技术内容的科学性、合理性、适用性、规范性作出了明确要求，以确保技术内容的可验证、可操作；不再公示标准起草人和起草单位，公众可以通过相关平台查询，要求起草人员不得承担技术审查工作；此外，《办法》对过渡期的时间限定也做了明确要求。

通过《办法》不难看出，未来强制性标准更加关注服务、产业或产品的技术。《办法》对强制性标准的管理部门有了更为明确的要求，可防止多头管理、权责不清晰带来的实际操作问题。

一、现有标准急需更新

近年来，在我国经济快速发展的助力下，人们对美的要求越来越高，化妆品产业发展迅猛。但是，化妆品产业因其产品种类多、更新速度快、产品安全风险较低等原因，产业所涉及的国家强制性标准种类并不多。

现行化妆品国家标准共139项，其中强制性国家标准3项，推荐性国家标准136项。按标准类型来看，通用基础标准4项、产品标准24项（其中原料标准7项）、方法标准93项、卫生标准18项。

目前，我国化妆品国家标准按产品类别可以分为清洁类化妆品标准、护理类化妆品标准、美容修饰类化妆品标准、化妆品原料类标准、化妆品用具及包材标准以及其他标准。根据标准的类型可以分为通用基础标准、产品标准、方法标准、管理标准、卫生标准。其中，产品标准又可以分为化妆品产品标准、原料标准、化妆品杂品标准（化妆品用具、包装容器）。

化妆品强制性国家标准涉及化妆品卫生标准、化妆品安全性评价程序和方法、化妆品标签管理方面。在产品质量指标和卫生安全性指标方面，均存在强制性标准，但这些标准年代已久，与当前化妆品相关法规已不相适应。此外，被化妆品监管人员广泛引用参考的《消费品使用说明　化妆品通用标签》（GB5296.3—2008），随着化妆品产业的不断发展、化妆品相关法规的变迁，部分条款已经不再适用于当前的产业发展现状，亟待调整。近年来，化妆品方面的标准立项难度较高。

总之，现有化妆品领域强制性国家标准与产业发展存在一定程度的不匹配，迫切需要涉及产品质量安全等方面的强制性国家标准出台，以规范快速发展的化妆品产业，保障人民群众化妆品使用安全。

二、监管工作面临挑战

目前，在化妆品监管领域被广泛应用的国家标准是《消费品使用说明 化妆品通用标签》（GB5296.3—2008）。在该标准中，除第七章为推荐性条款外，其余均是强制性标准。《消费品使用说明 化妆品通用标签》（GB5296.3—2008）主要对化妆品标签的标识内容做了规定。根据该标准，化妆品标签中所含内容应包含产品名称、生产者、净含量、成分表、保质期、备案文号、警示语等。因此，消费者可以通过化妆品标签快速了解产品的基本信息，标签成为消费者直观认识所购买化妆品的重要途径。基于此，该强制性标准在化妆品监管中占据举足轻重的地位，成为审核产品标签的重要依据。

随着我国化妆品领域法规的制修订以及化妆品产业的快速发展，尤其是2018 年 11 月开始，进口非特殊用途化妆品由原来的许可审批改为在全国范围内备案后，《消费品使用说明　化妆品通用标签》（GB5296.3—2008）已无法满足产业发展现状。以标准中第六章对全成分标识的要求为例，与欧盟等国家和地区对化妆品全成分标识的要求相比，彩妆类产品存在国内、国际要求不一致的情形，导致在产品审查工作中，出现对产品实际配方真实性较难判定的情况。此外，我国对化妆品标签中保质期的规定是生产日期和保质期或生产批号和限期使用日期，这与目前国际上常用的开盖后保质期的标识方法不同。

诸如此类的问题在化妆品监管领域较为常见。因此，未来化妆品监管领域国家强制性标准的制定，应该从保护消费者的角度出发，出台更为科学、合理的标准。

三、满足产业创新发展需求

强制性国家标准一般涉及人身健康和生命财产安全、国家安全和生态环境安全，是支撑产业转型升级，协调市场建设与生态环境保护等方面的重要手段。建立科学、合理的国家强制性标准，对促进产业发展、保障人民身体健康等起着至关重要的作用。

在化妆品产业迅猛发展的今天，跨界合作、跨领域合作的化妆品产品越来越多。例如，饮品格瓦斯与护肤水品牌合作、大白兔奶糖与润唇膏合作推出化妆品。但是，针对这种跨界合作的化妆品产品标签的标识标准现在还未建立。从企业营销角度来看，此类产品借助"网红"推广、概念营销等方式，收获大量"粉丝"，使合作企业实现共赢；从化妆品监管角度来说，此类产品可能对消费者产生误导，消费者有时难以判断产品是否属于化妆品。

如何既确保消费者的化妆品使用安全，又满足产业创新发展的需求？《办法》无疑提供了强有力的制度保障。《办法》第四条明确，制定强制性国家标准应当坚持通用性原则，优先制定适用于跨领域跨专业的产品、过程或者服务的标准，并实行技术要求全部强制，这为未来制定相关国家标准扫清了制度障碍，为监管工作得到强有力的标准支撑夯实了基础。同时，《办法》第六条提出，制定强制性国家标准应当结合国情，采用国际标准，这有利于未来对进口非特殊用途化妆品的管理，避免国外、国内两套评价方法带来的监管难题。此外，《办法》的出台也有助于强制性标准和法规的协调一致，统一监管尺度，实现科学监管。

四、促进产业良性发展

随着经济社会的发展，原《化妆品卫生监督条例》已不能满足当前化妆品监管和产业发展需求。2020 年 6 月 29 日，国务院常务会议审议通过《化妆品监督管理条例》，未来对化妆品领域的监管将从重事前许可转变为重事中事后监管。

在新的《化妆品监督管理条例》颁布实施后，结合《办法》对强制性国家标准的管理，有利于化妆品行业从产品的安全性角度出发，建立健全产品原料、工艺、包材等方面的强制性国家标准，为化妆品生产企业提供原料选择依据。不同种类的产品生产工艺技术标准以及其他化妆品耗材的选择标准，将为化妆品生产企业开展涉及产品质量安全的技术开发及验证工作提供强有力的技术保障，从而确保化妆品产品生产全周期的安全可控。同时，进一步为化妆品生产企业生产出安全、合格的产品提供技术支撑，有助于化妆品企业更好落实主体责任，促进化妆品企业规范生产行为。

随着《办法》的出台，可以预测，未来化妆品行业将会在保障产品安全的技术方面加强标准规范研究。化妆品领域的强制性国家标准将更加适合化妆品产业实际，有利于促进化妆品行业自律，促进化妆品行业的良性发展。同时，涉及化妆品人身健康安全的管理要求将更加明确，在保证产品使用安全的前提下，给予化妆品企业和产品更多的发展和创新空间，助力化妆品研发和产品创新，为消费者提供更多选择，满足人们对安全高质量化妆品的需求。

（作者单位：上海市食品药品监督管理局认证审评中心）

建立标准体系，让塑料包装化妆品更安全

翁云宣　靳玉娟

化妆品包装是在生产、运输和销售过程中，为保护化妆品、方便贮运、促进销售而采用的容器及材料；化妆品初级包装是直接接触化妆品的容器及材料。

塑料是目前广泛使用的化妆品包装材料。化妆品与塑料长时间接触可能导致塑料内的单体、助剂、易挥发物、有害物质等迁移到化妆品中，对人体健康造成威胁；化妆品中的某些成分可能与塑料发生化学反应，导致塑料包装的性能变差，使化妆品的稳定性和品质下降。因此，使用塑料制品作为化妆品包装材料时需要注意其安全性。

一、塑料包装安全标准待明确

对于化妆品包装，我国相关法律法规和标准提出了一些要求。2021 年 1 月 1 日起实施的《化妆品监督管理条例》第三十条规定，化妆品原料、直接接触化妆品的包装材料应当符合强制性国家标准、技术规范；《化妆品安全技术规范》（2015 年版）要求，直接接触化妆品的包装材料应当安全，不得与化妆品发生化学反应以及迁移或释放对人体产生危害的有毒有害物质；《化妆品卫生标准》要求，化妆品包装材料应清洁和无毒；《化妆品产品包装外观要求》（QB/T 1685—2006）规定，化妆品包装材料应当安全，不得对人体造成伤害。

我国对化妆品安全性及检验检测标准都有明确规定，可以依照其对化妆品原料和终产品开展安全性检验检测。然而，对于化妆品包装材料和生产过程中的安全性问题，目前尚无及时有效的检验检测方法，只有当产品生产出来后才能够进行检验检测，无法实时反馈结果。

目前，我国对化妆品包装的检验检测主要针对外观和物理性能（如力学

性能、抗跌落能力、密封性、气体阻隔性等），缺少针对化学安全性的检验检测标准；我国现行相关标准、技术规范中没有针对化妆品包装材料安全性的统一评价指标或检验检测方法，导致化妆品企业大多不开展化妆品用塑料包装安全性检验检测，或者参照食品用塑料包装标准进行检验检测。

二、塑料包装安全标准缺失为全球共性问题

化妆品安全性是世界范围内广受关注的问题，不同国家和地区有不同法律法规以保障化妆品及其包装安全。

美国《联邦食品、药品和化妆品法案》规定，如果化妆品容器中含有部分或全部任何有毒或有害物质，且该有毒或有害物质可能对容器内的化妆品造成污染，则该化妆品为掺假化妆品；如果化妆品容器的制造、成型或填充方式有误导性，则该化妆品为假冒化妆品。同时，该法规要求，化妆品上市前，要充分证明成品和其中每种成分的安全性，如果未充分证实安全性，则需要标明产品的安全性尚未确定。美国化妆品成分审查小组会审查化妆品成分安全性，FDA 参照其结果对化妆品成分进行规定和限制。此外，在美国，具有美容作用的液体口腔卫生产品或个人护理产品必须使用防篡改包装。

《欧盟化妆品法规 1223/2009》规定，在正常或合理可预见的使用条件下，化妆品应当对人体健康安全，并公布了禁限用物质和允许使用的着色剂、防腐剂和防晒剂名单。该法规指出，如果化妆品中因为天然或合成原料杂质、制造过程、贮存以及包装迁移而产生了少量禁用物质，且这些物质在生产质量管理规范（GMP）技术条件下是不可避免的，则该化妆品在满足人体安全的前提下可以销售。此外，欧盟还要求化妆品在投入市场前完成安全评估报告。欧盟对化妆品安全性有较多考虑，但没有规定包装材料的测试方法和相关限值，对化妆品包装安全性评价没有明确标准。

国际标准化组织的《化妆品：包装和标签》（ISO 22715—2006）指出，化妆品包装在贮存、运输和处理过程中不能毁坏、变差以及对产品产生不利影响。《化妆品良好生产规范》（ISO 22716：2007）要求，包装材料应该进行评估检验，确保符合质量要求，并且针对包装材料采购、检验、贮存、发放和使用过程建立相应管理标准，保证可追溯，对贮存时间较长的材料还要进

行再次评估。

国际上对化妆品包装安全性有一定考量，但没有明确提出如何评价化妆品包装安全性。由此可见，化妆品包装安全性标准缺失是全球共性问题，需要各国共同努力解决。

三、期待各方参与建立塑料包装安全标准

目前，我国有较全面的食品接触塑料材料和药品接触塑料材料的安全性标准，且各有侧重。对于化妆品塑料包装标准而言，直接套用食品和药品包装材料标准并不合适，需要单独建立。

化妆品塑料包装安全性评价标准应以实用性为首要原则，评价指标和限度不仅要满足当前行业发展需求，还要具有超前意识，留出进步空间。具体来说，需要完善化妆品包装常用塑料种类及禁限用物质名单，加强原料管理；通过塑料材料稳定性和相容性测试，选择合适的塑料种类，在满足性能的前提下，尽可能减少塑料和助剂使用，从而降低安全风险。同时，通过建立强制性国家标准，形成统一、完整的化妆品塑料包装安全性评价标准；构建监管机制和评价体系，切实保障化妆品塑料包装安全性。此外，还应与时俱进，采用新方法、新技术，形成长效评价体系，相关检验检测标准应根据国家药品监管部门公告及相关研究成果进行动态调整。

希望在国家有关部门、化妆品生产者等各相关方的共同努力下，完善监管机制和规范标准，形成化妆品塑料包装安全性评价标准，加深全社会对化妆品塑料包装材料的安全风险认知，更好保障公众用妆安全。

（作者单位：北京工商大学化妆品监管科学研究院）

替代方法在我国化妆品安全评估中的现状分析

中国食品药品检定研究院化妆品检定所

化妆品安全性评价在保障化妆品质量和消费者使用安全方面具有重要的意义。1959 年，英国科学家首次提出了科学研究中动物福利与动物保护的 3R 原则（即减少、优化与替代）。近年来，非动物检测方法的需求越来越大，特别是在化妆品安全性评价方面。欧盟及其他一些国家在化妆品领域中施行动物实验禁令，使用非动物检测手段开展化妆品的安全风险评估已成为全世界的目标。

替代方法的研发首先需要考虑如何遵循 3R 原则，还要考虑准确性、敏感性、经济性等多种优势。随着科学技术的持续发展，越来越多的替代方法经过验证后被应用到化妆品局部毒性的预测中。目前，人们已将细胞及分子技术逐步引入到毒理学研究中；新的体外技术（如体外重建组织器官、计算毒理学及其他检验方法）的研发，使体外技术逐渐替代传统的动物实验。

我国也正努力推进化妆品安全评价中替代方法的研究、验证、技术转化及法规采纳工作。

一、引入化妆品安全评估概念

1989 年，《化妆品卫生监督条例》颁布，标志着化妆品的监督管理进入我国法律体系。2008 年，化妆品监管职能从原卫生部转移到原国家食品药品监督管理局；经过一系列机构改革和多项化妆品法规和标准的制修订，现在化妆品监管工作由国家药品监督管理局负责。

2010 年 8 月，国家药品监管部门发布《化妆品中可能存在的安全性风险物质风险评估指南》，将安全风险评估概念引入化妆品中可能存在的安全风险物质的管理之中，标志着安全风险评估成为我国化妆品监管的科学方法之一。

2013 年 12 月，国家药品监管部门发布"关于调整化妆品注册备案管理有关事宜的通告"，明确指出，国产非特殊用途化妆品风险评估结果能够充分确认产品安全性的，可免予产品的相关毒理学试验。这有效促进了既能确保化妆品安全又能减少毒理学检测的安全风险评估方法的使用。

2015 年 11 月，国家药品监管部门发布《化妆品安全风险评估指南（征求意见稿）》，对化妆品安全风险评估工作给予规范和指导。

2016 年 11 月，化妆品用化学原料体外 3T3 中性红摄取光毒性试验（3T3 NRU）方法被纳入《化妆品安全技术规范》（2015 年版），这一里程碑式的事件标志着动物替代方法正式进入我国的化妆品标准体系中。

二、替代方法研发中的挑战与问题

随着全球越来越多的体外检测方法得到官方机构的验证和认可，我国也逐步推进替代方法的研究和验证。在遵循 3R 原则的基础上，我国鼓励替代方法在化妆品安全评估中的研究和应用。但目前我国在替代方法的研发方面仍然面临很多挑战和问题。

经济合作与发展组织（OECD）化学品安全评估指南中的替代方法，是针对单一化学物质及具有明确组分浓度的混合物进行检测而设计的。据统计，我国《已使用化妆品原料名称目录》（2015 版）中的 8783 种原料中，有三分之一是组分和浓度不确定的动植物提取物。此类原料较复杂，而化妆品成品往往是几十种原料的复杂混合物，成品的物理形态、特性和颜色都可能影响替代方法的检测结果。

鉴于我国对化妆品成品的检验要求以及我国化妆品原料组分的独有特征，需要对替代方法进行进一步研发和改良，并进行验证，不可简单地翻译采用 OECD 化学品安全评估指南。

另外，某些替代方法所需的特殊细胞系、组织模型和仪器设备的进口也存在问题。例如，经 OECD 验证的重组人类皮肤、角膜模型目前仅可由海外供货商生产，长途运往我国后无法保持其生物活性；牛角膜渗透性通透性检测方法（BCOP）的检测仪器在我国仅有一家代理商供货，价格很高。此外，部分用于皮肤致敏性体外检测的细胞系还没有正式引入中国（有时因为中国不是 OECD 成员国，采购细胞系时遇到障碍），某些致敏性检测方法涉及专利，检测服务不对外开放。上述因素都减缓并影响了替代试验在我国的推广和认可。

三、积极推进替代方法应用

国家药监部门已经组织开展了多个验证项目，以验证眼刺激 / 腐蚀性、皮肤刺激 / 腐蚀性、皮肤致敏性、光毒性和遗传毒性的替代方法。3T3 NRU（中性红摄取）光毒性和 TER（大鼠经皮电阻）皮肤腐蚀性试验这两项检验均是针对化妆品原料检测，已被纳入《化妆品安全技术规范》（2015 年版）。

我国将继续深入研究适合我国化妆品特点和化妆品行业需求的相关替代方法。中国食品药品检定研究院（以下简称"中检院"）每年在其网站上向社会公开征集《化妆品安全技术规范》制修订的建议。

我国始终坚持遵循 3R 原则，积极推进替代方法在化妆品安全风险评估中的应用。来自注册检验机构、科研院所、第三方检验机构和行业的诸多相关方，均在实验室内积极建立替代检测方法。

化妆品安全性评价是建立在强有力的技术支持和先进的产业发展基础之上的。我国化妆品行业以中小企业为主，技术和经济能力相对薄弱。为帮助推广和应用关于替代方法和 3R 原则的知识，中检院自 2013 年起每年与美国体外科学研究院（IIVS）联合举办一期体外检验技术的操作培训。中检院也多次组织有关化妆品动物替代方法的国际研讨会。

尽管面临许多挑战，我国化妆品监管部门在改进和践行化妆品安全风险评估和应用替代方法方面仍然取得了长足的进步。目前，中检院已成立专门的化妆品替代工作组，研究及验证化妆品替代检验方法，力争从科学、法规认可和行业需求等多个角度促进和推动化妆品安全性评价工作。

儿童化妆品安全监管的现状与建议

陈淙　胡莉萍　赵聪

近年来，我国儿童化妆品市场规模增长迅速，且未来前景可观。据英敏特预计，2021年，我国0~3岁婴童护理用品市场规模将由2016年的70亿元增长至176亿元，年均复合增长率高达20%。加强儿童化妆品监管，对保障儿童用妆安全十分重要。

一、监管政策日渐完善

我国对儿童化妆品安全的监管有别于成人化妆品。国家药品监督管理部门于2012年发布《儿童化妆品申报与审评指南》，明确儿童化妆品指供年龄在12岁以下（含12岁）儿童使用的化妆品；儿童化妆品的申报资料应包括基于安全性考虑的配方设计原则（含配方整体分析报告）、原料的选择原则和要求、生产工艺及质量控制等。2016年起施行的《化妆品安全技术规范》（2015年版）明确了儿童化妆品的各类指标，包括微生物菌落总数指标的特别要求、部分原料3岁以下儿童禁限用等规定。

同时，我国努力与国际标准接轨，《化妆品安全技术规范》（2015年版）中对儿童化妆品的理化指标、限用物质、特殊人群使用要求等与国际要求一致。

其他国家和地区的化妆品法规中，对"儿童"大多没有明确的年龄界定。根据欧盟消费者安全科学委员会（SCCS）发布的第十版《化妆品成分和安全评价指南》，儿童是在成长中的人类，处于不同的生长阶段，不同生长阶段儿童的皮肤具有不同特性和敏感性。

大部分国家和地区采用化妆品安全评估的方式对各类化妆品进行安全性评价，评估方法也适用于儿童化妆品。一些国家和地区对儿童化妆品原料有一定的使用和标识要求，或规定在儿童化妆品标签中需要明确适用对象。例如，欧盟化妆品法规对部分化妆品组分是否适用于儿童化妆品、是否需要标注相关警示用语等作出了具体规定。2012 年，欧洲理事会发布了关于婴幼儿化妆品安全性准则的决议，建议各成员国采取相应措施，以降低化妆品及其成分对婴幼儿健康的风险。法国健康产品卫生安全局在 2010 年发布了《关于 3 岁以下儿童化妆品安全性评价应考虑的相关建议》，主要包括儿童皮肤特点、儿童化妆品及其原料安全性评价应考虑的建议等。德国化妆品、盥洗用品、香水和洗涤用品协会在 2004 年发布了《关于儿童化妆品安全信息的行业自律性文件》，旨在指导会员企业开展相关工作，以确保儿童化妆品安全性。美国食品药品管理局发布的《化妆品标签标识指南》要求在喷雾、泡沫型清洁沐浴类化妆品的标签中标注"远离儿童"，在儿童化妆品标签中标注"在成人监督下使用"等警示用语。日本行业组织发布的部分自律性文件中，对儿童化妆品的标签标识及微生物数量提出了具体要求。韩国政府对儿童化妆品微生物数量与儿童产品安全包装也提出了相关规定。

二、安全评估更加严格

儿童化妆品安全评估遵循成人化妆品安全评估原则和程序。鉴于儿童生理学特点，在安全评估中需同时注意以下几点。

（1）风险特征描述过程与成人化妆品一致，通过计算其安全边界值（MoS）进行评估。一般认为，原料 MoS ≥ 100 时，可以判定产品是安全的。对于某些特定化合物，新生儿、6 个月大的婴儿和成人之间的代谢可能存在差异，在安全评估时需要特殊考虑。

（2）儿童化妆品的日使用量与成人不同，在进行风险特征描述时，由于儿童的系统暴露量（每日单位体重暴露量）高于成人，相同原料在儿童化妆品中的实际安全使用浓度往往要低于在成人化妆品中的安全使用浓度。

（3）在对化妆品成品进行基于皮肤暴露的风险评估时，应考虑产品的使用条件。国际上公开的文献中没有关于儿童化妆品（包括新生儿和早期婴儿化妆品）统一的暴露数据，但荷兰国家公共卫生与环境研究所（RIVM）提供了一些相关信息。韩国、美国、德国、英国等都有相关儿童产品暴露量统计。

在开展儿童化妆品安全评估时，可结合产品实际使用方法进行评估，也可参照文献，使用最合适人群和产品暴露数据。

（4）与成人化妆品类似，儿童化妆品安全评估基于原料安全性，必要时可以通过人体试验进一步证明产品安全性。需要指出的是，如果有必要通过重复斑贴试验来确认原料无致敏性，斑贴试验应该在成人身上进行。因为儿童的免疫系统尚未发育成熟，在儿童或婴幼儿身上做重复性斑贴试验，既不科学也不符合伦理。

（5）婴儿的皮肤，尤其是皮肤褶皱处和臀部皮肤，pH值高于成人皮肤，且局部皮肤较容易失水，皮肤屏障较弱，因此抵御细菌和外部刺激的能力也较弱，容易出现皮炎和局部感染，恢复所需时间也比成人长。此外，在尿布区使用的化妆品，安全评估时除应考虑皮肤刺激或局部炎症外，还应考虑刺激和炎症造成的潜在化合物皮肤吸收率。需要提醒消费者的是，化妆品应在完整的皮肤表面使用，如果儿童皮肤受到损伤，应遵医嘱使用药品而不能擅自使用化妆品。

三、四个方面完善监管

尽管我国相关法规和技术标准不断完善，但儿童化妆品仍然存在安全隐患。目前，儿童化妆品主要安全风险是企业违法违规添加，或将成人化妆品宣称为儿童化妆品。解决这一问题需要加强上市后监管，提高违法违规成本。

儿童化妆品监管需要结合《化妆品监督管理条例》的实施进一步调整，政府、行业协会、企业也应积极完善提高儿童化妆品安全评估技术。此外，还应重点完善加强以下几方面。

1. 重新定义儿童化妆品的人群管理范围

根据目前对婴幼儿皮肤的科学研究、化妆品安全评估数据以及国际相关法规政策，有必要区分管理婴幼儿（0~3岁）化妆品和儿童（4~12岁）化妆品。婴幼儿的皮肤及其他器官处于发育早期，尤其娇嫩，因此对于婴幼儿化妆品需要更全面的安全管理。3岁以上儿童的皮肤屏障功能（包括角质层厚度、体温调节功能、皮肤表面pH值等）及肝脏代谢功能已趋于稳定并接近成人，可采取与成人化妆品相近的监管方式。

2. 建立基于我国消费者的婴幼儿化妆品皮肤暴露数据库

皮肤暴露数据在化妆品安全评估中具有重要的价值，建议建立基于我国婴幼儿人群化妆品使用特点的化妆品皮肤暴露数据库，以帮助行业更准确地评估化妆品成分在消费者日常使用场景中的安全风险。

3. 充分考虑多元化安全数据，认可其在化妆品安全评估中的证据权重

根据行业实践和国际公认的安全评估原则，化妆品安全评估应遵循证据权重原则，充分考虑所有相关科学数据，包括原料的理化特性、构效关系、化学组分、人体试验数据、哺乳动物体内试验和体外试验数据等，并根据其统计学意义、生物学意义和毒理学意义，作出客观科学的评价。同时，应进一步研究和采纳替代毒理学评价数据、人体临床试验安全评价数据、上市后医学安全评价数据及类似产品在国内外上市后安全评价信息，进一步评价产品安全性，加强儿童化妆品监管。

4. 完善儿童化妆品上市后风险交流制度

通过分析上市后不良反应监测情况和监督抽检结果，客观评价儿童化妆品安全风险和质量问题；将上市后不良反应数据与产品注册备案管理相结合，科学判定产品安全性。同时，加大婴幼儿化妆品安全科普宣传力度，倡导合理使用，提高消费者对儿童化妆品安全性的科学认知，引导消费者走出容易相信"纯天然""无添加"等宣称的消费误区。

（作者单位：强生（中国）有限公司）

欧盟与中国化妆品安全性评价体系比较

邢书霞

我国是全球第二大化妆品消费市场，化妆品逐渐成为人们日常生活的必需品，化妆品安全问题成为近年来社会关注的热点。安全性评价是保证化妆品使用安全的重要手段，经过近 30 年的发展，我国制修订并逐步完善化妆品安全评价标准体系，发展新方法和新技术，我国化妆品安全评价的检验设备、检验技术、人员素质等显著提高，在保障消费者化妆品使用安全方面发挥了重要作用。

欧盟化妆品行业发展于 20 世纪初，迄今已有百余年的历史，建立了较为科学的化妆品法规体系，为我国化妆品技术法规的制修订提供了良好借鉴。

一、欧盟：以替代试验和风险评估评价安全性

2013 年 7 月 11 日起实施的《欧盟化妆品法规 1223/2009》是欧盟各成员国须严格执行的化妆品法规性文件。该法规明确规定了政府部门主要对化妆品原料进行管理，对产品实施以企业自律为主的管理模式，企业是化妆品质量安全第一责任人，必须完成产品安全报告（CPSR）后，其产品方可上市。

现在，欧盟主要用动物替代试验和风险评估方法进行化妆品安全性评价。

随着科技的进步、动物福利和动物保护 3R 原则的提出，欧盟积极推动动物替代方法在化妆品安全性评价领域的研究与应用，并从法律法规角度颁布实施了强制性技术要求。自 2013 年 3 月 11 日起，欧盟全面禁止在动物上进行化妆品和原料的安全性测试，不允许成员国进口和销售违反上述禁令的化妆品，并将此规定列入世界贸易组织（WTO）双边协议。欧盟建立了替代试验方法验证中心，以开展替代试验方法的有效性评价工作。经过验证中心认可的试验方法，将纳入经济合作与发展组织（OECD）标准框架体系，在各成

员国被认可用于化妆品产品和原料的安全性评价。

化妆品安全风险评估是指利用现有科学资料对化妆品中危害人体健康的已知或潜在的不良影响进行科学评价，可有效反映化妆品的潜在风险，在一定程度上可以替代毒理学试验。

《欧盟化妆品法规 1223/2009》规定，化妆品生产企业在产品上市前需对化妆品中常用原料及产品进行评估并签发 CPSR。法规中还给出了 CPSR 模板，由 A、B 两部分组成。A 部分是化妆品安全信息部分，包括化妆品成分的定量和定性、化妆品的物理 / 化学特性和稳定性、微生物质量、杂质、痕量物质和包装材质信息、经常和合理可预见的使用、化妆品的暴露、物质的暴露、物质的毒理信息、不良反应和严重不良反应及化妆品上标注的信息；B 部分包括评估结论、标签上的警告以及使用说明、论证、评估人员的资质和对 B 部分的核准。

为方便化妆品生产企业开展产品安全性评估，欧盟委员会在 2013 年 11 月发布了《化妆品安全报告 CPSR 编写指南》，细化 CPSR 编写要求。欧盟主要负责《欧盟化妆品法规 1223/2009》中禁用、限用、着色剂、防腐剂和防晒剂清单中物质的风险评估，并为风险评估指南的制修订提供技术支持。2015 年 9 月，欧盟发布第九版《化妆品组分测试和安全评估指南》，明确欧盟化妆品产品和原料的风险评估程序。

二、中国：安全性评价是注册备案的重要部分

我国化妆品分为特殊化妆品和普通化妆品，特殊化妆品指用于染发、烫发、祛斑美白、防晒、防脱发及宣称新功效的化妆品。我国对特殊化妆品和风险程度较高的化妆品、新原料实行注册制度，对普通化妆品实行备案制。化妆品注册备案管理的基本原则是确保在正常、合理和可预见的使用条件下，化妆品不得对人体健康产生危害。因此，安全性评价是化妆品注册备案工作的重要部分。

为确保化妆品使用安全，原卫生部于 1987 年发布《化妆品安全性评价程序和方法》（GB7919—1987），用于我国生产和销售的化妆品原料及产品的安全性评价。随着化妆品安全评价范围的拓展以及安全性评价方法研究的发展，原卫生部参考《欧盟化妆品法规》，先后形成 1999 年版、2002 年版和 2007 年

版的《化妆品卫生规范》，服务当时的化妆品监管工作。在这几版《化妆品卫生规范》的修订过程中，《化妆品安全性评价程序和方法》被拆分为毒理学试验、人体安全性和功效性评价两部分，人体试验部分纳入人体安全性和功效性评价部分；对毒理学方法进行了逐步完善和修订，增加了体外哺乳动物细胞基因突变试验，以睾丸生殖细胞染色体畸变试验代替小鼠精子畸形试验。

2008 年起，国家药品监管部门承担化妆品法规的制修订工作。因化妆品新原料、新技术层出不穷，已有标准和规范不能完全满足行业发展和监管工作需要，国家药品监管部门组织制定了《化妆品安全技术规范》(2015 年版)。《化妆品安全技术规范》(2015 年版) 与《化妆品安全性评价程序和方法》和前几版《化妆品卫生规范》的体例格式基本一致，安全评价部分主要有以下变化：判定更严格；结合国际安全性评价的发展趋势，增加与风险评估有关的内容；评价指标更合理；表述更科学；人体安全性试验部分单独设章，包括人体皮肤斑贴试验和人体试用试验。

目前，我国化妆品安全评价标准体系中包括动物试验、体外遗传毒性试验和人体安全性试验，主要利用动物试验来预测产品使用后可能在人体引起的皮肤和眼刺激性、过敏反应和光毒性。但从科学角度来看，动物皮肤和角膜无论在生物学构造还是生理功能方面都与人的皮肤和角膜差异较大，以动物试验结果预测化妆品可能对人类产生的危害，其准确性尚待研究，并且存在试验成本高、周期较长的问题。

三、发展：推动替代试验和风险评估应用

为建立与国际接轨的化妆品安全性评价体系，我国积极推进替代试验方法和风险评估在我国化妆品安全评价体系中的应用，并通过法规调整引导行业提高安全评价水平。

我国开展了多个替代试验方法的验证与转化工作，并将验证转化后的方法逐步纳入《化妆品安全技术规范》。自 2016 年起，我国《化妆品安全技术规范》(2015 年版) 已先后纳入《化妆品用化学原料体外 3T3 中性红摄取光毒性试验》《化妆品用化学原料离体皮肤腐蚀性大鼠经皮电阻试验》《化妆品用化学原料体外兔角膜上皮细胞短时暴露试验》《皮肤变态反应：局部淋巴结试

验：DA》《皮肤变态反应：局部淋巴结试验：BrdU-ELISA》《化妆品用化学原料体外皮肤变态反应：直接多肽反应试验》6 项替代毒理学试验方法，还有多项相关课题正在立项研究过程中。

为加快推进建设我国化妆品动物试验替代方法验证研究机构，2018 年，中国食品药品检定研究院组建了化妆品替代方法研究与验证工作组，吸纳 14 家国内外化妆品检验机构、科研院所和行业代表作为成员单位，并邀请国内外替代领域的 10 位专家作为顾问，集合社会优势资源，通过顶层设计、统筹规划、分步实施，逐步推动化妆品替代毒理学方法研究与验证体系的建设。

在积极进行替代方法研究的同时，我国借鉴美国、欧盟等发达国家和地区的化妆品管理模式，启动系列化妆品风险评估工作，调整相关政策。2010 年 8 月，国家药品监管部门发布《化妆品中可能存在的安全性风险物质风险评估指南》，明确了化妆品中可能存在的安全性风险物质的风险评估程序及风险评估资料要求等；2013 年 12 月，国家药品监管部门发布《关于调整化妆品注册备案管理有关事宜的通告》，明确国产非特殊用途化妆品可采用风险评估的方式进行安全性评价，风险评估结果能够充分确认产品安全性的，可免予产品的毒理学试验。通过政策调整，积极引导企业通过安全风险评估确保产品质量安全，减少不必要的终产品毒理学试验。

此外，我国还收集和梳理上市化妆品已使用原料，编制了《已使用化妆品原料名称目录》，积累我国化妆品原料安全使用经验。为规范和指导开展化妆品风险评估工作，国家药品监管部门制定了《化妆品安全风险评估指南（征求意见稿）》，明确了化妆品风险评估的基本原则、要求、程序、毒理学、原料及产品安全性要求等，并提供了评价报告模板。

四、挑战：风险评估制度和技术待完善

尽管我国发布的化妆品安全评价系列标准规范在化妆品安全评价方面发挥了重要作用，但相比美国、欧盟等发达国家和地区的化妆品安全评价体系，我国的化妆品安全评价体系仍面临诸多挑战。

替代试验验证缺乏配套的程序性文件，利于替代试验有序发展的体系尚不健全。我国虽然开展了较多动物试验替代方法研究，但以国际上已认可的

方法为主，自主创新能力薄弱。国际上已认可的替代试验方法在我国存在成本较高、原材料不易获取、配套仪器未国产化等问题，推广实施有困难。

我国上市前注册备案工作中主要对化妆品产品进行安全评价，而替代试验方法主要适用于化学品或原料的评价，不适用于产品和具有我国特色的化妆品植物原料的安全评价。

我国化妆品安全风险评估工作起步较晚，能开展风险评估工作的机构和专业人员不能满足化妆品行业发展和监管工作的需要。

我国化妆品行业发展起步相对较晚，且大多为中小企业，行业整体技术能力和水平不足，限制了化妆品安全风险评估的全面推广。

在全面开展动物替代试验方法尚不成熟、风险评估制度尚未完善、评估相关数据库及科学资料不齐全的现状下，必要的动物试验在一定时间内仍然不可替代。与此同时，为解决技术贸易壁垒对我国化妆品行业的挑战，应加快动物替代试验方法研究技术储备，开展系统性研究验证，建立适应我国国情的化妆品安全评价体系，满足化妆品安全监管需要，为保障消费者化妆品质量安全、促进化妆品行业发展提供支持。

（作者单位：中国食品药品检定研究院）

行 业 篇

◎ 全球美妆产业技术创新趋势及启示

◎ 全球化妆品专利研究数据分析

◎ 从专利看中国化妆品行业发展

◎ 产业升级，本土品牌如何提升竞争力

◎ 我国化妆品行业发展的趋势和机遇

◎ ……

全球美妆产业技术创新趋势及启示

梅鹤祥

全球化妆品产业发展速度远高于 GDP 增长速度，是创新和发展的蓝海市场。随着科技的快速发展，化妆品产业的创新也与时俱进。智能护肤、仿生、微生态、精准护肤成为快速创新的新领域。与此同时，中国人均 GDP 超 1 万美元，化妆品消费市场进入快速升级的增长期，我国化妆品法规也在不断适应产业快速增长的趋势。但是，由于各种原因，中国化妆品企业的创新动力不足，积极性不充分。因此，虽然中国是全球第二大化妆品市场，电子商务领先于其他主要经济体，但化妆品产业创新明显不足，产品品质良莠不齐，导致消费者的信任度有待提高。如何解决创新的瓶颈，支持国内企业及美妆市场的创新和发展，及将来走向海外市场，成为亟需解决的问题。

一、全球化妆品市场概览

数据显示，2020 年第一季度中国化妆品零售额下滑超过 10%，但在新冠肺炎疫情得到有效控制后，全国化妆品零售额于 4 月恢复增长，同比增长 3.5%，约为 244 亿元。中国化妆品行业进入快速复苏阶段。

而全球管理咨询公司麦肯锡 2020 年 5 月公布的新冠肺炎疫情对全球美妆业影响的报告显示，全球化妆品销量在第二季度较 2019 年同期约减少了 50%，预计全年销售额将下降 20%~30%。

在新冠肺炎疫情考验下，中国化妆品市场抗风险能力超越国际平均水平，中国市场在消费生态构成上已经反超国外市场。由于中国的新冠肺炎疫情最先得到缓解，中国市场也成为品牌商期望拉动业绩的引擎。

此外，随着中国美妆护肤品进口消费趋势日益增长，中国作为人口大国，消费实力直线上升，使得中国市场在国际上的战略地位进一步凸显。

于是，受到新冠肺炎疫情重创的海外化妆品企业亟需拓展拥有庞大人口基数的中国市场。无数海外知名品牌更愿意投入中国市场，寻找新的发展机会。值得一提的是，这些海外化妆品品牌往往能够凭借优质的产品以及新锐品牌概念，快速获取消费者芳心。

二、化妆品行业的创新与未来趋势

（一）总览

欧洲化妆品行业在产品开发中处于领先地位，是一个科学驱动、高度创新的行业，其研发计划深入到与美丽和幸福相关的所有可以想象的领域，从调查消费者行为和美丽愿望，到进行皮肤、头发、牙齿和口腔的生物学研究，再到寻求创新技术和更好的可持续发展方法等。

总体而言，这有助于选择和开发对人类和环境安全的最佳原料和配方，并创建或重新开发符合消费者不断变化的预期的产品。欧洲化妆品行业在研发方面的投入相对较高，每年的研发总支出约为 23.5 亿欧元。

化妆品行业的创新不是短期可以实现的，可能需要 5 年以上的创新研究才能将一种新产品推向市场。创新也不是一成不变的：每年市场上四分之一的化妆品都是经过改进的或全新上市的产品。而专利技术是创新的重要指标：欧盟授予的专利中有很大一部分是针对化妆品行业产品的。

虽然化妆品行业的创新是长期坚持的过程，但革命性的突破相对较少。不过，回顾过去的数年，我们能感受到市场上发生的重大变革。比如，在 20 年前高倍数防晒产品的质地又稠又油腻，而如今高倍数防晒产品也能实现清爽舒适的肤感；又如，美容科学发现头皮屑（马拉色菌）的发生机制，在此基础上研发的去屑配方的洗发产品也因此获得大幅改进。

（二）科技扮演的角色

化妆品产业是一个由科学驱动的快速消费品行业。看似简单的改进有时可能代表着重大的科学突破。例如，去除染发剂中氨的气味经历了 20 年的科学研究，每一种新口红的开发都至少有 30 个独立的科学步骤。正是通过这些循序渐进的过程，科学家们开发出了含油量较低的口红，在保持其光泽的同时提供了持久的妆容效果。

欧洲化妆品和个人护理行业拥有约 28800 名科学家，他们来自不同学科，包括物理、微生物学、生物学、皮肤科、牙科、毒理学、流变学、分析化学和遗传学。欧洲至少有 77 个科学创新机构进行与化妆品有关的研究。

平均而言，大型化妆品公司拥有约 10000 种不同化妆品的产品组合，每年有 25%~30% 的产品重新配方。在这些重新配制的配方中，约有 10% 依赖于市场上或化妆品行业新加入的成分。大公司每年在他们的产品组合中引入大约 80 种新成分，而中小企业平均引入 22 种（他们的产品组合有 40~160 种产品）。

以下列出的只是 20 世纪以来化妆品行业技术进步带来的新产品的几个例子：

◎广谱、高性能和防水的防晒霜。

◎防水睫毛膏。

◎有助于防止蛀牙和牙菌斑的牙膏。

◎针对特定头发类型和颜色开发的护发产品。

◎降低过敏风险的染发剂。

◎除臭剂，通过让更少的细菌生长来减少难闻的气味。

◎在汗腺内工作的止汗剂，提供双重作用系统，帮助防止出汗的同时除臭。

◎去头皮屑性能不断提高的护发产品。

◎个人护理配方中旨在抑制微生物生长的成分。

但 21 世纪将代表着化妆品和个人护理行业科学创新的一个全新时代。一些科学家正在回归传统成分来创造新的配方，例如，三七根提取物据说在明朝就被用作草药，现在正在被开发为可帮助皮肤自然防御的化妆品新成分。

与此同时，科学家们正在使用分子水平的材料（纳米技术）来开发新一代产品，不仅用于防晒霜等化妆品，还用于医药、电子和电信产品。

以下是当下化妆品创新产品中一些值得注意的发展趋势：

◎防晒护理：防晒霜含有固定比例的 UVB 和 UVA 吸收剂；质地轻盈透明的产品，喷雾防晒霜防晒值最高可达 SPF50+++。

◎身体护理：作为活性成分输送体系的化妆品贴片；更多地采用有机和天然产品；汗液管理方面的科技进步。

◎修饰性化妆用品：天然矿物质化妆品，覆盖范围全面，但不透光；粉底液含有清洁皮肤的功效；适合个人特征的产品。

◎皮肤护理：干细胞研究有助于在分子水平上解决皮肤问题，重点是表皮 DNA 保护。

◎口腔护理：对菌斑作为三维生物膜的新理解正在推动新一代口腔卫生产品的开发，以对抗牙菌斑。

◎香水：分析方法的重大改进使人们能够更好地了解和使用天然成分。

◎头发护理：含有乳液的颗粒改善了活性成分的输送技术，并能够使用天然和有机物质作为成分；创新的抗衰老技术实现了头发角蛋白的修复，使重建老化的头发结构成为可能。

归根结底，消费者对新的、更好的、更安全的产品的渴望，充满活力和负责任的公司在创新和质量控制方面所做的努力，使我们需要不断创新，这也使得每一项新的创新能力变得更具挑战性。仅仅是让产品不致敏或香味更好闻的时代已经一去不复返了。

（三）驱动消费者需求的力量

虽然国际化妆品市场间的联系越来越紧密，但与之矛盾的是，这些市场也越来越本地化和个人化：消费者正在寻求个性化的产品和服务，而这些产品就是根据不同的个人因素量身定做的，具体包括年龄、性别、种族、宗教信仰、地理和气候、生活方式、健康状况等。这意味着化妆品行业必须保证在整个价值链上，负责任地使用资源进行开发和生产，从而使该领域内所有的创新都将达到一个全新的水平。

在这个瞬息万变的世界，我们要确保一个"面向未来"的环境，这将有利于一个蓬勃发展的行业，使我们能够继续满足消费者的期望。因此，该行业的政策和监管解决方案必须适应并能在不断变化的世界中蓬勃发展，即：

◎ 坚持科学的、基于风险的消费者安全监管。

◎ 确保建立有利的创新框架，将"创新原则"嵌入政策制定。

◎ 支持在全方位贸易环境中追求最适合商业模式的经济活动自由。

◎ 推动国际监管的互相认可，以最佳做法为基础，协调化妆品监管。

◎ 促进可持续消费和可持续商业做法。

三、化妆品领域的创新

（一）国际创新趋势

1. 关注银发族对抗衰老的需求

在对化妆品的多元化讨论中，年龄因素尤其缺乏；根据巴黎欧莱雅的研究，50 岁以上的女性中有 40% "感觉被忽视"。但这种情况或许将全面改变，各品牌现在直接与被忽视的 X 世代女性（1950 年代后期和 1960 年代之间出生的女性）对话。品牌进一步从 "抗衰老" 转向服务于特定问题的产品——通常是针对荷尔蒙（激素）驱动的变化（更年期女性是一个庞大的群体，但迄今得不到足够的重视）。同时，各品牌正在为 X 世代女性推出更多产品。

2. 从 "慢美" 到 "蓝美"

美容巨头们公开承诺，到 2025 年，将实现 100% 的环保包装（即可降解或可重复使用），而一些品牌成功地将产品制成固体形式，开创了零包装的目标。无水美容也成为焦点：2019 年欧莱雅实现了每个成品水消耗量减少 60%；联合利华则将消费者使用其产品的相关用水量减半；宝洁也将在美国推出一款名为 "无水" 的新款发用产品系列。

在可持续发展和环境伦理方面，消费者也将采取集体审慎的立场。因此，所谓的 "蓝色美女" 也将崛起。根据 Women's Wear Daily（WWD）杂志的说法，这个概念是指使用旨在保护海洋和水资源的产品。

3. 微生物护肤品成为新蓝海

2019 年，关键词 "微生物群"（人体内和身上的微生物）的搜索量同比增长了 110%，英敏特数据显示，正是这一点推动了英国面部护肤品市场发展。护肤专家保拉·贝贡（Paula Begoun）说："每个人的皮肤表面有一万亿个微生物，而我们这个星球上没有一个人有完全一样的微生物群。"因此，国际企业如强生等巨头都有专门的微生物群研究平台开展工作。伊丽莎白·雅顿（Elizabeth Arden）的皮肤科咨询医生丹迪·恩格尔曼（Dendy Engelman）博士证实，"微生物菌群将在 2020 年走在趋势前列"，以解决从衰老到粉刺等所有问题。

福瑞达是较早涉足微生态护肤品的国内化妆品企业。广义上的微生态包括透明质酸等益生素产品，福瑞达及在其基础上发展而来的华熙集团已经有20余年的发展历史，是全球在透明质酸制造方面的领军企业，该企业近年开始涉足微生态产业链，短短几年已取得令人瞩目的成绩。

4. 精准护肤

采用皮肤拭子来进行细菌测试和分析 DNA，因此获得个人的微生物群和基因信息，并定制个性化的产品，这仅仅是我们在这十年里采取更有针对性的两种美容方法。

家庭科技也可以帮助我们了解自己的美容需求。如 HiMirror 通过照片分析皮肤状况，存储数据以跟踪一段时间的进展，并揭示所用产品是否真的适合你，它可以评估你的皮肤是否有细纹和皱纹、黑眼圈、黑斑、瑕疵，以及粗糙度和毛孔大小。

在精准护肤方面，宝洁推出了 Opte Precision Wand，它可以识别皮肤瑕疵，并将化妆品准确地涂抹在这些区域，而不会将产品浪费在不需要覆盖的地方。

国内化妆品企业目前也关注到"精准护肤"这一趋势，著名皮肤学家刘玮教授和赖维教授从皮肤学与护肤品的关系方面提出了可行性的解决方案和建议。

5. 美容和心理健康的融合

微生物群是健康和美容界融合的一个例子，素食美容的繁荣和大麻二酚（CBD）护肤品市场比以往受到更多关注，这都表明美容作为一种整体的方式将成为常态。说到健康，谷歌上"自我护理"的搜索量在过去五年里增长了 100%，围绕"心理健康"的话题也是过去十年的热词。我们预测，今后心理健康将成为美容品牌更加关注的焦点，特别是针对千禧一代（在 2000年以后达到成年年龄的一代人）和 Z 世代（在 1990 年代中期至 2010 年前出生的人）。根据沃斯全球时尚网（WGSN）编制的 2019 年 Z 世代美容购物习惯报告，"Z 世代青睐于那些能提供感官体验的品牌及支持他们身体、心理和情感健康的产品"。

6. 防污染护肤品将像防晒一样成为日常护理产品

最新数据显示，世界上 91% 的人口生活在空气质量超过世界卫生组织指导标准限制的地方，每年有 420 万人因暴露在环境（室外）空气污染中而死亡。

Kluk 博士指出"这是先前估计的两倍,将空气污染列为世界上最大的单一环境健康风险"。这位皮肤科医生补充说:"我们的皮肤是自身身体与道路交通、发电、农业／垃圾焚烧和工业产生的污染物之间的主要接触面。""在污染严重的环境中,皮肤老化的特征(如皱纹和黑斑形成)会加速,患有皮肤病(如痤疮)的人数也会增加。"因此,如果说阳光暴晒是我们皮肤的头号敌人,那么污染就是第二大敌人。防污染护肤品不再被认为是营销,而是一种必需品。2019 年,Liberty London 公司的防污染产品的销售量增长了 57%,未来护肤品的新产品将集中在抗污染领域。

7. 用完全透明的方式定义"干净的美"——透明标签

2019 年,主打"干净美"的化妆品品牌逐渐成为一个大类,但实际上对它的定义很难达成一致。2020 年,随着品牌要求完全透明,也将是一场针对美容领域误导性信息的斗争,从而对什么是"清洁"会形成更清晰的定义。除了原料,公司在产品生产过程的所有阶段的道德标准都将受到仔细审查。注重"干净美"的品牌值得关注,如 Highr 推出了高影响力的口红,希望创造"美容领域最干净的供应链"。

8. 极简护肤

这是一种持续的美容趋势,旨在超越繁琐的 10 步护肤方式,鼓励采取更简约的方式,通常使用多用途产品。2018 年 8 月,英敏特数据显示,28%的英国女性减少了护肤品的数量,20~29 岁的千禧一代最有可能简化护肤品,54% 的人认同这种方式。伊丽莎白·雅顿的恩格尔曼博士预测,护肤品中的"细胞自噬"是一种新的趋势。她解释说:"自噬是体内每个细胞都会经历的过程,为了对抗自噬,可以通过某些食物(比如富含抗氧化剂的茶)和不同的饮食习惯来激活这一过程,比如间歇性禁食。"将会有新的成分加入美容产品中,这些成分将起到自噬激活剂的作用。

9. 彩妆与护肤的融合

2019 年彩妆的销量在下降,与 2018 年相比,31% 的彩妆用户购买的频率有所下降,虽然适度的消费可能会持续,但 2020 年似乎将是彩妆回归的一年。

2020 年 7 月,中国美容博览会(CBE)光化学光生物学论坛上发布的《光防护和防晒临床指南》第十四章中,作者 Zeo Diana Draelos 教授认为,由于彩妆产品本身含有高浓度的遮光性无机颜料氧化锌和二氧化钛,因此赋予这类产品一定的光防护能力，可以教育消费者认知彩妆的中特性，实现彩妆和护肤两者功能的结合。

（二）国内创新趋势

1. 科技观消费者崛起，美妆产业亟待应势进阶

2020 年 7 月 8 日，在中国美容博览会（CBE）和美妆供应链博览会（Supply World）主办的"2020 国际化妆品科技大会"上首发的《中国美伊科技白皮书》指出，中国消费者的科技观正在形成，他们更加关注产品本身，更加趋于理性。而这一趋势，便将科技创新提到一个高度，美妆产业亟待应势进阶。

而以自然堂、珀莱雅等为代表的国货品牌，都直接将"科技"作为展示的关键词：将科技融于品牌塑造之中，用科技力为品牌赋能。

2. 内容营销持续高热，或成行业新一波红利

内容营销是信息大爆炸时代下，品牌能够找到的最佳的与消费者沟通的营销方式。而无论是 KOL 种草、与知名 IP 联名，抑或是内容的策划及话题的造势，各大品牌都各显其能。

3. 抗衰和敏感肌修护成宠儿，功效护肤受追捧

抗衰老和敏感肌修复绝对是市场上持续升温的产品类别，如薇诺娜、百植萃等皮肤科医生参与研发和推荐的品牌 2020 年逆势增长；同类的国际品牌如适乐肤也在中国市场快速增长。

4. 新形势下消费需求改变，健康安全意愿成常态

2020 年因新冠肺炎疫情原因，健康安全意识被消费者上升到前所未有的高度，美妆类产品受这股风潮影响，天然、安全的成分逐渐成为首选。在原来化妆品的优势基础上，多家国际国内企业推出"口罩脸"修复类产品，增加"健康"的元素，向中国消费者传递着内外兼修的生活理念。

5. 线上销售增长迅速

2020 年的新冠肺炎疫情成为线上销售的加速器，根据国家统计局统计，2020 年 1—8 月，网上零售同比增长 28.2%，而同期零售额增长仅 3.2%。电子商务的快速增长也成为中国零售市场的一大优势，电子商务的创新模式也成为中国市场一枝独秀的重要推动因素。

四、国际创新模式

随着化妆品行业的发展和流量时代的到来，不少企业投入大量资金对品牌和产品进行推广营销，殊不知这是一种"舍本逐末"的行为：从目前情况看，我国化妆品企业研发投入不足，企业生产质量管理体系亟待提高；与国外相比，产品同质化问题较为普遍，科技含量不高，产品创新能力还跟不上市场变化。

要想打破僵局，提高核心竞争力，国内化妆品企业更需要从营销概念导向转向以科技研发为导向的专业化布局。

（一）技术转化

成功的案例是斯坦福大学（Stanford University）研究了十年后推出的ModiFace 皮肤人工智能，ModiFace 皮肤人工智能主要基于皮肤科医生的观察和特定输入。对于护肤品，这项人工智能技术可以通过移动 APP 或 Web-API 的形式提供，能够进行皮肤评估，并能够基于 APP 或基于 Web 的可视化显示使用产品后皮肤状况的变化。目前已被用于美容行业一些最大公司的 AR 应用程序，包括艾尔建（Allergan）、欧莱雅（L'ORÉAL）、联合利华（Unilever）、伊夫·罗彻（Yves Rocher）和丝芙兰（SEPHORA）。

宝洁公司也在中国与天津大学签订开放性协议，开展全球性的新材料筛选等合作项目。

（二）创新项目大赛筛选

欧莱雅、强生等国际公司除了资助创新外，为了加快创新的速度及保证项目的质量，定期组织全球范围的创新大赛，从中筛选优秀项目予以资金支持，比如欧莱雅的资助金额为 5 万 ~20 万美元不等。

（三）国际公司创新基金领头的风险投资模式

对于一些已经成型、潜力较大的项目，金融企业单独或联合美妆企业一起参与融资，帮助独角兽成长。

最近几年，投资者对化妆品行业的关注度越来越高。Interpid 投资银行执行董事兼美容和个人护理品行业业务主管史蒂夫·戴维斯表示，该银行 2020 年投放市场的美容和护肤交易数量达到"创纪录水平"。女性创始人基金（Women Founders Fund）和 AN8 等风险投资公司表示，他们同样看好化妆品市场。

（四）收购

传统化妆品企业的收购活动一直很活跃，如科蒂（Coty）投资 6 亿美元收购 Kylie 51% 的股份，资生堂收购 Buzzy 和 Drunken Elephant。过去几年的收购大多由美国或欧洲的大型集团主导，它们希望将创新型初创企业引入公司内部。

（五）对国内创新的启示

国内化妆品企业的创新近年来日趋活跃，各种形式都有成功的案例。国内有实力的企业以自主创新为主，同时与相关院校和科研机构合作。如伽蓝与中国航天研究院的基础研究合作，以及与上游国际供应商开展的新技术合作；云南白药携手日本 POLA 公司，共同研发药用植物的安全护肤成分等。总体来看，这些合作规模较小，主要是服务于商务宣传。

小规模企业由于基础相对薄弱，基本没有系统的基础研究工作，创新及与第三方的合作较少。同时，由于企业主管的专业背景参差不齐，因此对创新的理解和重视极为欠缺。

近年来，国内初创企业如雨后春笋般涌现，其创新比较活跃，以对外合作为主。由于受资金限制，初创企业创新的系统性和连续性往往不足。

鉴于此，如管理部门和相关协会能及时出台一些扶持政策，如成立创新基金或提供银行贷款政策，支持企业的创新发展，将有利于行业的创新和产业升级。

五、法规及国际准入条件的变化

（一）功效性化妆品

2020 年 6 月 29 日，《化妆品监督管理条例》正式发布，于 2021 年 1 月 1 日起施行。2020 年 9 月初，中国食品药品检定研究院就《化妆品功效宣称评价指导原则（征求意见稿）》向社会公开征求意见，这些措施预示中国的化妆品管理将进入一个前所未有的新阶段，其中有功效宣称的产品将加速美妆行业的创新和整体产业水平的升级。与此同时，我们也注意到，《化妆品监督管理条例》在实施过程中，会遇到一些具体管理措施与企业实际需求不完全匹配的情况，如对具有防腐、防晒、着色、染发、祛斑美白功能的化妆品新原料实行注册制，未充分考虑创新产品的知识产权保护，比如美白类原料，注册和推广周期均较长，通常完成注册后1~2年才能上市，产品上市后还需3~5年才能达到盈亏平衡，保护期如果仅三五年，意味着注册的新原料还没有达到盈亏平衡即可被仿制，企业的创新积极性会受到负面影响。如果有7年以上的过渡期，则有利于保护企业的创新积极性。

此外，原料生产企业通常愿意积极参与新原料的注册或备案，这有利于企业保持竞争力和推广新产品。如果能够梳理好相关制度，明确提交资料的要求，如产品商品化详细规格、安全性数据，将有利于此项工作的顺利实施，也能消除下游企业在提交产品资料过程中的障碍。

（二）含中药成分化妆品标准

虽然目前专注于开发含中药成分的化妆品如相宜本草、蔚蓝之美等的发展可圈可点，但含中药成分化妆品的发展还有非常大的提升空间，甚至可以走出国门。

目前，含中药成分化妆品发展受制约的因素可能有以下几方面。

（1）没有标准规范。原料质量良莠不齐，市场上的成品在品质和形象上不能获得消费者的信任。因此，制定含中药成分化妆品标准是非常迫切的需求。

（2）科学证据需要参照现代科学方法，使其易于操作，易于理解，易于重复。因此，含中药成分化妆品的实验验证方法、分析方法等有必要标准化。

（3）为将来的国际化提前准备。如果含中药成分化妆品能够在上述标准和规范方面达成共识，逐步实现标准化，建立公信力，自然会逐步获得国际市场的认可，为将来建立国际标准，推动含中药成分化妆品在国际市场获得认可创造条件。

（三）展望

从21世纪初至今，国际国内化妆品法规和市场准入标准变化较大。如欧盟对防腐剂的限制，对全球的影响非常大，促进了国际市场和国内市场的产业升级。美国管理机构出台的《防晒剂夏威夷法案》也具有全球性影响。同时，国内对动物试验的要求与国际市场的替代方案不完全一致，对全球的企业也具有普遍影响。

我国出台的《化妆品监督管理条例》对化妆品行业的影响具有里程碑意义。如果说1938年美国出台的《化妆品法案》规范了什么是化妆品，那么中国《化妆品监督管理条例》对"功效性化妆品"的具体要求则重新定位了化妆品的范围，对国内和国际化妆品行业的发展和创新具有划时代的推动作用。未来《化妆品监督管理条例》的实施，对推动国产化妆品原料创新、突破传统发展模式、走向国际市场、实现弯道超车将是难得的机遇。

但是，我们也注意到，对于国际上与化妆品相关的国际准入标准，国内企业和行业协会尚未参与。如有机产品、绿色可持续、透明标签（清洁美妆）、天然指数等，在国际市场非常活跃，但由于国内企业未参与或参与度低，国内大多数企业脱离国际前沿趋势，无缘参与国际市场的发展。

因此，如果能结合中国特色参与国际市场准入规则的制定，或者能够出台符合中国特色的准入标准，如含中药成分化妆品标准，既能推动中国企业进入国际市场，同时也为中国企业创新提供更好的条件。

（作者系原德之馨大中华区化妆品原料部总监，现为弗图医学创始人）

全球化妆品专利研究数据分析

郭婷

近期,《中国医药报》化妆品周刊联合科睿唯安公布全球化妆品专利的研究数据。数据显示,2015—2019年全球化妆品专利占近20年总数量的33.3%,中国专利家族数量达17930个。在这五年全球化妆品专利TOP30排行榜中,欧莱雅集团位居榜首,专利家族数量达1368个;有2家中国企业进入这五年全球化妆品专利TOP30排行榜,分别为广州赛莱拉干细胞科技股份有限公司和广州丹奇日用化工厂有限公司。

专利为属地主义,专利家族指一件专利在不同国家和地区申请的集合。在专利数据统计过程中,常以专利家族为单位,避免重复计算相同发明。

本次研究数据统计了2000—2019年全球化妆品专利家族数量(图1)。数据显示,2000—2008年,化妆品专利家族数量总体呈较缓慢的上升趋势,2009年出现短暂的负增长,2010年以后全球化妆品专利家族数量呈逐年上升趋势,2015年后增长趋势更为明显。

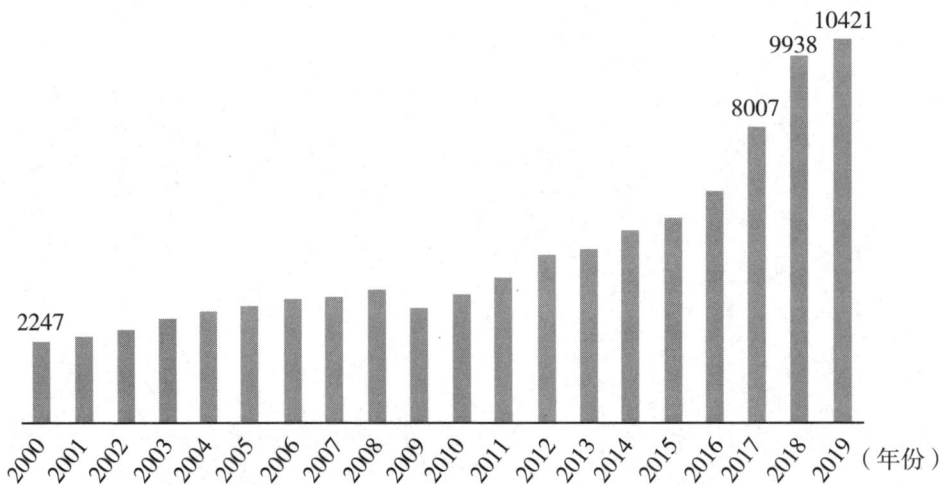

图1 近20余全球化妆品专利数量走势(单位:个)

一、中国 2015—2019 年专利家族数量 17930 个

2017 年全球化妆品专利家族数量首次突破 8000 个，同比增长 27.2%。2019 年，全球化妆品专利家族数量达 10421 个，同比增长 4.86%，创下近 20 年来的最好表现。据统计，2015—2019 年全球化妆品专利占近 20 年的总数量的 33.3%。

2015—2019 年全球化妆品 TOP10 专利布局市场包括中国、日本、韩国、美国等国家和地区。其中，中国专利家族数量达 17930 个；日本排名第二，专利家族数量为 6221 个；韩国则以 5248 个的数量排在第三位。中国、日本、韩国三个国家的专利家族数量在 TOP10 总量中占比超八成。

全球化妆品专利涉及多种技术。数据显示，2015—2019 年 TOP15 技术重点为皮肤护理（改善肤质）、美妆原料、抗衰老、液体护肤配方、植物提取物等（图 2）。其中，涉及皮肤处理的专利家族数量最多，为 4158 个，占 TOP15 技术重点专利家族总数量的 11.9%；涉及美妆原料的专利家族数量为 4130 个，排名第二；涉及抗衰老的专利家族数量为 3512 个，排名第三。

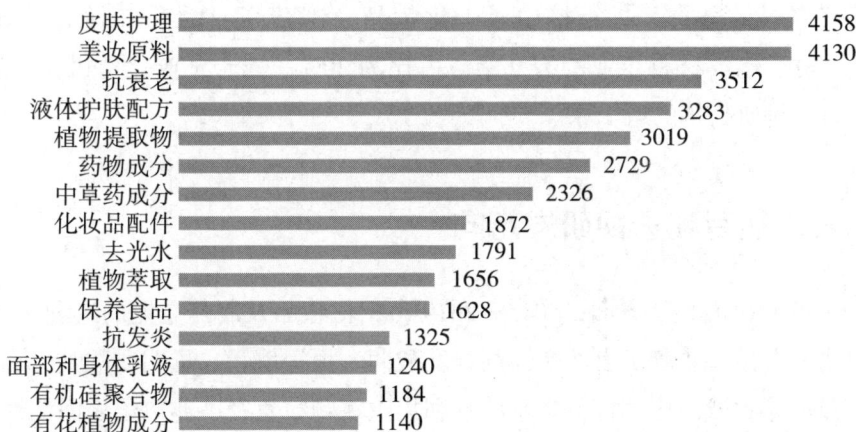

图 2　2015—2019 年全球化妆品专利技术方向 TOP15（单位：个）

二、欧莱雅集团 2015—2019 年专利数最多

对于化妆品企业，决定产品品牌和技术含量的往往是企业所拥有的专利和技术，专利技术和知识产权是衡量企业综合竞争力的重要标志。

数据显示，2015—2019 年全球化妆品专利 TOP30 排行榜的企业中包括欧莱雅集团、花王集团、爱茉莉太平洋集团、高丝株式会社、资生堂集团、宝洁公司等。其中，欧莱雅集团全球专利家族数量为 1368 个，位居榜首；花王集团全球专利家族数量为 841 个，排名第二；爱茉莉太平洋集团全球专利家族数量为 718 个，排名第三。

2015—2019 年全球化妆品专利 TOP30 排行榜中有 11 家日本企业，占整体比例的 36.7%；德国、美国和韩国分别有 4 家企业上榜；中国、法国和荷兰分别有 2 家企业上榜；瑞士有 1 家企业上榜。进入排行榜的中国机构是广州赛莱拉干细胞科技股份有限公司、广州丹奇日用化工厂有限公司。广州赛莱拉干细胞科技股份有限公司 2015—2019 年全球专利家族数量为 309 个，排第 8 位；广州丹奇日用化工厂有限公司 2015—2019 年全球专利家族数量为 98 个，排第 25 位。

按照行业分类，排行榜中属于化妆品及制药企业的有 18 家，占比为 60%；属于化学材料企业的有 9 家，占比为 30%；属于资产运营机构的有 2 家；属于科研机构的有 1 家。

三、从专利透视研发方向

在美妆和护肤品方面，2015—2019 年，化妆品及制药企业的专利集中在矿物油、水相、非离子表面活性剂、乳酸菌、根提取物、透明质酸钠、容器、颗粒直径等领域；化学材料企业的专利集中在颗粒直径、非离子表面活性剂、矿物油、乳酸菌、水相、基因序列、根提取物等领域；资产运营机构的专利零散分布在乳酸菌、透明质酸钠、颗粒直径、搅拌等领域；科研机构的专利主要分布在搅拌领域，零星分布在基因序列、非离子表面活性剂等领域。

2015—2019 年，欧莱雅集团的专利集中在水相、非离子表面活性剂、乳

酸菌、颗粒直径、矿物油、透明质酸钠等领域；花王集团的专利集中在非离子表面活性剂、矿物油、颗粒直径、水相、容器等领域；爱茉莉太平洋集团的专利集中在容器、乳酸菌、根提取物、非离子表面活性剂、水相等领域；广州赛莱拉干细胞科技股份有限公司的专利集中在根提取物、透明质酸钠、聚二甲基硅氧烷等区域。

（作者单位：中国医药报社）

从专利看中国化妆品行业发展

刘玉亮

　　随着中国经济水平的不断提升，中国消费者对化妆品产品的消费水平也随之增长。中国化妆品市场已成为全球第二大化妆品消费市场，继续保持着高速的增长趋势。

　　在持续增长的中国化妆品消费市场中，中国本土化妆品品牌在市场竞争中处于劣势地位，国际品牌深受中国消费者的喜爱，即使国际品牌的产品价格远远高于中国本土化妆品品牌的产品。中国消费者更偏好于出国购买化妆品，在受 2020 年疫情的影响下，化妆品的海淘市场以及三亚免税商品中化妆品的销售增长显著。

　　放眼国际化妆品消费市场，难觅中国本土化妆品品牌的身影，在中国市场中较为知名的本土化妆品品牌鲜有进入国际化妆品市场者。中国化妆品进出口的情况是，进口远远大于出口，化妆品进出口贸易一直是逆差。中国作为世界的制造大国，在外国市场中销售的各种商品中，MADE IN CHINA 无处不在。但是在外国的化妆品消费市场中，MADE IN CHINA 的产品毫无踪迹可寻，中国化妆品制造产业至今无法走出国门。

　　面对中国化妆品产业目前的窘境，人们不禁要问，我们的问题究竟出在什么地方？是我们对市场营销不够重视吗？但数据显示本土化妆品企业的市场营销费用远高于国际企业。本土化妆品企业在营销手段上也无所不用其极，对新零售、新媒体、自媒体更是热情高涨。我们常说科学技术是第一生产力，那么中国化妆品的科技水平到底如何呢？本文收集了全球化妆品公司申请及获得专利情况，以从专利的视角来考察国际化妆品公司和本土化妆品公司的科研技术水平，期望能寻找出推动国际化妆品企业成功发展的关键因素，给中国本土化妆品企业带来启发。

一、2001—2020 年全球化妆品专利现状（数据截至 2020 年 10 月 20 日）

2001—2020 年，全球专利申请量为 8700 万件，中国专利申请量为 3200 万件，约占全球专利量的 36.78%。事实上，在过去 20 年随着中国整体科研技术水平的提升，中国专利申请量占全球专利申请量的比重逐年上升，在 2001 年，中国的专利申请量只占全球专利申请量的 7.42%，到 2019 年，中国的专利申请量竟然占全球专利申请量的 72.93%。

2001—2020 年，全球化妆品相关专利为 849899 件，约占全球专利量的 0.98%。中国化妆品相关专利为 215800 件，约占全球化妆品相关专利量的 25.39%。中国化妆品专利申请量占全球化妆品专利申请量的比重也是呈逐年上升趋势，2001 年，中国的专利申请量只占全球专利申请量的 4.34%，到 2019 年，中国的专利申请量已经占全球专利申请量的 61.64%。

2001—2020 年，全球化妆品相关专利中发明专利为 629422 件，占比 74.06%；外观设计为 173870 件，占比 20.46%；实用新型为 46607 件，占比 5.48%。

1. 中国是化妆品发明及实用新型专利的第二大技术来源国

全球现有的 676029 件发明和实用新型专利中，技术主要来源于美国、中国、日本、法国和韩国五个国家，占比为 74.67%。其中美国 24.12%，中国 16.17%，日本 15.13%，法国 10.16%，韩国 9.09%。

在 2001—2020 的二十年间，中国的发明和实用新型专利申请呈现高速增长，并在 2017 年达到最高值，当年源自中国的专利数量达到 15166 件。同一时期中，美国持续下降，其他国家的趋势较为平缓。

2. 中国是化妆品发明及实用新型专利申请的第一大目标实施国

全球现有的发明和实用新型专利中，61.97% 的专利申请集中在中国、日本、美国、韩国和世界知识产权组织。其中中国 22.14%，日本 12.07%，美国 10.91%，韩国 8.43%，世界知识产权组织 8.42%。

专利的地域性保护属性使得专利数量可以反映市场的需求，在中国创新的专利技术以及期待应用于中国市场的专利数量的增长趋势与中国化妆品市场的飞速发展相匹配。

3. 针对中国市场研发并申请的专利数量位居全球第一，但是中国技术的输出能力很弱

化妆品专利的开发及应用本地化趋势明显，过去二十年本地化专利数量，中国、日本、韩国和美国分别排名第一位到第四位。其中，技术源自中国并实施于中国的有 93973 件专利，日本有 42428 件专利，韩国有 34665 件专利，美国有 32032 件专利。

中国技术的对外输出非常低。美国技术的输出能力最强，输出的重点地区是欧洲、日本和中国。日本技术的输出能力紧随其后，输出的重点地区是美国、中国和欧洲。尽管韩国和欧洲国家的专利技术输出不多，但是显著强于中国。

4. 全球发明和实用新型专利申请人以国际知名公司为主，中国本土化妆品企业与国际化妆品企业的差距很大

（1）从专利数量来看，排名世界前十五位的公司中，欧洲公司 5 家，日本公司 5 家，美国公司 3 家，韩国公司 2 家（图 1）。

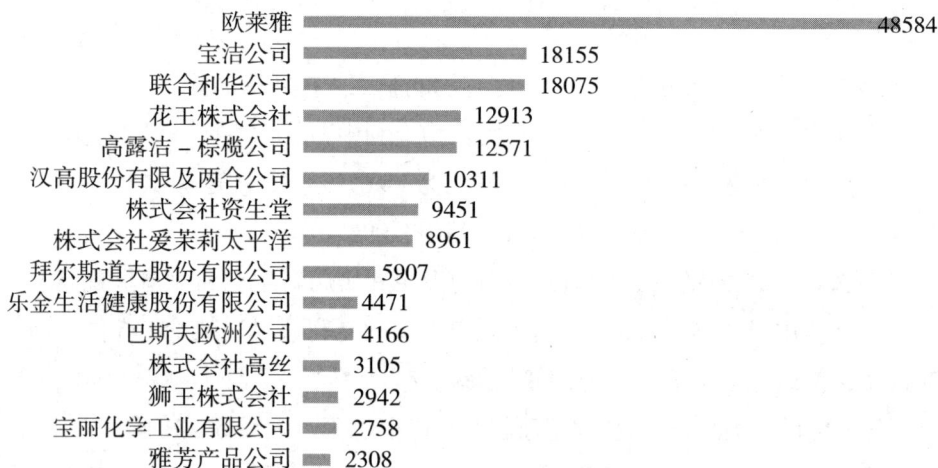

公司	专利数量
欧莱雅	48584
宝洁公司	18155
联合利华公司	18075
花王株式会社	12913
高露洁 - 棕榄公司	12571
汉高股份有限及两合公司	10311
株式会社资生堂	9451
株式会社爱茉莉太平洋	8961
拜尔斯道夫股份有限公司	5907
乐金生活健康股份有限公司	4471
巴斯夫欧洲公司	4166
株式会社高丝	3105
狮王株式会社	2942
宝丽化学工业有限公司	2758
雅芳产品公司	2308

图 1　化妆品专利数量世界排名前十五的公司

同一时期，全球专利数量排名前二十的中国化妆品企业（图 2），与国际化妆品企业的差异显著。欧莱雅公司申请的专利总数是专利数第一本土化妆品公司的 242 倍。

上海家化联合股份有限公司 201
拉芳家化股份有限公司 201
广州丹奇日用化工厂有限公司 184
广州环亚化妆品科技有限公司 181
澳宝化妆品（惠州）有限公司 174
广州市科能化妆品科研有限公司 167
天士力制药集团股份有限公司 166
伽蓝（集团）股份有限公司 165
花安堂生物科技集团有限公司 159
广东芭薇生物科技股份有限公司 156
广州市白云联佳精细化工厂 149
广东丹姿集团有限公司 147
珀莱雅化妆品股份有限公司 146
浙江辉肽生命健康科技有限公司 134
广东创美抗衰老研究院 127
浙江欧诗漫生物股份有限公司 121
诺斯贝尔化妆品股份有限公司 117
名臣健康用品股份有限公司 115
湖南御家化妆品制造有限公司 115
广东丸美生物技术股份有限公司 115

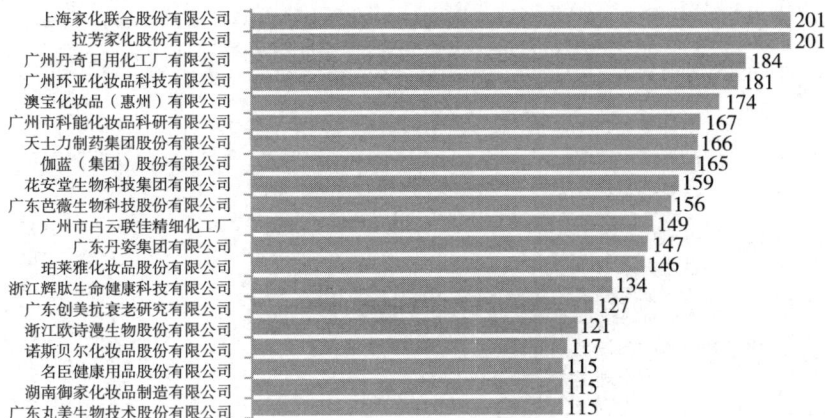

图 2　全球专利数量排名前二十位的中国化妆品企业

（2）从专利申请趋势来看，专利数量全球排名前十位的化妆品公司每年的专利总量都维持在一个较为稳定的水平上。法国欧莱雅公司的年均专利量为 2429 件（中位数 2526 件），美国宝洁公司的年均专利量为 907 件（中位数 960 件），荷兰联合利华公司的年均专利量为 903 件（中位数 941 件），日本花王公司的年均专利量为 645 件（中位数 718 件），日本资生堂公司的年均专利量为 472 件（中位数 457 件），韩国爱茉莉太平洋公司的年均专利量为 448 件（中位数 578 件）。

最近 5 年的年专利申请量欧莱雅公司是本土第一公司的 34 倍。说明本土化妆品公司和国际一流公司的距离在拉近。

（3）在中国申请的化妆品专利中，国际公司占据主导地位。2001—2020 年，中国化妆品企业申请的相关专利为 4593 件，其中有效专利 2636 件，占比 57.39%；审中专利 1419 件，占比 30.90%；失效专利 538 件，占比 11.71%。

2001—2020 年，中国化妆品企业申请的相关专利中发明专利为 3939 件，占比 85.76%；外观设计为 401 件，占比 8.73%；实用新型为 253 件，占比 5.51%。

在中国申请发明和实用新型专利的申请人中，排除失效专利，专利申请量排名前二十一位的公司（图 3）。其中有外国公司 13 家，中国公司及高校 7 家。

欧莱雅 1547
宝洁公司 924
荷兰联合利华有限公司 882
花王株式会社 757
株式会社爱茉莉太平洋 699
高露洁－棕榄公司 668
株式会社资生堂 664
SEB公司 250
乐金生活健康股份有限公司 226
戴森技术有限公司 203
狮王株式会社 194
巴斯夫欧洲公司 194
庄臣及庄臣视力保护公司 172
华南理工大学 166
蒂斯曼知识产权资产管理有限公司 163
广州环亚化妆品科技有限公司 162
拉芳家化股份有限公司 162
广州市科能化妆品科研有限公司 160
上海应用技术学院 152
江南大学 150
伽蓝（集团）股份有限公司 148

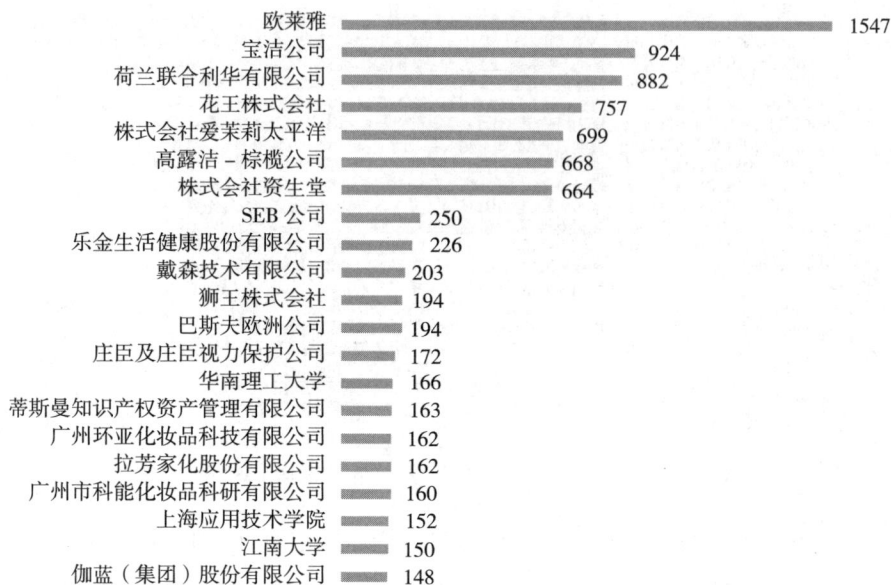

图3　在中国专利申请量排名前二十一的公司

二、全球化妆品企业 2015—2019 年的专利申请布局分析

1. 法国欧莱雅

2015—2019 年，欧莱雅公司共申请专利 8659 件，获得专利授权 3045 件。发明专利占比 98.61%，外观设计占比 1.20%，实用新型占比 0.18%。

欧莱雅公司专利的重要技术来源于法国 63.90%、美国 18.29% 和日本 7.39%。三个国家总占比为 89.58%。欧莱雅公司的专利保护范围是全球性的，他主要通过世界知识产权组织（WIPO）进行全球专利保护，欧莱雅公司 23.63% 的专利进行了全球保护，15.81% 的专利应用于美国，15.50% 的专利应用于法国，10.70% 的专利应用于欧洲各国，9.56% 的专利应用于日本，9.06% 的专利应用于中国。

欧莱雅公司的专利聚焦的重点领域有组合物（2670 件）、化妆品（1273 件）、化妆品组合物（1125 件）和角蛋白纤维（940 件）。

2. 美国宝洁

2015—2019 年，宝洁公司共申请专利 19517 件，获得专利授权 7062 件。发明专利占比 89.09%，外观设计占比 10.72%，实用新型占比 0.19%。

宝洁公司专利的重要技术来源于美国 71.36%。宝洁公司的专利保护范围是全球性的，他主要通过 WIPO 进行全球专利保护，宝洁公司 24.75% 的专利应用于美国，17.29% 的专利通过 WIPO 应用于全球，13.07% 的专利通过欧洲专利局应用于欧洲各国，10.18% 的专利应用于日本，9.82% 的专利应用于中国。

宝洁公司的专利聚焦的重点领域有组合物（1653 件）、表面活性剂（545 件）、吸收制品（519 件）、吸收性（479 件）和聚合物（301 件）。

3. 联合利华

2015—2019 年，联合利华公司共申请专利 9187 件，获得专利授权 2383 件。发明专利占比 78.80%，外观设计占比 20.92%，实用新型占比 0.28%。

联合利华公司专利的重要技术来源于欧洲 79.99%。联合利华公司的专利保护范围是全球性的，他主要通过 WIPO 进行全球专利保护，15.21% 的专利通过 WIPO 应用于全球，9.81% 的专利通过欧洲专利局应用于欧洲各国，7.82% 的专利应用于印度，9.94% 的专利应用于中国，7.05% 的专利应用于印度尼西亚。

联合利华公司的专利聚焦的重点领域有组合物（1622 件）、表面活性剂（477 件）、个人护理（218 件）和清洁组组合物（214 件）。

4. 日本花王

2015—2019 年，花王公司共申请专利 11414 件，获得专利授权 4693 件。发明专利占比 93.78%，外观设计占比 5.44%，实用新型占比 0.78%。

花王公司专利的重要技术来源于日本 93.38%。花王公司的专利保护范围是全球性的，他主要通过 WIPO 进行全球专利保护。46.45% 的专利应用于日本，13.22% 的专利通过 WIPO 进入全球各国，9.34% 的专利应用于中国，6.49% 的专利应用于中国台湾，5.77% 的专利应用于美国。

花王公司的专利聚焦的重点领域有组合物（930 件）、吸收性（513 件）、制造方法（381 件）、化合物（303 件）、吸收体（229 件）和化妆品（228 件）。

5. 日本资生堂

2015—2019 年，资生堂公司共申请专利 2722 件，获得专利授权 927 件。发明专利占比 80.35%，外观设计占比 19.43%，实用新型占比 0.22%。

资生堂公司专利的重要技术来源于日本 81.12%。资生堂公司的专利保护范围是全球性的，他主要通过 WIPO 进行全球专利保护，资生堂公司 16.48% 的专利进行了全球保护，21.57% 的专利应用于日本，16.77% 的专利应用于中国台湾，11.46% 的专利应用于中国，7.90% 的专利应用于美国，7.81% 的专利应用于韩国。

资生堂公司的专利聚焦的重点领域有化妆品（835 件）、组合物（331 件）、紫外线（167 件）和乳化化妆品（105 件）。

6. 韩国爱茉莉太平洋

2015—2019 年，欧莱雅公司共申请专利 5427 件，获得专利授权 1911 件。发明专利占比 77.02%，外观设计占比 21.58%，实用新型占比 1.04%。

爱茉莉太平洋公司专利的重要技术来源于韩国 94.02%。爱茉莉太平洋公司的专利保护范围是全球性的，他主要通过 WIPO 进行全球专利保护，43.38% 的专利应用于韩国，16.89% 的专利应用于中国，11.80% 的专利通过 WIPO 进入全球。

爱茉莉太平洋公司的专利聚焦的重点领域有组合物（1387 件）、化妆品（1022 件）、化妆品组合物（810 件）、活性成分（469 件）和提取物（349 件）。

三、中国化妆品企业 2015—2019 年的专利申请布局分析

1. 中国企业在专利数量上与国际企业差距大

2015—2019 年，中国化妆品公司 A（专利排名第一）共申请专利 1757 件，获得专利授权 494 件。发明专利占比 33.71%，外观设计占比 59.85%，实用新型占比 6.44%。

2015—2019 年，中国化妆品公司 B（专利排名第二）共申请专利 137 件，获得专利授权 108 件。发明专利占比 79.56%，外观设计占比 20.44%。

2. 中国化妆品企业只聚焦中国市场，技术输出与产品输出几乎没有

A 公司专利的技术来源 100% 源自中国，其 99.19% 的专利应用于中国，0.81% 的专利通过 WIPO 进入全球。B 公司专利的技术来源 100% 源自中国，其专利 100% 应用于中国。

3. 研发水平与国际化妆品公司的研发水平差距大

A 公司的专利技术焦点为：包装瓶（105 件）、化妆品（42 件）、护肤品（39件）、组合物（38 件）和包装盒（38 件）。B 公司的专利技术焦点为：化妆品（40件）、组合物（38 件）、质量比（30 件）、提取物（17 件）和质量百分比（17 件）是其专利聚焦的重点领域。

四、中国化妆品行业将会继续保持快速发展

1. 市场需求和科学进步推动着化妆品行业快速发展

中国是全球第二大化妆品消费国，但是中国的人均化妆品消费水平处于较低水平，与欧美日韩等国家相比，人均化妆品消费水平的差距很大。因此中国化妆品消费市场仍有较大的成长空间。

随着中国消费者生活水平的不断提高，消费者对于化妆品的消费需求也在快速增长。消费者对于皮肤健康护理意识的不断深化、生物材料的开发与持续进步、化妆品配方及生产工艺水平的进步都将促使化妆品成为更安全、对环境更友好的消费品，必将推动化妆品行业整体的蓬勃发展。

2. 宏观环境和产业政策支持化妆品优先发展

2020 年香山科学会议第一次召开了以皮肤健康化妆品科学为主题的会议，这说明化妆品产业的快速发展以及化妆品产业的抗周期增长的属性已经受到了重视，国家部门、高校、研究院都愿意为化妆品产业的发展投入人力、物力和财力，促使其更加健康、繁荣的发展。化妆品产业作为国家提倡的重点发展美丽健康产业中的一个部分，是满足人民对美好生活需求向往的重要抓手。

3. 本土化妆品企业加大科研投入将会提升企业竞争力

本土化妆品企业在过去的发展中，重点集中于营销的投入，这也是大部分企业初创期必须要度过的一个事情。随着本土化妆品企业规模的不断增大，

以及近几年资本市场对化妆品产业的青睐，本土化妆品企业必将加大对化妆品产业的核心竞争力的投入。企业研发水平是企业核心竞争力的重要组成部分，因此具备技术领先优势的创新型企业必会脱颖而出，成为化妆品行业的领先企业。

4. 人才培养的加速将助力中国化妆品品牌走向世界

自教育部设立化妆品学科以来，已有多所高校设立化妆品相关专业，培养本科、硕士人才。上海应用技术大学国际化妆品学院于 2019 年 9 月正式成立，是我国第一所专注于培养化妆品产业高端人才的学院，将源源不断地输送化妆品市场营销、艺术设计和产品研发的专业人才，为中国化妆品企业走向世界提供必要的人才保障。

（作者系上海应用技术大学国际化妆品学院院长）

产业升级，本土品牌如何提升竞争力

陈少军

改革开放以来，我国化妆品行业一直保持着每年两位数的复合增长率的速度发展，如今我国已成为全球第二大化妆品消费市场。这反映了我国人民消费能力的提高和化妆品消费需求的迅速增长，以及化妆品行业与时俱进的发展态势。

此次新冠肺炎疫情虽然给我国经济社会发展造成了较大冲击和影响，但我国经济稳中向好、长期向好的基本面没有改变。在此背景下，化妆品行业将持续展示朝阳行业的魅力，本土品牌需抓住机遇，加速发展。

一、本土企业的五个发展瓶颈

2019 年起，我国化妆品行业整体增幅放缓。这是产业升级带来的阵痛。值得注意的是，虽然本土企业普遍感到压力增大、瓶颈屡现，但外资龙头企业业绩突飞猛进、屡创新高。出现这一现象，不能简单归于关税降低、海淘盛行等外部因素，而应在内部找原因，毕竟外因通过内因起作用。

那么，内因是什么？或者说，本土化妆品企业的短板是什么？笔者认为短板主要体现在以下五个方面。

（1）研发投入不足。化妆品具有特殊性，扩大市场规模离不开宣传，但如果把以销售为目的的宣传放在首位，甚至不惜制造概念、夸大宣传，而忽视了研发，就主次颠倒了。所谓"品牌"，有"品"才有"牌"，品质要靠连续不断的研发来支撑。化妆品是不断变化的时尚产品，如果只花重金宣传而忽视研发投入，即使得到消费者关注，也只能是昙花一现。企业做坚定的"技术派"，品牌才能有长久的生命力。

（2）缺少与时俱进的精神，轻视前沿技术对行业发展的可能影响。以互联网对化妆品销售模式的影响为例，就笔者接触的外资企业而言，其初期对线上销售模式的接受程度低于本土企业；同一时期，不少本土企业凭借决策快、试错成本低等优势，迅速介入线上销售模式（当然，也有部分本土企业受各种因素影响，对线上销售模式视而不见，或浅尝辄止）。然而，外资企业发力互联网后，迅速凭借其资金雄厚、系统完备、品牌突出等优势，不但巩固了在一二线城市的优势，还快速覆盖三四线城市，弥补了以前在下沉市场上的短板，很快得到市场回馈。

（3）对行业法规动态不够重视，自觉学法、守法意识不强。《化妆品监督管理条例》出台，未来化妆品监管将更加严格，市场将更加规范，化妆品行业野蛮生长时代必将结束。然而，笔者发现，现在一些企业相关人员法治意识薄弱，企业内控不佳。如果不尽快改变这一状况，今后恐怕将举步维艰。

（4）企业软实力不足。本土化妆品企业尤其是大型企业，资金相对雄厚，设备等硬件条件不逊于甚至超过外资化妆品企业。整体来看，本土化妆品企业与外资企业的差距在于缺少严格的内控体系、明确清晰的工作流程、现代化的企业管理制度、广阔长远的发展视野。如果不及时弥补这些短板，增强企业软实力，未来发展就会受限。

（5）品牌建设不持久。品牌是企业软实力的组成部分，本土化妆品企业虽然重视品牌建设，但缺少持之以恒的韧性和做法，很多企业受利润等因素影响，品牌建设半途而废。

以上五点是本土化妆品企业当前存在的主要不足。化妆品企业只有努力突破瓶颈、补齐短板，才能拥有更强的竞争力和更广阔的市场。

二、双管齐下提升综合实力

当前是我国化妆品产业转型发展的关键时期，化妆品企业应该抓住发展机遇，推动我国化妆品产业迈上新台阶。

（1）本土化妆品企业应该认真梳理内部管理和商业模式。企业管理人员应该静下心来，审视、总结相关方面的不足，在软实力上下功夫，努力实现厚积薄发。

（2）要做好技术储备。化妆品行业处在多学科融合领域，企业应开阔视野，密切关注相关领域最新科研动态。同时，必须持续强化研发投入，进行相应技术储备，提升产品竞争力。

（3）要关注互联网、5G、AI技术的发展和应用。近年来，线上销售、云端会议、网上展销、无人工厂等逐渐兴起，且未来还有很大发展空间。2019年第二届中国国际进口博览会上，现代技术在化妆品行业中的应用已见端倪，本土企业应该密切关注，把握机会，打造自身优势。

（4）企业人员要提升审美能力。化妆品行业是美丽产业，成功企业往往对企业文化、店内装潢、产品包装、工装风格，甚至不同产品发布会引导员的服饰等细节都非常注意，各方面都与产品定位、风格相呼应，给人以美的享受。其实，这是企业软实力的一部分，是品牌内涵的体现，也是本土企业需要修炼提升之处。

由消费升级引发的产业升级是客观经济规律，相信在全行业的共同努力下，本土化妆品企业必将迎来更美好的明天，我国化妆品产业将继续蓬勃发展。

（作者单位：中国香料香精化妆品工业协会）

我国化妆品行业发展的趋势和机遇

吴劲草　　姬雨楠

2020 年，我国化妆品行业将呈现新趋势：在产品端，高功能护肤和彩妆整体品类的渗透率仍处于中早期，消费者不再迷信国际大牌光环，本土品牌有望通过新兴的、渗透率尚不高的品类获得增长；在渠道端，随着电商的进一步扩张，消费者（CS）渠道（化妆品店、日化店、精品店系统所构成的销售终端）将继续分化，百货品牌建设功能加强、商超持续萎缩，本土化妆品品牌在电商渠道和下沉市场 CS 渠道，相较国际品牌优势明显；在竞争端，大众市场仍是我国最大的化妆品消费市场，由于国际化妆品企业大多聚焦高端市场，本土企业将不断赢得大众市场份额。

一、机会品类决定品牌增长

目前，护肤类产品占据着我国化妆品市场约一半的份额，彩妆是未来高速增长的品类。Euromonitor 数据显示，2018 年我国美妆个护市场中，护肤品类市场规模为 2122 亿元，占 52% 的市场份额，是规模最大的品类；护发、彩妆市场规模分别为 534 亿元和 428 亿元，占 13% 和 10% 的市场份额，位列第二和第三。2023 年，预计我国护肤品类市场规模为 3165 亿元，未来 5 年复合增速为 8.3%，仍为第一大品类；预计彩妆类市场规模将达到 800 亿元，未来 5 年复合增速为 13.3%，2023 年彩妆类将超越护发类成为第二大品类。

化妆品品牌若能把握机会品类的增长，品牌规模有望再上一个台阶。天猫披露的小镇青年全渠道护肤和彩妆的细分品类发展数据显示，小镇青年美妆消费中，护肤品类中水、乳、霜、面膜的渗透率较高，精华、眼霜、防晒等高功能护肤品渗透率较低，但增长率较高；彩妆品类整体渗透率较低，只有口红的渗透率相对较高，其他如眼影、遮瑕、腮红等品类的渗透率都较低，是机会品类。

同时，新一代消费者越来越清楚自己所需的产品，不再迷信国际品牌，品牌如能提供满足其核心诉求的产品，将获得增长机会和消费者忠诚度，而高效、有趣、高"颜值"的产品正在得到越来越多新一代消费者的青睐。具体来说，新一代消费者关于护肤品成分效用的知识日益丰富，偏爱科技含量高、效能好的产品；有趣、有个性的创新产品更加迎合"90后""95后"消费者的喜好，蕴藏商机；此外，好看的包装、有记忆点的设计对于彩妆产品营销至关重要。

二、电商和下沉市场 CS 渠道强势

当前，电商和日化专营店是引领化妆品行业增长的主要渠道，连续 5 年分别保持 20% 以上和 7% 以上的增速。2014 年至 2018 年，超市及大型卖场市场占比由 30.6% 下滑至 22.8%，百货渠道市场占比由 19.6% 下滑至 18.1%；日化专营店市场占比由 17.2% 上升至 18.2%，电商渠道市场占比由 16.1% 上升至 27.4%。渠道变化对化妆品企业把握新兴渠道布局能力和"品牌 + 渠道"配合能力提出更高要求。

电商和 CS 渠道是我国商业的核心差异变量，是与海外化妆品销售的重要差异点，也是我国本土化妆品品牌在国内市场"逆袭"的重要渠道。

化妆品非常适合在电商渠道销售。化妆品单品具有标准化程度高、使用周期短、体积小、价格适中、复购率高等特点，属于重复式消费。同时，化妆品的消费群体广，哪些产品好用、应如何使用等话题总能引发持续讨论，相关产品在讨论中获得更多关注，相比其他品类产品更容易产生流量。

未来，新兴社交电商渠道将为电商贡献新的增量。新一代消费者购买前往往会打开社交媒体搜索产品测评，且长期关注美妆达人的视频或图文资讯，并与朋友分享和推荐好用的产品等，在这样的消费趋势和习惯带动下，新兴社交电商渠道迎来成长机遇。

CS 渠道是在我国复杂的城市层级中下沉能力最强的渠道。随着城镇化率的提高，三四线城市及农村化妆品消费需求不断增长，商超和百货渠道下沉能力有限，CS 渠道能够填补这一空白。商超和百货渠道的门槛较高，主要引

进国际一线品牌，对本土品牌往往收取更高的折扣点，而 CS 渠道以低门槛、复制速度快、下沉能力强等优势，为本土品牌提供了发展土壤。在一二线城市，化妆品专营店为无法进入商超和百货渠道的品牌提供了销售场景；在三四线城市及农村，CS 渠道是消费者线下体验和购买化妆品的重要选择。

在 CS 渠道中，国际连锁企业集中在一二线城市，如屈臣氏和丝芙兰（SEPHORA），其主要目标为中高端市场，采用标准化运营模式，知名度高；国内连锁企业多在二三四线城镇，如娇兰佳人、唐三彩、康缇，其主要目标为大众市场，每个化妆品专营店都有其具有竞争优势的区域市场。

未来化妆品行业的渠道发展将呈现分化态势，在电商渠道具有运营优势的品牌有望得到更大发展。电商渠道将进一步扩张，成为品牌流量窗口和展示平台，将充分发挥拉新引流、创新营销、数据指导供应链生产等作用；单品牌体验店在扩张中面临一定压力，承担线下消费者品牌体验功能；CS 渠道面临分化，一二线城市下降、三四线城市扩张，是品牌渠道下沉的重要途径；日化专营店将日渐成为高端品牌形象建设的重要渠道；商超卖场则可能进一步萎缩。

三、国产品牌蓄势待发

亚太地区是拉动国际化妆品品牌集团增长的重要引擎，"高端优先"是其在中国的核心策略。2019 财年，国际各大化妆品品牌的整体营收增速为 2%~15%。然而，"高端优先"策略并非高枕无忧，2019 年"双十一"，国际化妆品品牌也放下身段，采用较为激进的促销手段，但线上降价后，国际品牌面临线下渠道下滑严重、价格混乱的冲击，"买一送一"的暴力营销不可持续。

近年来，传统国货品牌开始转型升级，积极把握产品、渠道和营销机遇。经历 30 余年的发展，本土品牌中的佼佼者完成原始资本积累，除线下渠道铺设和传统广告营销能力外，产品端、线上渠道端、新兴营销端和品牌端的综合能力也在提升。在产品端，百雀羚"肌初赋活"系列、珀莱雅"水漾芯肌"系列、佰草集"太极"系列等都表现出对产品的重视和精益求精，产品力的提升有望使传统国货的品牌建设迈上新台阶。

在渠道端，线下起家的传统国货积极布局电商渠道，且取得了不错的增长。以上市公司珀莱雅和丸美为例，2014 年至 2018 年，珀莱雅的电商渠道销售占比从 15.7% 上升至 43.6%，直营电商占比高，2018 年电商增速达 60%；丸美的电商渠道销售占比从 17.4% 上升至 41.8%，以经销为主，近 4 年均保持 30% 以上的增速。

在传统国货转型升级的同时，新锐国货初露锋芒，用成分和 Chinese Beauty Icon（中国美丽偶像）打动 Z 世代消费群体。成立于 2016 年的完美日记，研发适合新一代中国年轻女性的时尚彩妆产品，立志打造有国际影响力的 Chinese Beauty Icon，在 2018 年和 2019 年"双十一"国产彩妆排行榜中均名列前茅，计划未来三年以每年 200 家的速度开设超过 600 家线下旗舰店。

目前，大众市场是我国美妆个护领域占比最大的市场。根据 Euromonitor 数据，2018 年我国美妆个护市场中大众市场占比 70.1%；细分来看，护肤类大众市场占比 68%，彩妆类大众市场占比 65.2%。

本土化妆品企业在国内美妆个护大众市场更具有竞争力。2014 年至 2018 年，我国本土化妆品企业不断挤压国际品牌在 CR10 中的份额，本土企业份额从 2014 年的 7.4% 增长到 2018 年的 14.5%，国际品牌的份额从 41.3% 下降到 31.3%。2018 年，化妆品大众市场中份额排名前五的品牌依次为宝洁（美国）、欧莱雅（法国）、上海上美（中国）、百雀羚（中国）、联合利华（英国）。

2018 年，我国护肤品市场排名前十的本土品牌中，百雀羚以 4.5% 的市场占有率位居第一，排名在后的企业，以珀莱雅、丸美为例，市场占有率分别为 1.9% 和 1.1%，较第一名仍有很大的增长空间。在强劲的消费需求驱动下，化妆品行业处于新品类不断涌现、新渠道红利尚存、新营销层出不穷的状态，化妆品品牌应格外关注品牌黏性和复购等消费者忠诚度指标。

目前，以珀莱雅、丸美为代表的上市品牌和诸多拟上市品牌正通过自主培育和外延整合方式，努力获取更大的市场份额和国内消费者的认可。

（作者单位：国金证券研究所）

推动我国植物化妆品特色产业做大做强

唐霖 袁欢 林庆斌

以植物为原料的化妆品在我国有上千年的使用历史,《神农本草经》《肘后备急方》《千金翼方》《本草纲目》等典籍中均有记载。

近年来,随着科技的进步和经济水平的提高,人们对自身形象越来越关注,蕴含天然植物类成分的化妆品在中高端市场中越来越受欢迎,对推动化妆品产业升级、增强产品国际竞争力起到了不可忽视的作用。加强对化妆品中已使用植物类原料的管理、细化新原料申报制度,成为确保化妆品质量、促进行业健康稳定发展、满足消费者用妆需求的重要工作。

一、规范植物类新原料管理

针对化妆品原料管理,我国制定发布了一系列规范性文件,《已使用化妆品原料名称目录》(2015 年版)是其中重要的一份,共收载了 8783 种原料,其中,植物类原料有 2000 多种。然而,相对于我国历史记载的已使用植物资源,《已使用化妆品原料名称目录》(2015 年版)中收录的仍相对偏少,植物类原料有待进一步挖掘。

目前,我国对植物类化妆品新原料的普遍共识是在我国境内首次使用于化妆品生产的植物(包括藻类)来源的天然原料,并且应当为单一的植物来源,不包括从植物中提取的单一成分或高纯度成分。根据以上共识,化妆品行业各相关方需共同合作,合理、合规推进《已使用化妆品原料名称目录》(2015 年版)中植物类原料品种的增加,力争使蕴含天然植物类成分的化妆品成为我国化妆品产业特色。

二、设置禁用植（动）物组分

化妆品原料的质量和安全控制是化妆品生产的重要环节，我国对化妆品配方使用的原料实行目录管理。为进一步加强化妆品原料管理，《化妆品安全技术规范》（2015 年版）收录了禁用的植（动）物提取物及其制品，具有较强的中国特色。

2017 年 12 月 8 日，中国台湾地区卫生福利相关机构发布有关法规修订案，禁止进口、制造、销售、供应含有黄樟素等 15 种植物成分的化妆品，该禁令自 2018 年 7 月 1 日起生效。这 15 种组分均被收录于《化妆品安全技术规范》（2015 年版）中；其中，黄樟素收录于禁用组分列表，收录形式为"黄樟素（黄樟脑）"，其余 14 种收录于禁用植（动）物组分列表。

《欧盟化妆品法规》中没有单独对禁用的植（动）物组分进行清单管理。在遇到高风险的植（动）物提取物时，欧盟委员会（EU）会视情况下达评估命令。经评估若该物质需要作为化妆品禁用组分管理，则将其收录于《欧盟化妆品法规 1223/2009》附录 Ⅱ（禁用组分列表）中。

美国《联邦法规法典》及相关法规中未专门列出化妆品中禁用的植（动）物成分，但化妆品企业需保证上市销售产品的安全性，即在标签规定的使用条件下或者在通常习惯的使用条件下，其产品不得对消费者产生安全风险。

防晒、防龋、去屑等产品在美国被作为非处方药（OTC）管理，而含植物类成分药品需要依据相关要求进行功效和安全性验证。由于美国 OTC 专论中成分的功效和安全性已得到广泛研究，所以严格符合 OTC 专论的成分无须重复验证；但如果将某种新的植物成分加入 OTC 专论中，则需要验证其功效和安全性，并经过美国 FDA 审批。鉴于植物类成分药品的独特性质，美国 FDA 药品审评中心在审批管理时将植物类成分药品与其他药品区别对待，并于 2004 年制定了《植物药新药研究指南》，又于 2015 年 8 月进行了修订。该指南对植物类成分药品的原料控制、临床试验等提出了要求，虽然不具备强制性法律效力，但仍有重要的指导意义。

日本《生物由来原料基准》规定，化妆品中不能含有《生物由来原料基准》之外的组分。除此之外，日本未专门对化妆品禁用的植（动）物组分进行列表管理，仅对个别原料有单独规定。

韩国未对化妆品禁用植（动）物组分形成专门的管理清单，而是将所有化妆品禁用组分（包括植物、动物组分）收录于《化妆品安全标准等相关规定》附录中。其中所涉及的植（动）物原料大部分已作为禁用组分收录于我国《化妆品安全技术规范》（2015 年版）中。

三、有关法规动态修订

目前，我国化妆品新原料注册备案管理办法正在修订中，在《化妆品监督管理条例》实施后，该管理办法将作为规范性文件实施。

在欧盟，2018 年 7 月 12 日，欧盟发布法规修订案，对《欧盟化妆品法规 1223/2009》附录Ⅱ（禁用组分列表）、附录Ⅲ（限用组分列表）进行修改，收录万寿菊花提取物、万寿菊花油为禁用组分，收录小万寿菊花提取物、小万寿菊花油和法国万寿菊花提取物、法国万寿菊花油为禁用组分。

上述物质曾作为芳香原料广泛用于香水等化妆品的生产中。我国《化妆品安全技术规范》（2015 年版）中未收录万寿菊花相关原料，《已使用化妆品原料名称目录》（2015 年版）收录有 2 项相关原料，分别为万寿菊花提取物、小万寿菊花油。我国化妆品主管部门将继续关注相关法规动态，必要时将修订《化妆品安全技术规范》（2015 年版）中的相关规定。

2018 年 6 月，美国化妆品原料评估委员会（CIR）审查了化妆品使用的 13 类化合物，包括磷酸三苯酯、银杏提取物、过氧化氢、多元醇磷酸盐等，并对桉树提取物和磷酸三苯酯形成终审意见。终审意见认为，按照安全评估报告中所描述的当前使用方式和使用浓度，在配方无致敏性的情况下，桉树叶、桉树叶油、桉树叶和嫩枝油、桉树叶提取物、桉树叶粉、桉树叶水 6 种桉树来源原料用于化妆品是安全的。

2019 年 1 月 19 日，韩国发布《化妆品法》修订案；2019 年 3 月 14 日起，韩国新修订《化妆品法》正式实施。该项法律要求，化妆品的原料目录由上市后定期报告调整为上市前备案。为此，2019 年 3 月 13 日，韩国发布公告，对《关于化妆品生产进口业绩及原料清单报告的规定》进行部分修订，原料目录调整为上市前报告，即告知性备案。

四、开发植物类原料化妆品

植物类原料在特殊化妆品和普通化妆品中均有应用，广泛用于滋润、保湿、祛斑（美白）、防晒、育发等产品中，且注册备案数量自 2016 年以来逐年上升。

随着"植物"概念在化妆品行业中的兴起，化妆品市场对植物类原料的需求与日俱增。但是，目前仍有不少拟用于化妆品的植物类新原料未被列入我国《已使用化妆品原料名称目录》（2015 年版）中。《化妆品卫生监督条例》已颁布 30 年，行业发展、技术工艺水平以及监管经验均发生了深刻变化，因此，在未来有关法规制修订过程中，建议根据不同类别的植物类化妆品原料安全风险程度，调整植物类化妆品新原料行政许可申报资料要求：针对是否用于特殊用途化妆品、是否已在国外上市、是否有安全使用历史、是否有国际权威机构安全风险评估结论等情形，相应减免一些项目的毒理学试验资料，并对具有安全食用历史的植物类原料明确判定原则。

2020 年 6 月 29 日，《化妆品监督管理条例》获得国务院常务会议审议通过，提出鼓励支持企业及科研机构对新原料在化妆品中的应用开发。我国既有丰富的植物资源及数千年应用历史可供借鉴，又有高速增长的化妆品市场，开发植物类原料化妆品将成为今后的发展趋势。归纳梳理已使用常用植物类原料情况，确定植物来源、使用部位及加工提取方式，获得植物中特征活性成分，建立化妆品中植物类原料的筛查及真伪鉴别方法，从而逐步建立植物提取物原料标准体系，规范化妆品原料的技术要求，将对打造具有中国特色的化妆品产业以及增强我国企业的国际竞争力带来积极影响。

（作者单位：浙江大学医学院附属第四医院、中国食品药品检定研究院、
　　　　　军事科学院军事医学研究院、浙江医药高等专科学校）

化妆品原料市场发展趋势分析

巴斯夫（中国）有限公司

随着我国经济的不断发展、人民生活水平的日益提高，人们的消费观念和消费水平也有了很大转变和提升。在此契机下，化妆品原料行业快速发展，出现了一些新趋势和新需求。

一、"天然""可食用"成分兴起

随着"纯净美容"概念兴起，市场上对天然和植物原料的需求不断增加。在相对饱和的化妆品"天然"宣称市场中，做到差异化是生产商和品牌商的努力方向。

除了使用天然环保的包装和无水配方外，天然成分也是化妆品原料行业关注的重点。2016—2019 年，需求增速前 5 名的植物提取物依次为苦参根提取物、玫瑰花提取物、白鲜根皮提取物、金缕梅提取物、香姜提取物。

伴随"纯净美容""天然"概念热度的逐渐升高，"可食用"原料在化妆品行业的应用和发展前景也非常可观。例如，维生素除了是人体的必需物质外，很多维生素对皮肤有很好的保护作用，是化妆品中的重要添加剂。其中，维生素 A 可以保持皮肤柔滑，使皮肤免受外界侵害，对缓解暗疮、头屑和皮肤干燥有辅助功效；组织内部新陈代谢和外部环境刺激会产生自由基，维生素 E 作为抗氧化剂，可以保护皮肤免受自由基的侵害。但是，由于维生素本身的稳定性问题，在配方中长期放置容易失效，所以维生素衍生物包裹技术创新是化妆品原料行业未来的发展趋势。

二、原料功能性和安全性呼声高

随着生活水平的不断提高，人们对化妆品的需求越来越多样，功能性化妆品开始走进人们的视野。

在众多功能性原料中，需求量最大的是防晒剂。如今，防晒观念被越来越多的消费者认可，70% 以上的女性在夏季使用防晒类化妆品，平均每周使用 6 次左右。

抗衰老宣称护肤品约占我国化妆品市场份额的 25%，2017 年的复合增长率为 12%，2018 年的复合增长率达 17%。在我国抗衰老宣称护肤品市场中，目前大众品牌约占 51%，高端品牌约占 49%，预计到 2023 年，高端品牌占比将超过大众品牌，达到 61%，大众品牌占比将下降为 39%。另外，市场调查显示，消费者对化妆品抗衰老功能需求排名前三的分别是紧致肌肤、减退细纹 / 皱纹、预防细纹 / 皱纹。

近几年，医疗美容行业原料开始"跨界"应用于化妆品，"轻医美"日渐兴起。在化妆品领域，"轻医美"指功能性护肤品，对其感兴趣的人群大多对皮肤护理、"冻龄"美容有强烈需求，但考虑到传统医疗美容价格较高且有一定风险，他们希望借助性价比更高、更安全的化妆品达成变美心愿。在这一需求下，"明星"功能成分成为消费者和业界追逐的对象，烟酰胺、视黄醇、阿魏酸、肽类、神经酰胺类等都是近年来备受追捧的成分；同时，抗衰老、美白、瘦脸成为热门功能宣称。

为保证消费者用妆安全，我国对功能性化妆品原料和化妆品功效宣称监管相对严格。《化妆品监督管理条例》明确提出，对防腐剂、防晒剂、着色剂、染发剂、祛斑美白剂等高风险原料实行注册管理；化妆品企业不仅要对上市产品的质量和安全负责，还要对功效宣称负责，产品的功效证明文件要向社会公开，有些功效需要经中国计量认证（CMA）认证的实验室验证。

随着世界上越来越多的国家和地区逐步禁止针对化妆品和原料的动物试验，未来功能性化妆品新原料在我国获得批准的难度将加大。建议未来在化妆品的原料审批中将其他国家和地区的评估结论、使用历史、上市后不良反应数据作为评估参考，以加快其他国家和地区已经证明安全的原料在我国获批使用。

三、跨境电商加剧新原料需求

近年来，信息技术快速发展，电子商务行业在很大程度上改变了企业的经营业态，使销售突破了地域、时间限制。电子商务的兴起为化妆品行业提供了一个不同于线下的竞争市场，消费者更加注重产品的网络口碑、商家信誉、产品配送速度等因素。同时，电子商务节省了商贸流通等中间环节成本，使化妆品产品的线上价格比线下价格更具优势，对消费者更具吸引力。

我国对跨境电子商务的优惠政策使消费者可以从网上方便地购买到国外生产的化妆品，这些产品中有些因含有我国尚未批准使用的原料而无法通过常规途径进口到我国。相信《化妆品监督管理条例》实施后，国际上已广泛使用、安全有效的原料能更快在中国得到批准，更好促进我国化妆品行业创新。

从企业视角看化妆品原料分类、评价与管理

李宝宇　北垣雅人

一、概述

三四十年前，以"乳化"为理论基础的现代化妆品在中国开始萌芽。当时，化妆品的剂型还非常单一，主要以"膏霜"类为主。人们对"化妆品"的理解也还仅限于抗皲裂、保湿等最基本需求。制造化妆品所涉及的原料也很有限，不过十几种（比如1980年代家喻户晓的某品牌润肤霜，其全成分为水、矿物油、甘油、硬脂醇、鲸蜡醇、甘油硬脂酸酯、香精、尼泊金酯类）。在那时，化妆品还没有形成自己独立的产业，制造化妆品所使用的原料几乎都来自于食品、医药、纺织、石化等其他行业。

随着消费者期望值的提高和科学技术的发展，今天，我们已经可以很顺利地得到天然提纯物质、合成化合物和生物产物等各种各样的化妆品原料。化妆品行业早已不单纯依赖其他行业提供的一般原料，而是靠自己的力量来积极地设计开发具有新功能和适合皮肤生理的原料。

化妆品原料的种类和数量增长迅速，在这种大背景下，放眼全世界主要的国家和地区，大多实行化妆品原料的"黑名单制"管理，即：除非法律法规明令禁止使用的"黑名单原料"以外，其他原料均可在一般性化妆品中使用。例如，化妆品制造强国日本，2001年实施了化妆品管理制度改革，在突出"企业对安全性、风险性负责"的前提下，企业可以自主使用全新的化妆品原料和成分。相比之下，我国目前施行的化妆品原料的"申报"管理制度是比较严格的。我国《已使用化妆品原料名称目录》（2015版）中收录了8783种可以使用的化妆品成分原料。随着《化妆品监督管理条例》及配套法规的逐步落地，"8783"的束缚即将被打破，化妆品公司和化妆品原料制造商

都在跃跃欲试，希望在"新政"下将自己多年的经验积累和技术积累转化成现实的产品，进而占领市场先机。今后化妆品中使用的原料数量必将越来越多，种类也会越来越丰富。

化妆品原料的大发展，给化妆品制造企业提出了在原料评价、原料管理方面的更高的要求。

二、化妆品原料的分类

如前所述，化妆品原料无论从种类上还是数量上，都将会越来越多，大势不可逆转，这给化妆品制造企业带来不小压力。要想有效地评价和管理原料，首先要将成千上万种原料进行合理的分类。

化妆品是由各种原料经过合理调配加工而成的复配混合物。化妆品的原料种类繁多，性能各异。根据化妆品的原料性能和用途，大体上可分为基质原料和辅助原料两大类。前者是化妆品的主体原料，在化妆品配方中占有较大比例，是化妆品中起到主要功能作用的物质。后者则是对化妆品的成型、稳定或赋予色、香以及其他特性起作用，这些物质在化妆品配方中用量不大，但却极其重要。

化妆品原料的分类在国际上从来没有统一的标准，大家都按照各自的理解和视角自行分类。比较常见的分类方法如下。

（1）按照原料化学性质分类。例如：碳氢化合物、合成油脂、多元醇、无机粉末等。

这种分类方法的好处是各类原料的化学性质相似度较高，有利于后期制定统一的检查项目和规格标准。缺点是区分过细，对研究员的专业水平要求较高。

（2）按照原料在配方中所起的作用分类。例如：保湿剂、润肤剂、乳化剂、增黏剂等。

这种分类方法的好处是简单明了，大多数化妆品配方师愿意使用这种分类方法。缺点是很多原料身兼多种功能而不好归类；其次，各类原料化学性质相似度不高，不利于后期制定统一的检查项目和规格标准。

（3）按照原料的来源分类。例如：矿物来源、植物来源、动物来源、微生物来源、人工合成原料等。

由表 1 所示，是 1992 年日本南山堂出版的《新化妆品学》中提及的化妆品原料分类规则。该分类规则虽然时代相对久远，但简单易懂，对初入行业的研究员来讲是很好的学习资料。

表 1　化妆品原料摘录表

原料类别	次类别	典型原料举例
油性原料	油脂	橄榄油
		山茶油
		胡桃油
		蓖麻油
	蜡类	巴西棕榈蜡
		小烛树蜡
		霍霍巴油
		蜂蜡
		羊毛脂
	烃类	液体石蜡
		固体石蜡
		凡士林
		地蜡
		微晶蜡
	高级脂肪酸	月桂酸
		肉豆蔻酸
		棕榈酸
		硬脂酸
		异硬脂酸
	高级脂肪醇	鲸蜡醇
		硬脂醇
		异硬脂醇
		辛基十二醇
	酯类	肉豆蔻酸异丙酯
		肉豆蔻酸 2- 辛基十二烷酯
		2- 乙基己酸鲸蜡酯
		苹果酸二异硬脂酸酯

原料类别	次类别	典型原料举例
油性原料	硅油	二甲基硅油
		甲基苯基硅油
表面活性剂	阴离子表面活性剂	高级脂肪酸皂
		烷基硫酸盐
		烷基聚氧乙烯醚硫酸盐
		N- 烷酰基 -N- 甲基牛磺酸盐
		烷基（聚氧乙烯醚）磷酸盐
		N- 烷酰基氨基酸盐
	阳离子表面活性剂	烷基三甲基氯化铵
		二烷基二甲基氯化铵
		烷基二甲基苄基氯化铵
	两性表面活性剂	烷基甜菜碱
		烷基酰胺丙基甜菜碱
		2- 烷基 -1-（羧甲基，β- 羟乙基）-2- 咪唑啉
	非离子表面活性剂	聚氧乙烯型
		多元醇酯型
		环氧乙烷 - 环氧丙烷嵌段共聚物
	其他表面活性剂	高分子表面活性剂
		天然表面活性剂
保湿剂	多元醇	甘油
		丙二醇
		1, 3- 丁二醇
	其他	聚乙二醇
		山梨醇
		乳酸钠
		2- 吡咯烷酮 -5- 羧酸钠
		透明质酸钠

原料类别	次类别	典型原料举例
高分子化合物	高分子增黏剂	黄原胶
		羧甲基纤维素钠
		聚丙烯酸
	高分子成膜剂	聚乙烯醇
		聚乙烯吡咯烷酮
		硝化纤维素
		高分子硅橡胶
稳定剂	紫外线吸收剂	对甲氧基肉桂酸衍生物
	螯合剂	乙二胺四乙酸（EDTA）
	抗氧化剂	维生素 E
药剂及其他原料	美白药剂	维生素 C 衍生物
	抗老化剂	维生素 A 及其衍生物

注：表中内容来源于（日）光井武夫主编的《新化妆品学》一书。

由表 2 所示，是 2012 年日本化妆品工业联合会编写的《化妆品原料规格作成指导》中提及的化妆品原料分类规则。该规则将化妆品原料细分成 27 大类，并详细阐明了每一类原料的本质属性、定性检验、特征规格、不纯物质等关键信息。这也是资生堂对原料评价及规格管理的重要参考依据。

表 2　化妆品原料分类规则

序号	分类	序号	分类	序号	分类
1	碳氢化合物	7	有机酸及其盐	13	阳离子表面活性剂
2	油脂、蜡、酯类	8	金属皂类	14	两性表面活性剂
3	脂肪酸	9	胺类	15	非离子表面活性剂
4	醇类	10	酰胺类	16	卵磷脂及其诱导体
5	多元醇、糖	11	蛋白质、氨基酸及核酸	17	合成高分子化合物
6	醚类、酮类	12	阴离子表面活性剂	18	天然高分子

序号	分类	序号	分类	序号	分类
19	半合成高分子	22	动物来源物质	25	无机化合物（包括金属）
20	硅油类	23	植物来源物质（包括藻类、天然色素）	26	矿物质来源物质
21	其他有机化合物	24	微生物来源物质	27	无机、有机表面处理物质

注：表中内容来源于《化妆品原料规格作成指导》（第二版）/日本化妆品工业联合会。

三、化妆品原料的评价

化妆品原料并不像普通商品一样，参考使用说明书即可买卖和使用。每种原料背后都暗含着质量规格、生产工艺、不纯物质、安全性等各种各样需要确认的环节。因此，对化妆品原料的评价是必不可少的重要工作。资生堂公司在百年发展过程中，积累了大量的原料评价经验。面对一款新原料（或者一款新厂家生产的原料），资生堂首先要求原料制造商提供以下资料。

（1）原料规格书（Specification）；

（2）试验成绩书（Certificate of Analysis）；

（3）试验方法（Analysis Method）；

（4）安全性数据（Material Safety Data Sheet）；

（5）原料情报确认书（Raw Material Information Forms）。

其中"原料情报确认书"是资生堂社内自行编写的需要制造商确认并签章的备案资料，包括原料定义、一般性背景信息、成分和监管标识、全球各地域合规状况、挥发性有机化合物（VOCs）信息、原产地信息、生产工艺、不纯物质信息、人身安全相关信息等方方面面的信息。

以上资料收集步骤是资生堂引入某款新原料的第一步和前提条件。接下来，我们会根据原料的自身属性，通过资料评审、制造现场实地监察、社内品质保证试验、第三方外部委托试验等，在原料合规性、风险性、应用层面、供应链几个维度上对新原料展开评价工作（表3）。

表3 资生堂的新原料评价体系

评价项目		合格	不合格	附条件合格
合规性	各地域法律、规制			
	国际公约			
	专利			
风险性	负面风评			
	安全性			
	微生物			
应用面	原料规格			
	原料本体品质评价			
	配合产品品质评价			
	大生产模拟试验			
供应链	供应商资质审查			
	制造现场监察			
	采购条件确认			

四、化妆品原料的管理

资生堂自主建立了社内"化妆品原料库"。截至目前，已登录资生堂系统的原料数超过10000种，活跃使用的原料有数千种。这是资生堂产品丰富、持续创新、不断发展的必要条件。在原料管理方面，资生堂有以下几点经验可以和大家分享。

1. 原料规格的"内侧设定"

众所周知，无论是国家标准、各地域的法律法规，还是原料公司自行设定的原料质量规格，都是为生产出合格产品而制定的"最低标准"。资生堂向来追求品牌美誉度，追求高品质，自然不会满足于这样的"最低标准"。例如，某款常用增黏剂的黏度规格（SPEC记载）范围是1500~40000mPa·s，资生堂通过与原料厂家协商，最终确定将黏度规格（入库检验规格）设定为

4000~8000mPa·s。

原料规格的"内侧设定"是资生堂的惯常做法，是保证生产出高品质产品、最大限度地降低不良率、避免被他人模仿的重要措施。

2.确定原料的"本质规格"

我们将最能体现原料品质的规格项目定义为原料的"本质规格"。在设定"本质规格"时，我们应当重点考虑该规格项目是否能够体现原料的自身属性、是否能够体现生产工艺水平、是否对化妆品成品产生直接影响等。

确定原料的"本质规格"有以下两个重要的现实意义。

一是，当我们拿到一份原料品质规格书时，应该有能力确认在众多的规格项目中，哪些是和品质密切相关、必不可少的"关键项目"；哪些是对品质影响不大，可以放在次重要位置的项目。这种抓住主要矛盾的做法，可以大大提高我们对原料评价和管理的工作效率。

二是，为了保障原料的稳定供给，大多数化妆品制造企业都选择了不止一家原料制造商。当我们选择不同的原料制造商时，我们会发现，几乎没有两家原料制造商的SPEC是完全一样的。那么原料的"同等化管理"怎么进行呢？

比较好的做法就是提炼出原料的"本质规格"。两家原料制造商的"本质规格"项目必须完全一致，次重要的项目可以有一定的协商空间。

3.重点关注和开发"可持续发展"原料

"可持续发展"是资生堂企业方针的重要组成部分。对于化妆品原料而言，资生堂一直在投入大量精力寻找和开发具有"可持续发展"特征的新原料，比如可持续棕榈油圆桌（RSPO）认证原料、塑料微颗粒替代原料、环状硅油替代原料等。这不仅仅是企业履行社会责任的需要，更是企业能够实现"可持续发展"的需要。

由表4所示，在对化妆品原料合理分类的基础上、对各类原料的规格设定及管理经验，仅供参考。

表4　各类原料的规格设定及管理

原料分类	次级分类	举例	*重要规格项目	**留意项目
人工合成	多元醇	1,3-丁二醇	比重、纯度	酸碱性
	合成油脂	辛酸癸酸甘油三酯	皂化值	酸值
	乳化剂	甘油硬脂酸酯	皂化值	酸值
	合成高分子	卡波	黏度	干燥减量
矿物质来源	无机盐	氯化钠	纯度	干燥减量
	碳氢化合物	矿物油	黏度、多环芳烃	酸碱性
	无机粉末	滑石粉	有害不纯物	干燥减量
植物来源	天然油脂	橄榄油	酸值、皂化值	性状、气味
	脂肪酸	硬脂酸	熔点、酸值	性状、气味
	植物提取物	芦荟提取物	纯度、强热残份	pH
动物来源	哺乳动物	羊毛脂	纯度、pH	性状、气味
	鱼类	鱼胶原蛋白	pH、强热残份	性状、气味
	昆虫类	蜂蜡	皂化值、酸值	性状、气味
微生物来源	氨基酸	精氨酸	纯度、旋光度	干燥减量
	天然大分子	透明质酸钠	定量（氮）、分子质量	干燥减量

注：*重要规格项目：与该原料的品质（组成、工艺、不纯物质等）密切相关。
　　**留意项目：与该原料的保存条件、新鲜程度密切相关。

五、结语

《化妆品监督管理条例》已于2021年1月1日起正式施行。与欧洲、美国、日本等其他国家一样，今后中国的化妆品生产企业在肩负"企业主体责任"的前提下，会获得更多的自主发挥空间。这必将刺激化妆品生产企业加大投入，在持续创新、差异化等方面做得越来越好，研发水平也会更上一个台阶。另一方面，从近些年的中国国际化妆品个人及家庭护理用品原料展览会（PCHi）、亚洲化妆品原料展（In-cosmetics）等国际重要化妆品原料展览会来看，国内外原料厂家也愿意大量投入研发成本，出现（或升级）了很多先进的生产技术。例如：脂质体包裹技术、表面处理技术、嵌段修饰技术等，随之而来涌现出了大量的复杂复合原料。这些复杂复合原料已经构成了具有独立功能的"小处方"，我们用对待"单一成分"原料的传统视角来管理这类新型原料，显然也会不合时宜。今后，如果我们评价某款粉体原料，只确认原料的国际命名化妆品原料（INCI）名称、粒径大小、比容积等传统信息和指标恐怕远远不够，而需要和原料制造商敲定加工工艺、粒径分布、粒子的微观形状、疏水性（亲水性）等更为重要的信息。

化妆品原料的评价手段和管理方式要跟得上新原料发展的步伐，让我们共同努力！

（作者单位：资生堂（中国）研究开发中心有限公司）

2015—2019 年我国化妆品市场概况分析

赵永杰

目前，我国已成为仅次于美国的全球第二大化妆品消费市场，且增长速度快于全球平均值。预计到 2025 年，我国化妆品市场规模将达 5000 亿元，线上消费规模将继续扩大，产品种类和结构更加丰富。

我国巨大的人口基础为化妆品行业可持续发展赋能，全球化妆品企业将借助线上平台渗透到我国市场，国产品牌需通过加强技术创新、实施差异化产品结构提升自身市场竞争力。

一、市场规模不断扩大

根据中国日用化学工业信息中心数据，2015—2019 年，我国化妆品行业复合增长率为 8.27%，高于国内社会消费品复合增长率。2019 年，我国化妆品市场规模同比增长 7.85%，达 4260 亿元，其中护肤类化妆品市场规模超过 2000 亿元。

从产品结构看，护肤品是目前国内化妆品主要产品类别，市场规模占化妆品市场的近 50%；2015—2019 年，我国护肤品市场规模复合增长率为 6.23%。我国彩妆类产品市场规模从 2015 年开始爆发，年均复合增长率超过 15%，2019 年彩妆市场规模达 475 亿元，占全球近 50% 的市场份额（图 1）。

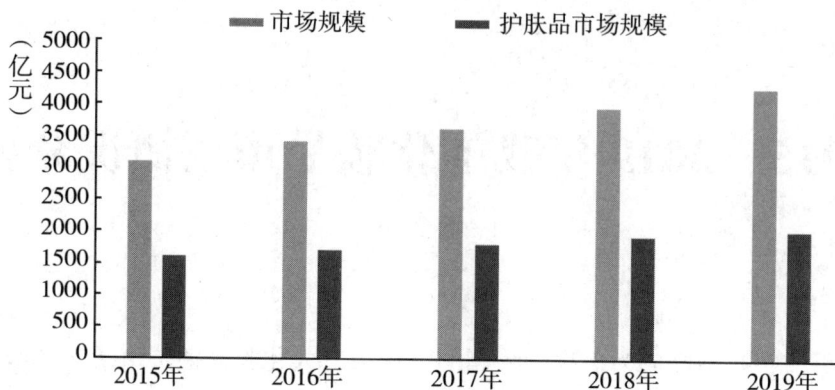

图 1　2015—2019 年我国化妆品市场规模

二、国内企业仍需努力

虽然化妆品市场规模不断扩大，但国内化妆品企业的经济指标并不乐观。根据国家统计局数据，2015—2019 年，我国化妆品制造业规模以上企业主营业务收入复合增长率为 –4.35%，主营业务成本复合增长率为 –1.38%，行业获利年均复合增长率为 –9.91%。

2019 年，我国化妆品制造业规模以上企业主营业务收入 1256.32 亿元，同比减少 2.98%；产成品库存累计 62.93 亿元，同比减少 8.81%；利润总额 142.82 亿元，同比减少 13.93%；主营业务成本 800.99 亿元，同比减少 0.42%；行业负债 583 亿元，同比增长 5.07%；亏损企业累计亏损额达 12.85 亿元，同比增长 49.7%（图 2）。

外资和进口品牌在我国化妆品市场具有明显优势，兰蔻、迪奥、香奈儿、资生堂等中高端品牌对于我国高收入人群来说已不再是奢侈品，人们的消费习惯和消费结构在一定程度上影响国产化妆品品牌建设和市场布局。主打高端护肤品和彩妆的进口品牌，在我的市场占有率逐年上升，据不完全统计，在我国化妆品市场占有率排名前十的化妆品企业中，有 8 家为外资企业。

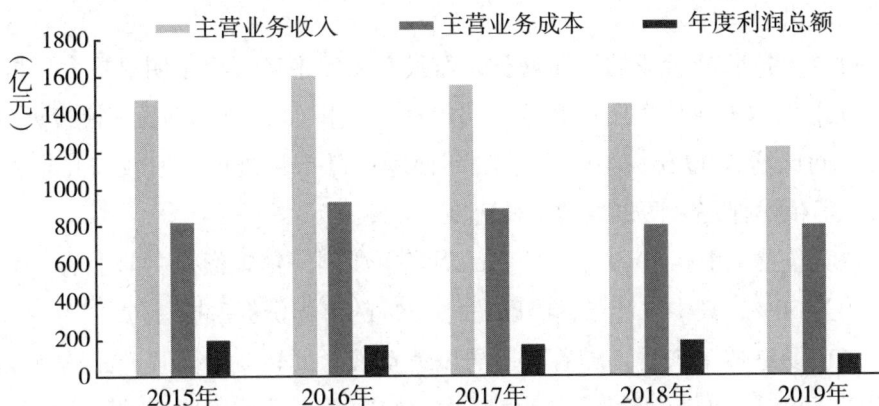

图 2 2015—2019 年我国化妆品制造业规模以上企业主要经济指标

三、零售额年均增长 10.56%

2019 年，我国化妆品零售额达 2992.21 亿元，同比增长 12.6%，2015—2019 年的复合增长率为 9.9%。2020 年初，新冠肺炎疫情对化妆品市场造成冲击，1—2 月，全国化妆品零售额为 387.1 亿元，同比下降 14.1%。

2015—2019 年，我国化妆品零售额年平均增长率为 10.56%，同期社会消费品平均增长率为 9.66%，化妆品零售额年均增长率高于社会消费品近 1 个百分点。综合社会消费品和化妆品零售数据，2019 年，化妆品零售额占社会消费品的比重约为 0.75%。

2019 年 1—12 月，我国化妆品零售额平均增速为 12.5%，高于当年社会消费品零售额 8.1% 的平均增速。其中，3 月、5 月、6 月、8 月、9 月、11 月和 12 月化妆品零售额同比增长均保持在两位数，6 月更是高达 22.5%，高于社会消费品近 13 个百分点。

四、面膜和口红销售额激增

近十年来，国际知名化妆品品牌持续加大对我国市场的投入和培育力度；同时，我国消费者逐步形成化妆品使用习惯和消费理念，为护肤品市场带来

261

更多发展机会。

得益于护肤品行业的快速增长，面膜产品的市场规模也明显扩大。根据中国日用化学工业信息中心数据，2019年，我国面膜产品市场规模接近300亿元，同比增长17.65%。虽然2019年面膜产品市场规模增速较前几年有所放缓，但依然保持着两位数的增长速度。

从竞争格局看，2019年，面膜品类竞争激烈，销售额排名前十的品牌集中度约为50%，其中一叶子面膜以超过15%的市场份额占据首位。

从市场渗透率来看，随着我国居民消费观念的转变，面膜产品的市场渗透率逐年提升，面膜消费群体逐渐扩大。2019年，我国面膜产品的市场渗透率为51%；而日本、韩国面膜产品的市场渗透率为60%~70%，与之相比，我国面膜产品的市场渗透率仍有提升空间。

近年来，化妆品线上市场规模逐步扩大，产品结构与功效差异化更加明显，不同人群对面膜的选择和使用也呈现多样性；单片面膜销售利润逐步提升，消费者的消费能力和水平进一步提高。

口红产品2017年以来呈现爆发式发展，在抖音等视频类销售模式的引领下，市场规模迅速扩大。据不完全统计，2013年，我国口红市场规模约为50亿元，2019年迅速扩大到154亿元，预计2025年，我国口红市场规模将接近280亿元，较2017年翻一番。2014—2020年，我国口红市场规模年均增长率均保持在40%以上，且快速渗透到男性消费者。

（作者单位：中国日用化学工业信息中心）

"把脉"疫情过后的中国化妆品行业

王华

美好消费的不断增长是社会发展的必然规律，化妆品企业需要做好准备，积极顺应美好消费的大趋势，不断升级产品、服务、商业模式、价值主张等，与用户产生共鸣。

在消费全球化时代，东西方的消费观念和消费方式会在全球范围内不断碰撞和融合。中国作为消费大国，是推动消费全球化的中坚力量，也必将为全球消费潮流注入中国智慧，提供中国方案。化妆品企业要把握机会，共创美好未来。

突如其来的新冠肺炎疫情打破了人们的消费习惯，也给化妆品生产与经营企业带来了较大冲击。当前，不少化妆品企业都在积极复工复产，并研究如何通过线上与线下相结合的方式逐步拉动消费，如何与物流等外部企业协同运作，如何更好地利用政策支持等。笔者分析认为，战"疫"之后，美好消费仍是社会发展的重要推动力，美丽产业会迎来发展机遇，化妆品行业前景向好。

一、美好消费是社会发展重要推动力

以史为鉴，上层社会的消费风尚与市民阶层的消费潮流汇合，一直是社会消费发展的重要动力。历史上，中国社会美好消费的关键转折时期是市民文化逐渐兴起的唐宋之际。在此之前，无论是文学创作还是消费品，基本上都属于上流阶层。在此之后，上流阶层的消费喜好逐渐进入市民阶层的消费，上层社会的消费也越来越多地从市民阶层消费中吸取养分。这样的变化根植于社会经济的繁荣，反过来也进一步促进了社会经济的发展。

在西方，上层社会消费风尚与市民阶层消费的汇合趋势在 15 世纪后日益明显。比如，奢侈品逐渐向普通人消费的日用品转化，瓷器、茶、糖、可可、烟草、咖啡等进入寻常人家。这一变化与城市化进程密切相关，此后的工业化进程更是加剧了奢侈品向时尚品再向日用品的转化。整体而言，美好消费和经济社会的快速发展相互交织，共同推动着社会的繁荣发展。

在中国化妆品市场，男性消费者近几年快速加入消费大军，消费者的结构性升级为化妆品市场提供了新的发展机遇。此外，近年来，中国消费者对于化妆品的品类也有更多细分需求，用商业术语来说，头部企业引领的同时，长尾市场（即更多的细分市场）蓬勃兴起。

二、找准服务对象是关键

美好消费是人民群众在追求美好生活过程中形成的系列消费习惯、品位、风格、观念和趋势，人民群众对美好生活的需要很大程度上体现为美好消费。

美好生活不仅包括物质文化消费，也包括精神层面的需求，这些需求深刻影响和塑造着美好消费的观念。例如，人们希望在消费过程中更多地体验到平等参与的趣味，愿意将自己的诉求和创造性愿望体现在与生产者的互动之中。不少大型化妆品企业敏锐地捕捉到这一点，提供多层次的产品，以满足不同人群的消费需求。未来，更多品类丰富的化妆品将走进中国市场，为消费者提供更多选择。

不少企业也关注到大众消费群体。以拼多多为例，2019年，该企业年活跃用户4.8亿人，年增速超100%，其市值增长迅猛。这背后的消费群体既有农村小镇消费者，也有一二线城市的中低收入群体。质优价廉的产品依然会有巨大的消费市场，对于化妆品企业而言，准确定位个性化细分市场，沉下心来服务好客户是当务之急。

三、新发展阶段催生新商业模式

如今，中国化妆品行业进入新的发展阶段，新的商业模式将不断涌现。

一是从单纯购买升级为消费者与生产者的联合共创模式。消费者的需求日益成为企业新产品研发的重要依据，甚至不乏新产品研发过程中，消费者即参与共创。比如，前段时间，欧莱雅与天猫新品创新中心合作推出了"零点面霜"，招募消费者达人担任"新品合伙人"，与来自不同城市的1000多名消费者讨论需求、痛点，确定整体方案。"零点面霜"面世首日即卖出10万瓶，创造出新品即爆品的记录。这种"按需定产，反向共创"的新产品研发思路，将传统新品1~2年的上市周期缩短到59天。

二是消费者参与企业生产过程，共同推动消费生态圈升级。目前，不少企业正在经历深刻的数字化变革，数字化渗透到产品研发、生产、营销、供应链等多个环节。中国消费者也正在更为开放地拥抱线上消费，零售生态链的数字化革新不断提速。这一点从智能化购物、线下体验与线上支付不断融合，智慧物流、传统零售与其他产业的边界融合等体现出来。化妆品生产企业需要更主动地融入新生态中，与合作伙伴共同推进化妆品市场的健康稳健发展。一些基于互联网的小众化妆品，实际上已经造就爆品现象。

三是中国文化基因的传承和发扬。此次疫情过后，各主流年龄段消费者都会进一步关注中医、草本植物对保健、养生的积极作用。近年来的国货化妆品热卖正体现出中国消费者的文化自信。以草本、汉方、珍珠等中国元素为基础的化妆品，预计会迎来新一轮的机遇。

此次疫情是对化妆品企业运营模式、商业模式的大考。现金流能力、周转能力、线上线下产品的配比、供应链的敏捷度等都需要企业高管及时总结，找到短板，及时弥补。疫情过后，具有社交类属性彩妆品（如BB霜、粉底液/膏、遮瑕霜和粉饼等）会逐步恢复销售，企业要做好准备，迎接消费小高潮的到来。

（作者系法国里昂商学院副校长）

区域篇

◎ 上海东方美谷化妆品产业发展现状与展望

◎ 浙江"美妆小镇"化妆品产业发展现状与展望

◎ "白云美湾"化妆品产业发展现状与展望

上海东方美谷化妆品产业发展现状与展望

东方美谷产业推进办公室

发展美丽大健康产业，是上海巩固提升实体经济能级、培育增长新动能的重要举措，是优化市场供给、提升人民群众生活品质的必然选择，对更好地推进国际"设计之都、时尚之都、品牌之都"建设具有重要的战略意义。"十三五"时期，在上海市委、市政府的正确领导下，上海南部中心城市——奉贤区结合自身禀赋资源，创造性提出并坚定不移推进"东方美谷"建设。

一、发展成绩

1. "美丽经济"引领全区发展

目前，"东方美谷"产业规模以上工业企业达 169 家。到 2019 年底，规上企业总产值 363 亿元，所占规上产值比重已接近奉贤区的 1/5，相关企业利润总额 66.7 亿元，完成税收 35.6 亿元。2020 年以来，在新冠肺炎疫情给经济运行带来较大冲击的背景下，美丽健康产业仍呈现较强抗压韧性。

2. 政策框架初步形成

2017 年 9 月，上海市政府制定实施《关于推进上海美丽健康产业发展的若干意见》（沪府发〔2017〕67 号），明确了"东方美谷"的核心地位，并授予奉贤区"设计之都、时尚之都、品牌之都"三都示范区的称号。同月，中国轻工业联合会、中国香料香精化妆品工业协会授予东方美谷全国唯一的"中国化妆品产业之都"称号。

3. 招商引资成效显著

2020 年 3 月资生堂集团正式签约入驻，成为首家入驻"东方美谷"的世界级化妆品企业。伽蓝、如新、美乐家、科丝美诗、百雀羚、加利派等元老级企业纷纷持续加大投资力度。上美（中翊日化）、完美日记、麦吉丽等美妆日化重磅项目纷纷落户，药明康德旗下全球最大的创新生物药研发制药一体化中心项目、和黄药业、君实生物、迈瑞医疗旗下长岛生物、中国科学院上海巴斯德研究所（沃森医药）等优质生物医药企业纷至沓来。

4. 品牌全球影响力全面提升

2018 年、2019 年连续两年召开"东方美谷国际化妆品大会"，市委书记李强专程会见与会部分嘉宾，资生堂集团全球总裁、法国化妆品谷主席、LVMH 集团秘书长、欧莱雅中国总裁兼首席执行官为代表的全球前 10 强化妆品企业领袖，国家药品监督管理局、日本厚生劳动省、大韩化妆品协会等权威机构或组织悉数到场并发表演讲。至 2018 年底，"东方美谷"品牌价值已达 108.4 亿元。

5. 科技创新迸发强劲活力

召开东方美谷院士专家战略咨询会，启动"三个一百"企业梯度培育工程。一批企业在疫情防控阻击战中绽放光彩，研发生产新冠病毒核酸检测试剂盒的伯杰医疗、被国家和上海市列入推荐用药的凯宝药业、国内血液制品行业龙头上海莱士、上海唯一一家具备生产医疗级防护服资质的美迪科等，纷纷贡献"奉贤方案"和"奉贤力量"。

6. 国际国内交流合作进一步加深

与世界美妆金名片法国化妆品谷实现"双谷联动"，在卢浮宫合作共办 2019 中法（化妆品）品牌文化峰会和法国 360 美妆峰会。推动中日韩东亚地区友好交流，与韩国庆山市签订友好合作意向协议书，与日本厚生劳动省、日本化妆品工业联合会、大韩化妆品协会等政府、协会和学校机构的代表均建立了良好的沟通机制。

7. 配套生态逐步健全

组建了东方美谷产业推进办公室、东方美谷产业促进中心、东方美谷企业集团股份公司，形成政府、协会、企业三方协同推进的体制机制。与上海市质量监督检验技术研究院达成合作协议，建设国家级化妆品质量监督检测中心；与上海应用技术大学合作共建东方美谷产业研究院，成功注册"东方美谷"系列商标 370 件。

8. 消费市场不断深入人心

通过举办"星聚东方·璀璨美谷"2019 首届东方美谷品牌展，实现千万元销售额；利用中国国际进口博览会平台展示展销优质商品；深度融合上海"五五购物节"，打造并做大"美谷美购"品牌搭乘"直播经济""网红经济"快车。开展"东方美谷321网红直播购物节""527爱企谷东方美谷网红直播购物节""美谷美购跨境购直播"等相关活动，积极抢抓当前直播产业发展机遇，迎接电商新零售、新业态、新模式风口。

9. 产城融合不断深化

由金齐路、奉浦大道、团汇公路等路段组成的18千米"东方美谷大道"全线贯通，并以设立企业总部、研发、销售集聚地为形式，推动其成为集城乡统筹、文化展示、智慧生态为一体的复合示范实践区。创新打造"东方美谷园中园"，启动东方美谷小镇先行区规划，以产业为纽带，让美妆与乡村、乡愁有机融合。

"东方美谷"从无到有，从有至优，成为上海打响"四大品牌"战略中一张新的产业名片。

二、存在问题

在"东方美谷"美丽大健康产业蓬勃发展的同时，我们也要清醒地看到，目前"东方美谷"美丽大健康产业在多个方面仍存在许多不足，也面临不少困难和挑战。

1. "四梁八柱"功能尚未充分凸显

区内美丽大健康企业仍以制造生产类为主体，研发类、服务类、总部类企业不多。国际国内龙头企业集聚效应尚未形成，一些化妆品生产企业缺乏市场竞争力，以委托加工为主，没有自主品牌和自主产品。科技创新综合能力水平还需提升，相关企业的科研院所等专业研发服务平台还需不断完善和丰富。未形成完善的产业链条，行业话语权和标杆引领作用仍有待提升。科技、研发、创新、设计、营销等高端人才尚未形成规模效应，特别是生命健康领域仍缺乏有效创新主体和创新政策，人才集聚能力较为薄弱。

2. 空间发展资源受到紧约束

在上海建设用地紧约束和负增长的大背景下，奉贤区建设用地负增长压力增大，总量锁定、增减挂钩等政策要求也使建设用地拓展的门槛大大提高，经济增长的强烈需求与建设用地的严格约束之间的矛盾日益突出。存量产业资源盘活共享利用水平不高、创新办法不多。

3. 生命健康企业检验标准滞后

生命健康领域现行的一些认证或检验检测周期较长，认证标准滞后于市场需求和行业前沿技术。部分企业研发出的新产品或者新技术在国内没有对应的检测标准，国际上已有的相关标准国内尚不能接轨认可，导致产品无法应用于市场，限制了企业的研发创新。

4. 生物医药行业面临激烈竞争

在国家鼓励发展生命健康产业的大背景下，北京、苏州、南京、杭州、武汉、成都、深圳等城市相继筹建生命健康产业园区，全国正建园区超 20 余座。奉贤作为郊区，在上海积极对接长三角一体化进程中，面临着其他地区特别是周边地区巨大的竞争压力，尤其是长三角地区之间在资本、市场和人才等方面的争夺。

三、发展趋势

在上海打造全球科创中心，引领长三角一体化发展的大格局下，奉贤将把握临港新片区落地以及长三角一体化发展等国家战略重大机遇，持续依托奉贤独有的产业优势和资源禀赋，药品（生命健康）、化妆品（美妆日化）、食品（食品保健）、爱宠经济等东方美谷"美丽＋健康＋X"产业高水平集聚辐射作用更加明显，与"美谷美购""乡村振兴"等新千亿级产业的结合更为紧密。美丽健康建设进一步提升高度、拓展广度、加大力度、开掘深度，实现跨越式发展，打造世界级美丽健康产业的"硅谷"。

未来五年，东方美谷将加快打造高质量产业集群。初步建成"研发设计、智能制造、检测检验、展示体验、平台交易"功能为一体的美丽大健康全产业链平台，引进培育龙头企业、完善产业链条，"东方美谷"美丽大健康形成千亿级产业能级，打造国内乃至亚洲规模最大、具有自主知识产权的美丽健康特色产业集群。

未来五年，东方美谷将构建科技创新的产业高地。围绕创新平台、创新空间、创新人才、创新氛围，构建国际一流的创新生态系统。引导美谷企业加快技术创新、业态创新、管理创新、商业模式创新和组织方式创新，打造引领全球美丽健康产业技术变革和理论创新的策源地。在化妆品监管领域，将争取先行先试新的监管措施，以争取"两试点、两基地"建设工作为突破口，试点建立动物替代性实验中心，试点建立化妆品个人定制服务监管机制，推动监管人员培训基地建设和从业人员实训基地建设。

　　未来五年，东方美谷将持续优化功能和配套服务。围绕企业需求，加大公共服务型功能平台的投入，集中建设公共技术平台、产业孵化平台、人才交流平台、高标准 GMP 厂房等功能性平台。引入知名科研院所和医院，积极推动科研院所附属医院在奉贤的战略布局，实现产学研医协同发展。

　　未来五年，东方美谷将不断加大传播度和美誉度。持续打响"东方美谷"城市、文化品牌以及"东方美谷·美谷美购"品牌，"一展一节一会"升格为具有国际级影响力的"东方美谷论坛"。建立"美谷品牌金字塔"发展跟踪机制。建设运营东方美谷大型会展中心，打造"美谷美展"品牌，构建具有行业影响力的美丽健康博览会，让上海"四大品牌"花开"东方美谷"。

浙江"美妆小镇"化妆品产业发展现状与展望

侯军呈

美妆小镇致力于打造美妆产业集聚中心、美妆文化体验中心、美妆时尚博览中心、美妆人才技术中心的目标定位，重点围绕两个板块建设，一是"时尚谷"的板块，主要位于老虎潭下游下沈港沿岸，重点打造以时尚元素为主的私人订制及高端体验项目，比如 JSPA 四季玫瑰庄园、太一道生自在园，以及小镇正在洽谈合作的美妆研究院、美妆学院等，充分发挥自然生态优势和时尚产业基础，高质量打造"长三角时尚之心"；另一方面是在美妆小镇一期产业基础上，进一步规划二期建设，依托《浙江省化妆品产业高质量发展实施方案（2020—2025 年）》的政策优势，充分肩负起全省"十四五"期间化妆品产业核心承载区的地位和作用，目前正在创建浙江省美妆产业高质量发展示范区，从而实现"奋战十年、打造千亿、致富万家"的宏伟蓝图。

一、发展历程

如今，山清水秀的美妆小镇，不仅有一个个品牌与实力兼具的美妆企业，还有美妆博物馆和玫瑰庄园。以珀莱雅、上海卓妍等企业为龙头，辅以楚成包装、满盛包材、德马物流等配套企业，形成了化妆品终端制造及关联装备制造、原料种植、创意包装、电子商务、仓储物流等配套产业齐备的全产业链。2017 年，美妆小镇化妆品及相关产业完成主营业务收入 45.2 亿元，同比增长 38.27%；入库税收 2.39 亿元，同比增长 49.07%，成为带动当地经济发展的新引擎[1]。

凭借生态环境和区位交通优势、科学的产业布局、优惠的土地税收政策及低廉的人力成本，目前，美妆小镇已累计入驻化妆品及相关企业 106 家，计划总投资超过 250 亿元，已经成为与上海东方美谷、广州白云美湾齐头并进的全国三大化妆品集聚区之一。代表企业有韩国第三大化妆品公司韩佛化妆品、亚洲最大的化妆品包材企业衍宇包材、韩国知名彩妆品牌蔻丝恩、英国高端品牌泊诗蔻等。

目前，美妆小镇已经形成两大特色品牌活动：一是每年五六月份举办的玫瑰文化旅游节，已连续举办三届，主要依托 JSPA 四季玫瑰庄园推介美妆小镇及周边的生态旅游资源；另一个是每年 11 月份召开的化妆品行业领袖峰会，"2019 年第五届化妆品行业领袖峰会"被纳入上海国际进口博览会配套活动，已成为全球公认的化妆品行业盛会。

背依青山，前枕绿水。《浙江省化妆品产业高质量发展实施方案（2020—2025 年）》中明确将美妆小镇作为浙江唯一的化妆品产业核心承载区，此外，美妆小镇还获评省级特色小镇创建对象优秀等级，美妆全产业链已然成型。

2020 年是美妆小镇建设提档升级的重要之年，美妆小镇充分利用埭溪良好的生态资源优势，结合美妆产业链延伸，加快全域旅游发展，整合生态资源、古道文化、美妆元素，实现提质增速，持续打造特色小镇"标杆"。

二、未来规划

随着我国人均可支配收入进一步提高和城镇化发展进一步深入，我国化妆品消费群体数量大幅上升，一定程度推动国内化妆品市场规模的快速持续增加。"化妆品消费"将在未来一段时间内扮演愈加重要的角色。根据中国香料香精化妆品工业协会不完全数据统计，我国化妆品市场销售规模从 2010 年的 2045 亿元增长到 2017 年的 3361 亿元，复合增长率为 9.05%。

但是中国向化妆品消费强国发展还有很长一段路要走，中国现阶段人均消费不高，仅占欧洲的 1/7，预计还有 10 倍上升空间。国内化妆品在品牌建

---

[1] 钱兆人，朱伟良.吴兴美妆小镇续写"上海情缘"[EB/OL].2018-12-26. http://xmwb. xinmin.cn/html/2018-12/26/content_9_6.htm.

设、产品开发、原料功能性选择和功能性包装与国外存在差距。

中国化妆品企业要实现更好更快地发展，需要做好自己的优势产品，加大个性化产品的开发和创新；加大产品创新升级，增强人才创新意识；加强品牌建设能力，提升品牌影响力；优化本土元素和符合国情消费下的产品结构；走行业可持续发展和绿色化道路；有针对性地创新产品、开放产品。

美妆小镇愿见证和助力中国化妆品产业的改革发展。未来，美妆小镇的发展规划如下。

（1）打造产业集聚"新高地"。通过十年奋战，建成聚集全球化妆品产业链顶尖企业的标杆基地，从而实现化妆品产业在中国的全面提升，形成全球竞争优势。

（2）打造产城融合"新样板"。统筹考虑化妆品展览展示、新品发布、消费体验等产业延伸功能以及旅游、文化、居住等与产业发展息息相关的城镇功能，加快完善商贸、医疗、教育、生活等配套设施，努力营造宜居、宜业、宜游的最佳环境，致力成为"东方的格拉斯"。

（3）打造人才集聚"新磁场"。牢牢抓住人才培养这一支撑产业可持续发展的长远战略，利用美妆学院培养大量美妆科研及技术人员，并通过检测研发中心这一平台开展技术研发与技术运用，再到小镇企业的成果转化，着力构建从人才培养、技术研发到品牌提升的协同体系，解决国内化妆品在人才、技术和品牌上的关键短板，达到服务产业发展的最终目标。

（4）打造乡村振兴"新引擎"。以四季玫瑰庄园为引领，依托美妆学院创建玫瑰研究所，开展玫瑰种植技术研究及推广，大力推进玫瑰种植园项目，调动企业、农户种植的积极性，将玫瑰产业链的延伸开发作为推进乡村振兴战略实施的突破口，打通从玫瑰种植、产品提炼到旅游观赏的全链增殖平台，实现生态与富民的互动共赢。

（5）打造资源汇聚"新能量"。加快集聚支撑美妆产业发展的高端要素，全力推进美妆学院建设，提供美妆产业发展人才和技术保障；扶持科技孵化园、美妆科创中心两大小微产业园的招商运营，大力推进众创空间、研发中心、网红直播基地等平台建设，不断完善小镇产业提升配套。

（作者系美妆小镇总顾问，珀莱雅化妆品股份有限公司董事长）

"白云美湾"化妆品产业发展现状与展望

任洁仪

广州市白云区作为我国主要的化妆品产业集聚地，产业从 20 世纪 80 年代末开始萌芽，多年来化妆品生产、销售企业在白云区不断集聚积累，培育出了品类齐全、链条完整、根基深厚的产业规模。2018 年开始，白云区党委和政府强力扶持、科学谋划，积极推动市场力量与政府行为优势互补，全力打造千亿级广州"白云美湾"区域品牌，全面提升化妆品产业专业化、国际化、品牌化水平。

一、"白云美湾"产业发展现状

经过 20 多年的发展，白云区化妆品产业已形成良好的发展基础和态势，在国内外均享有较高的影响力和知名度，已成为集生产、销售、设计、研发、包装、检测、展览为一体的全国化妆品产业聚集区。

（一）本土产业高度聚集链条完整

截至 2020 年 10 月 19 日，全国拥有持证化妆品生产企业 5323 家，广东省 2866 家，广州市 1883 家，白云区 1420 家；现有规上化妆品工业企业 130 家，限上化妆品商业企业 89 家；另有上游化妆品原料供应商近 3000 家，包材印刷厂 600 余家，已成为集生产、销售、研发、检测、展贸为一体的全国化妆品产业聚集区。白云区走出了丹姿水密码、阿道夫、卡姿兰、温碧泉等一大批行业领先的本土知名企业和民族知名品牌，很多化妆品领域的新兴业态都是从白云区发展壮大走向全国。

（二）化妆品商贸发达平台交流活跃

白云区现有化妆品商贸企业 4200 多家；化妆品专业批发市场 6 个，批发市场商户近 3000 户，以三元里为中心的机场路、解放北路一带已成为亚太地区化妆品批发市场的领头羊。依托中国进出口商品交易会、中国国际美博会、化妆品节等国际化展会及中国化妆品（白云美湾）国际高峰论坛等平台，市场不断向海外拓展，产品冲出亚洲、遍及北美、欧盟等。

（三）产值利税潜力大

2020 年，白云区规上化妆品工业企业实现产值 100.9 亿元，同比增长 25.7%；限上化妆品商业企业实现销售额 130.2 亿元，同比增长 40.5%；规限上企业总数从 2017 年的 45 家增至 219 家，增幅高达 387%，升规纳统工作仍在持续推进之中，产值利税提升潜力巨大，化妆品产业已成为白云区支柱产业之一。

（四）品牌和科研能力逐步提升

2020 年，在 130 家规上化妆品工业企业中，共有高新技术企业 66 家，占比 50.8%，同比增长 106.25%。认定市级研发机构 7 个，认定省级企业技术中心或工程技术中心 9 个，企业和行业竞争力不断提升。

二、"白云美湾"产业发展优势

（一）强有力的政策推动

白云区党委和政府高度重视化妆品产业发展，早在 2018 年专门成立了以区委书记为组长的区化妆品产业发展领导小组，印发了《白云区化妆品产业提质增效三年行动计划（2018—2020 年）》，出台《白云区打造白云美湾提质增效实施办法》，打造包括化妆品、生物医药、健康产业等在内的千亿级"白云美湾"产业。成立白云区化妆品产业促进会，由辖内具有较高知名度的化妆品企业家担任会长，目前会员企业 230 家，其中 137 家为规限上化妆品企业。注册"白云美湾"区域品牌，开展"白云美湾"系列活动。实施区龙头骨干企业培优计划，2019年，共推动5个化妆品技改项目获得市级立项获补669万元，4家化妆品企业申请技改配套资金284.5万元，2家企业申请创新平台补贴320万元，2家企业申请人才补贴19.6万元，28家"小升规"化妆品企业获得省市"小升规"10万元奖励共280万元，化妆品"四上"企业共获得子女入学指标75个。

2020年12月，广东省人民政府印发《广东省推动化妆品产业高质量发展实施方案》，白云区政府抓住机遇、紧跟步伐，与广东省药品监督管理局签订《关于共同推进"白云美湾"化妆品产业高质量发展战略合作框架协议》，双方重点在化妆品产业政策制定、园区建设、行政许可、监督检查、稽查执法等事项方面建立深度合作，将"白云美湾"打造成广东省化妆品产业高质量发展的试验田、示范区和新高地。

（二）"四中心一平台"建设初步成形

为加强化妆品产业配套建设，白云区全力推进"四中心一平台"（检验检测、人才交易、研发设计、知识产权交易四个中心，品牌产品展销平台）及化妆品品牌库建设。"白云美湾"检验检测中心已成立，广东省科学院中国广州分析测试中心（国家级）已进驻，专注化妆品原料和产品检验，未来还将把"白云美湾"检验检测中心打造成省级、国家级化妆品检验检测中心；广州市白云化妆品产业促进会携手广州科技职业技术大学成立化妆品培训学院，致力于化妆品企业员工专业培训和人才输送；江南大学（211工程院校）与白云区就成立"白云美湾"化妆品研究院达成意向并在2021年1月签约；成立了重点产业知识产权维权援助和保护工作站，与阿里巴巴、微信等大型互联网平台建立合作关系，推动知识产权线上线下维权一体化中心建设。

（三）优化营商环境出新出彩

近年来，白云区不断推出硬举措，优化营商环境软实力，以更好的营商环境推动化妆品产业高质量发展。根据《广州市白云区营商环境评估报告（2020）》，白云区在不少指标上的得分能够比肩北京、上海，甚至接近世界前沿水准。系列惠企政策为企业发展注入"强心针"，对在白云区新注册成立的"四上"企业，一次性奖励10万元，新引进落户的总部企业最高奖励500

万元，让企业切实享受实惠，助力企业"留下来、强起来"。通过减环节、减时间、减成本，营造公平、透明、高效的市场营商环境，在全市率先出台区级生态环境监督执法正面清单，助力企业做大做强。出台多种便民为企措施，依托"广州市开办企业一网通平台"，首创一窗通取智能储存信息系统全流程监控记录，全市首批实现企业开办"一网通办、一窗通取"模式，办理环节从 11 个压减为 1 个，办理时间从 10.5 天缩减至 0.5 天。2019 年出台《白云区打击制售假冒伪劣商品违法行为三年行动计划（2019—2021）》，以强力手段、高压态势全面净化市场环境、规范经营秩序。

三、"白云美湾"产业发展主要困境

（一）原料成为"卡脖子"问题

据企业反映，目前我国化妆品行业原料 70% 依靠国外进口，2020 年全球化妆品原料供应链因疫情受到严重影响，国内化妆品产业的技术弱势被放大，化妆品关键原料、配方和先进工艺是制约白云区乃至我国化妆品产业发展的关键问题。

（二）研发检测能力有待提升

白云区化妆品产业高度聚集，但生产企业仍以 OEM（原始设备制造商）、ODM（原始设计制造商）型为多数，产品研发能力比较薄弱，自有品牌少、品牌知名度不高；检验检测平台不足，无法满足产业高质量发展的需要。

（三）缺乏创新型专业型人才

白云区相当一部分企业仍然是家族式管理，高层管理者职业化素养不高，管理水平参差不齐，区内人才培养和输送能力不足。

四、"白云美湾"产业发展前景展望

（一）科学谋划打造化妆品产业发展平台

近年来，白云区大力发展化妆品产业供地用地，按照"北产南贸"的发展布局，打造成片上规模产业园区，全力保障企业生产用地和总部建设。

一是打造化妆品研发生产集聚区。打造了超过 10 平方千米（1.5 万亩）的广州民营科技园美丽健康产业园，推动统一规划、连片开发。2020 年 3 月，与广州悦荟、花出见生物、李记包材、名花香料等 10 家企业签订合作协议，投资额约 28 亿元、预计年产值约 100 亿元。11 月 30 日，美丽健康产业园 12 宗产业地块成功出让，由广州悦荟、花出见生物、李记包材、名花香料等 12 家公司竞得，总用地 508 亩，净用地 420 亩，建筑面积 98 万平方米，总投资额 33.73 亿元，预计达产年产值 86.2 亿元，税收 4.52 亿元。2021 年 1 月，美丽健康产业园奠基，包括通产丽星高端化妆品研发生产总部基地、悦荟化妆品产业基地、道路、供水管网、5G 基站等 29 个重大项目集体动工，白云区与广东省药品监督管理局、广州市市场监督管理局签订《共同支持"白云美湾"美丽健康产业园建设发展合作协议》，全力支持园区建设和项目投产。随着美丽健康产业园一批城市基础设施和产业项目的开发建设，白云化妆品研发、制造能力将跃上一个新台阶，拓展更为广阔的发展空间。

二是打造企业总部聚集区。由国企白云投资牵头在鹤龙街打造设计之都化妆品企业总部园区，截至目前，娇兰佳人、芭薇、阿道夫等 6 家企业已获得单独供地并开工建设投产。

三是打造化妆品特色小镇。在化妆品产业相对集中的镇街，实施村级工业园升级改造，分别建设具有一定规模并进行标准化厂房改造的化妆品特色产业园和中小微企业孵化基地。

（二）加快"四中心一平台"建设持续提升产业配套和服务能力

白云区通过政府行为全力推进"四中心一平台"建设，补齐研发、检验检测和人才培育短板，助推"白云美湾"产业高质量发展。

一是引导国内外重点科研院所、研发机构在白云区聚集，建设国家级海洋生物化妆品实验室和"白云美湾"化妆品设计中心、"白云美湾"化妆品研究院，加强化妆品关键原材料、配方和先进生产工艺等研发、设计，集中资源突破本土化妆品产业发展"卡脖子"问题。

二是引导化妆品检验检测机构聚集"白云美湾"检测大厦，提供全品类、全流程化妆品注册备案检验检测、安全测试和功效评价，提升化妆品产品研发、标准制定、审评审批、注册备案检验等支撑能力和服务质量。

三是依托三元里化妆品批发市场和广州时尚之都化妆品企业总部集群优势，打造广东省化妆品国际交易中心，建成集化妆品品牌展销、文创博览、休闲旅游于一体的综合商圈。依托"白云美湾·严选"打造化妆品专业平台型电子商务，培育一批"网红"品牌、"爆款"产品，实现本土化妆品企业提质增效。

四是开展化妆品产业工业互联网领域研发，建设化妆品产业链协同专区，联合化妆品龙头企业打造数字化应用标杆。探索建设运营中国化妆品行业工业互联网标识解析二级节点，衔接国家顶级节点和化妆品企业，占领化妆品产业工业互联网领域全国制高点。

综上所述，白云区化妆品产业具备了规模集群优势、产业的典型代表性和行业内的领先性，未来在市场力量和政府行为强强联合助推发展下，实现"白云美湾"千亿级产值目标指日可待。

（作者单位：广州市白云区市场监督管理局）

附　录

2020 年化妆品监管大事记

张丹

一、《化妆品监督管理条例》发布，国家药监局及时部署宣贯工作

2020 年 6 月 29 日，国务院公布《化妆品监督管理条例》（以下简称《条例》），自 2021 年 1 月 1 日起正式施行。《条例》的出台，全面开启化妆品监管新篇章。

2020 年 7 月 17 日，国家药品监督管理局（以下简称国家药监局）召开2020 年全国化妆品监督管理暨《条例》宣贯动员电视电话会议。各省级药品监管部门迅速行动，召开宣贯会议，组织法规培训，开展知识竞赛，掀起《条例》宣贯热潮。

点评：《条例》的发布是我国化妆品行业发展 30 余年来根本法规发生的重大变革。注册人备案人制度、新原料分类管理、功效评价宣称管理等新政策，厘清了化妆品质量安全主体责任，引导行业重视创新诚信，既体现了"四个最严"要求，又落实了"放管服"改革精神，为科学监管和产业发展指明了方向。

二、《化妆品监督管理条例》配套文件广泛征求意见

《化妆品监督管理条例》出台后，国家药监局加紧制修订相关配套文件，短短 5 个多月，10 余个"重量级"配套文件公开征求意见。化妆品新原料注册和备案资料规范、生产质量管理规范、功效宣称评价规范、不良反应监测管理办法、牙膏管理办法等征求意见稿，在细化法规规定的同时，也践行了"开门立法"精神，充分吸纳企业意见，确保新法规平稳落地。

点评：《条例》配套文件的加快制修订，无论是细化新法规的各项具体要求，还是广泛听取业内意见建议，都诉说着药品监督管理部门的担当，更彰显着药品监督管理部门的智慧。

三、新冠肺炎疫情期间，化妆品审评审批零积压

2020 年上半年，受新冠肺炎疫情影响，化妆品审评工作面临现实困难。按照国家药监局统一部署，中国食品药品检定研究院化妆品安全技术评价中心采取了多项应急保障措施，截至 6 月底，共完成特殊用途化妆品审评 3000 余件。同时，其他各项受理和审评工作不间断运行，实现了疫情防控期间化妆品审评不减速、零积压。与此同时，为进一步落实党中央关于统筹疫情防控和经济社会发展的决策部署，2020 年 6 月 16 日，国家药监局发布通告，明确新冠肺炎疫情期间进口化妆品证明性文件可提交复印件。

点评：在 2020 年的战"疫"大考中，化妆品审评审批跑出"加速度"，这是药监系统广大干部职工勇于担当、主动思考、积极应对的一个缩影。在全力服务疫情防控和经济社会发展大局的考验中，新时代药监人用精湛的专业能力、无私的奉献精神、主动的担当作为，向党和人民交出了一份高分答卷。

四、化妆品技术支撑体系建设提速

2020 年 7 月 21 日，国家药监局局长焦红赴中国食品药品检定研究院就贯彻落实《化妆品监督管理条例》和加强化妆品监管技术支撑体系建设进行调研。10 月 22 日，国家药监局召开化妆品技术支撑体系建设工作座谈会，深入研究化妆品技术支撑体系建设工作，加快推进化妆品治理体系和治理能力现代化。会议强调，要整合药监系统内外的技术支撑资源，依靠高校、科研机构、医疗机构、专家团队等力量，强化与行业和产业的互动，用 2~3 年时间基本构建化妆品技术支撑体系框架，用 5 年时间基本建成较为科学完善、与国际接轨的化妆品技术支撑体系。

点评：法规的落地离不开技术支撑体系的保障，化妆品监管要以法规为依据，以技术支撑体系为支柱。国家药监局加强顶层设计、做好谋篇布局，

有利于广泛调动、明确分工、挂图作战，确保化妆品技术支撑体系建设顺利推进。

五、化妆品飞检力度加大 "亮剑"违法违规生产

2020 年 1 月起，化妆品飞检工作全面铺开。截至 2020 年 12 月 8 日，国家药监局网站共发布 38 期化妆品飞检通报，主动、全面公开检查和处理结果。对质量管理体系不符合《化妆品生产许可检查要点》有关规定的 34 家企业，责令限期整改；对严重违反《化妆品生产许可工作规范》有关规定的 4 家企业，要求省级药监局责令企业暂停所有化妆品生产，有力震慑了化妆品违法违规生产行为。

点评：我国化妆品产业发展迅猛，产品质量不断提升。但同时，产业基础薄弱、质量水平参差不齐、行业诚信意识有待提高的问题仍然存在。在此形势下，化妆品飞检和信息公开力度的持续加大，有效压实企业主体责任，对化妆品违法违规生产行为形成了震慑。

六、第二届全国化妆品安全科普宣传周成功举办

2020 年 5 月 25—31 日，国家药监局在全国范围内组织开展第二届全国化妆品安全科普宣传周活动，主题为"安全用妆，伴您同行"。各级药品监督管理部门同步联动，打造了"云话妆"系列线上活动，为公众献上一场化妆品科普盛宴。

点评：2020 年全国化妆品安全科普宣传周立足新冠肺炎疫情防控常态化的新形势，首次运用"非接触""云推介"等创新形式开展活动，借助互联网手段突破疫情"封锁"，保持宣传热度不降温、特色活动不掉线，充分点燃公众和企业参与热情，为推进化妆品安全社会共治积累了新的宝贵经验。

七、国家药监局化妆品监管科学研究基地增至 2 家

2020 年 1 月和 10 月，国家药监局先后批准北京工商大学和江南大学作为

化妆品监管科学研究基地。国家药监局将与两家高校开展研究合作，加快对化妆品监管新制度、新工具、新方法等的研究，推进化妆品治理体系和治理能力现代化，更好地保护和促进公众健康。

点评：化妆品监管科学是一门以科学为基础作出监管决策的科学，是加快推进化妆品治理体系和治理能力现代化的重要路径之一。北京工商大学和江南大学先后获批成为化妆品监管科学研究基地，犹如镶嵌在一南一北的两颗"明珠"，将为扩大化妆品监管科学研究范围、加速研究成果转化注入新活力。

八、化妆品"线上净网线下清源"专项行动再出发

2020 年 9 月 28 日，国家药监局网站发布通知，决定 2020 年 10—12 月在全国范围内组织开展化妆品"线上净网线下清源"专项行动第一阶段工作，针对利用网络生产经营非法添加可能危害人体健康物质的化妆品、假冒化妆品等突出问题，组织化妆品电子商务经营者全面自查，规范化妆品网络经营市场秩序。

点评：电子商务经营者既是重要的监管对象，也是精准监管的线索来源，引导他们发挥技术优势，主动挖掘问题线索，及时报告监管部门，是整顿规范化妆品网售市场的有力抓手。特别是《化妆品监督管理条例》施行后，将为继续深入开展"线上净网线下清源"专项行动提供更为坚实的法治保障。

九、化妆品不良反应监测评价机构和基地建设稳步推进

2020 年 4 月 17 日，国家药监局通报表扬 2019 年度化妆品不良反应监测工作有关单位和个人，四川、山东、上海、浙江、福建、北京、河南、湖南、安徽、重庆 10 个省（市）药监局及药品不良反应监测中心、4 家医疗机构和 4 位专家上榜。时隔 6 个月，10 月 16 日，国家药监局发布通知，组织开展第二批国家化妆品不良反应监测评价基地遴选工作。此次遴选旨在贯彻落实《化妆品监督管理条例》，进一步加强化妆品不良反应监测工作，推进化妆品不良反应监测技术支撑体系建设。

点评：近年来，我国化妆品不良反应监测工作取得较大进展，初步建立了职责清晰、分工协作的各级监测机构，国家层面建立了第一批 12 家国家化妆品不良反应监测评价基地，各项监测工作基础逐渐夯实。在此基础上，《化妆品监督管理条例》明确提出我国要建立化妆品不良反应监测制度。国家药监局表彰先进、扩建基地的一系列举措，有利于调动有关单位的积极性，为落实新法规要求奠定坚实基础。

十、国家药监局通报表扬 12 家化妆品抽检工作有关单位

2020 年 2 月 24 日，国家药品监督管理局网站发布《关于表扬 2019 年度国家化妆品监督抽检工作有关单位的通报》。浙江省、江西省、重庆市、贵州省、青海省、新疆维吾尔自治区 6 个省级药品监督管理部门，以及北京市药品检验所、山西省食品药品检验所、辽宁省药品检验检测院、山东省食品药品检验研究院、广东省药品检验所、海南省药品检验所 6 家检验机构获通报表扬。

点评：国家化妆品监督抽检工作任务量大、程序复杂。特别是 2019 年正值省级药品监督管理部门新一轮机构改革，职能变化、人员调整等给监督抽检工作带来不利影响。国家药监局通报表扬 12 家单位严格按照时限，高标准、高质量完成抽检任务，既是对先进者的鼓励肯定，更是希望发挥榜样作用，推动化妆品监督抽检工作整体水平提升。

2019 年以来我国发布的化妆品行业重要法规文件（截至 2020 年 12 月 31 日）

行政法规			
序号	名称	文件编号	生效日期
1	《化妆品监督管理条例》	中华人民共和国国务院令第 727 号	2021 年 1 月 1 日

续表

《化妆品监督管理条例》配套文件征求意见稿			
序号	名称	文件编号	发布日期
2	国家药品监督管理局关于《化妆品注册管理办法（征求意见稿）》公开征求意见的通知		2020 年 7 月 21 日
3	国家药品监督管理局关于《化妆品生产经营监督管理办法（征求意见稿）》公开征求意见的通知		2020 年 7 月 21 日
4	关于征求《化妆品安全评估技术导则（征求意见稿）》和《化妆品分类规则和分类目录（征求意见稿）》意见的函	药监妆函〔2020〕82 号	2020 年 7 月 29 日
5	关于公开征求《化妆品标签管理办法（征求意见稿）》意见的函	药监妆函〔2020〕105 号	2020 年 9 月 21 日
6	国家药监局综合司公开征求《化妆品生产质量管理规范（征求意见稿）》《化妆品不良反应监测管理办法（征求意见稿）》《化妆品抽样检验管理规范（征求意见稿）》意见		2020 年 9 月 28 日
7	关于公开征求《化妆品注册备案资料规范》等 3 个法规文件意见的函（《化妆品注册备案资料规范（征求意见稿）》《化妆品新原料注册和备案资料规范（征求意见稿）》《化妆品功效宣称评价规范（征求意见稿）》）	药监妆函〔2020〕125 号	2020 年 11 月 5 日
8	国家药监局综合司公开征求《化妆品补充检验方法管理办法（征求意见稿）》意见		2020 年 11 月 12 日
9	国家药品监督管理局关于《牙膏监督管理办法（征求意见稿）》公开征求意见的通知		2020 年 11 月 13 日

续表

	重要公告、通告		
序号	名称	文件编号	发布日期
10	关于实施特殊用途化妆品行政许可延续承诺制审批有关事宜的公告	2019 年第 45 号	2019 年 5 月 29 日
11	国家药监局关于发布实施化妆品注册和备案检验工作规范的公告	2019 年第 72 号	2019 年 9 月 10 日
12	关于将化妆品中游离甲醛的检测方法等 9 项检验方法纳入《化妆品安全技术规范（2015 年版）》的通告	2019 年第 12 号	2019 年 3 月 22 日
13	国家药监局关于发布化妆品中西咪替丁检测方法的通告	2019 年第 48 号	2019 年 8 月 15 日
14	国家药监局关于将化妆品中激素类成分的检测方法和化妆品中抗感染类药物的检测方法纳入《化妆品安全技术规范（2015 年版）》的通告	2019 年第 66 号	2019 年 9 月 27 日
15	国家药监局关于调整疫情期间进口化妆品相关证明性文件提交形式的通告	2020 年第 38 号	2020 年 6 月 16 日

	重要通知		
序号	名称	文件编号	发布日期
16	国家药监局综合司关于开展化妆品"线上净网线下清源"风险排查处置工作的通知	药监综妆〔2019〕39 号	2019 年 4 月 30 日
17	国家药监局综合司关于公布第一批国家化妆品风险监测工作组成员单位的通知	药监综妆〔2019〕53 号	2019 年 6 月 27 日
18	国家药监局关于印发化妆品检验检测机构能力建设指导原则的通知	国药监科外〔2019〕37 号	2019 年 8 月 30 日
19	国家药监局综合司关于公布第一批聘任的国家化妆品检查员名单的通知	药监综妆〔2019〕92 号	2019 年 11 月 6 日
20	国家药监局关于学习宣传贯彻《化妆品监督管理条例》的通知	国药监妆〔2020〕19 号	2020 年 7 月 27 日

21	国家药监局综合司关于开展化妆品"线上净网线下清源"专项行动第一阶段工作的通知	药监综妆〔2020〕93 号	2020 年 9 月 28 日

政策解读			
序号	名称	文件编号	发布日期
22	《化学药品注册分类改革工作方案》政策解读（五）		2019 年 4 月 22 日
23	《关于实施特殊用途化妆品行政许可延续承诺制审批有关事宜的公告》政策解读		2019 年 5 月 30 日
24	《关于发布实施化妆品注册和备案检验工作规范的公告》政策解读		2019 年 9 月 12 日
25	化妆品监督管理常见问题解答（一）		2019 年 10 月 1 日
26	化妆品监督管理常见问题解答（二）		2020 年 3 月 26 日

（作者单位：中国医药报社）

2016—2020 年化妆品热点事件分析

中国健康传媒集团舆情监测中心

1. 爱茉莉"毒牙膏"事件

★事件概述

2016 年 9 月 26 日，韩国化妆品集团——爱茉莉太平洋集团旗下"麦迪安"11 种牙膏被检测出含有杀菌剂甲基氯异噻唑啉酮 / 甲基异噻唑啉酮（CMIT/MIT）（业内称其为"卡松"）而被韩国食品药品安全处召回并停止销售。

9 月 27 日，韩国食品药品管理局发布通告表示，此次召回原因并非因为制造商，而是作为原料供应商的韩国美源商社提供的原料中含有 CMIT/MIT。在欧盟，混合物使用范围仅限于沐浴露等冲洗类产品，且浓度不得超过 15ppm（mg/kg），在身体乳之类的"驻留型产品"中被禁用。加拿大法规与欧盟相同。在美国，淋洗型产品限量 15ppm，驻留型产品限量 7.5ppm。在中国，CMIT/MIT 混合物在淋洗类产品中的最大使用浓度是 15ppm。而在韩国，牙膏属于医药外用品，禁止使用 CMIT/MIT，但化妆品和其他清洗医药外用品遵照欧盟标准，可限量 15ppm 使用。

事后，虽然韩国食品药品管理处强调被召回的产品不会对人体造成伤害，而是因为相关产品不符合韩国法律规定。但这一说法并没有赢得韩国消费者的信任，爱茉莉太平洋被索赔 3.15 亿韩元。据报道，在中国，爱茉莉此次召回范围内的牙膏产品仅通过跨境电商平台（天猫国际和唯品国际）进行销售。这两个平台与韩国采取了同步下架和召回措施。另外，为协助赴韩中国游客进行退换货，爱茉莉太平洋中国专门开通了服务热线，帮助他们解决语言交流、汇率换算等问题，确保中国消费者享有同等权益。

★事件影响

"毒牙膏"事件不仅对韩国消费者影响较大，对中国消费者的伤害也不容小觑。通过网民反应来看，除了对此事件表示愤怒外，部分网民认为国产化妆品并不比韩国化妆品差，表示会"支持国产"。据爱茉莉太平洋的财报显示，中国市场是其重要增收板块，产品质量问题必会对其销量产生负面影响。正如专家分析所说，中国本土日化品牌的崛起，爱茉莉品牌力不足是其最大的掣肘，加之"限韩令"不断升级，遭遇质量问题将为其押宝中国市场蒙上一层阴影。

此外，由于产品标准各国要求不一，对于化妆品中杀菌剂 CMIT/MIT 的限量问题也值得关注。牙膏中是否必须添加 CMIT/MIT、牙膏中添加 CMIT/MIT 限量值不同等问题各国观点不一致，同一产品在不同国家的质量标准不同，这均可能是引发舆情事件发生的"燃点"之一。在此提醒国内消费者，在使用境外产品时要提高警惕，需要注意该产品是否是通过国内安全性评价的产品，是否符合国内安全标准，以确保产品安全。

2. 强生爽身粉致癌事件

★事件概述

2016 年 10 月 28 日，美国密苏里州圣路易斯市巡回法庭的陪审团裁定，强生须向一位因使用该公司含滑石粉的儿童爽身粉而患癌的女受害者赔偿 7000 万美元（约合人民币 4.7 亿元）。对此，强生公司发表声明称，将启动上诉程序。据悉，这是强生 2016 年第三次因婴儿爽身粉致癌问题被判支付巨额赔款。美国强生爽身粉致癌问题被推上了舆论的风口浪尖，引发对滑石粉是否致癌的热烈讨论。

2018 年 8 月 22 日，美国密苏里州圣路易斯市巡回法院的一名法官确认了 2018 年 7 月 12 日陪审团的决定，认定 22 名女性针对强生爽身粉致癌的指控判决成立，判决涉及赔偿金额为 46.9 亿美元（约 323 亿元人民币）。强生公司表示将对此判决结果进行上诉。2019 年 7 月 12 日，强生否认其婴儿爽身粉中含有石棉，促使美国对此展开刑事调查。据悉，近年来，有近 12 个陪审团通过调查审理得出，强生公司知道其部分婴儿奶粉和淋浴产品含有石棉，且没有向消费者提供相关信息。此类案件已使强生向原告支付了逾 50 亿美元（约合 344 亿人民币）的赔偿金。其中部分案件涉及强生爽身粉致癌诉讼。

★事件影响

近年来，国外频频被爆出强生产品存在质量问题，尽管目前没有充足证据证明滑石粉与卵巢癌有关，但关于强生婴儿爽身粉的多次判罚，再次引发人们对滑石粉安全性的担忧。爽身粉作为婴幼儿用品，其安全性备受家长关注，因此虽然强生婴儿爽身粉的争论已经持续多年，但每每出现相关信息，在国内还是会引发舆论的高度关注。由于强生的产品品类众多，中国消费者也不在少数，许多网民表现出对强生产品的不信任和恐慌的情绪，甚至质疑国内强生产品的质量，呼吁监管部门应对强生产品加强监管。

3. 汉方育发素虚假宣传

★事件概述

2018年5月28日，媒体爆料了一款生发"神药"汉方育发素的广告，其在多家省级电视台存在用假专家夸大宣传，且电视销售的价格翻了近100倍。此外，该产品广告宣称是创制人在"自己脑袋上试出来的""3天止脱、21天生发""十个人用十个人长、没有一个不长的"等内容，与此前的生发"神药""邦瑞特"广告台词相似，鼓吹使用效果的"消费者"也是同一人。

经过调查该产品生产企业广州楚颜化妆品有限公司得知，这款产品的出厂价实为18元，网络售价为每瓶68~100元，而电视销售价格更是翻了近100倍，超1000元一瓶。此类化妆品换个瓶子、换个包装，就可以"新瓶装旧酒"重新上市销售。另外得知，楚颜公司"国妆特字G20151666"批准文号，及其对应的产品审批配方下，出现了另两款产品名称与配方完全不同的产品。该公司曾因非法添加、虚假宣传、套牌生产等情况，被国家和多地监管部门通报处罚。5月31日，楚颜公司辩称只负责生产不负责广告。

★事件影响

从2017年被曝光的"神医刘洪滨"事件开始，到此后的"莎普爱思""鸿茅药酒"等涉嫌夸大、虚假广告被曝光，部分电视台涉嫌播出虚假宣传广告的问题不断碰触公众痛点，引发社会广泛讨论。此次被曝光的汉方育发素的电视"神药"广告，再一次触动公众神经，也再次提醒监管部门：打击虚假宣传仍然任重道远。

近年来，随着生活节奏和压力的增大，人们对脱发问题的关注度正在提高。可以预计，此类特殊用途的化妆品还将是化妆品领域需要重点关注的品类。防脱发产品市场也日渐活跃，而对产品的功效却一直是众说纷纭。如何对这些产品的功能宣称进一步规范，减少和避免误导消费、消费欺诈的情况发生还需要加强研究。监管部门应严格审核产品的安全性及有效性，严格把关相关广告的合法性，一旦发现问题要严肃处理、严厉处罚。

4. 跨界文创产品进军化妆品行业

★事件概述

2018 年底，拥有超级大 IP 资源的故宫开始跨界化妆品领域，率先试水彩妆产品。故宫博物院文化创意馆于 2018 年 12 月 9 日推出 6 支故宫系列口红，并于 10 日推出两款美人面膜，产品在故宫文创线上平台、相关小程序及天猫润百颜旗舰店上销售。面世后的故宫系列彩妆得到了一片叫好。然而，@ 故宫淘宝（认证信息为北京故宫文化服务中心官方微博）却在 9 日否认故宫文创彩妆产品，并于 12 月 11 日推出原创彩妆产品，包括眼影、腮红、口红等多个系列；于 12 月 20 日，再次推出口红套盒。2019 年 1 月 5 日，故宫淘宝彩妆全线停产，不断完善。故宫文创彩妆和故宫淘宝彩妆均利用故宫作为主要元素和灵感来源，但是产品、定价以及口径等方面的不同引发媒体和网民热议。

继故宫口红之后，2019 年 3 月 21 日，颐和园也推出了系列彩妆，短短 24 小时就在天猫售出超过 4000 支"正宫娘娘风"口红。颐和园的系列彩妆是与国货品牌卡婷联名，分为口红、眼影、气垫和面膜等 10 款商品，设计灵感取材于颐和园中重要文物——慈禧寝宫"百鸟朝凤"刺绣屏风。但这款颐和园 IP 和国货彩妆的跨界合作在引发消费者追捧的同时，也伴随着"未经授权""侵权""假货"等质疑声，将颐和园文创推向风口浪尖。

★事件影响

实际上，近几年来，"低门槛""高回报""创噱头"促使企业纷纷涉足化妆品领域，泸州老窖的香水、可口可乐的口红、大白兔的润唇膏等渐次问世，这些均在一定程度上增加了化妆品领域的产品风险，埋下舆情隐患。

对此，监管部门可加大对该类跨界产品的监管力度，及时清查违法违规、不合格产品，完善法律法规、准入机制及产品标准，保障公众"用妆安全"。

5. 国家药品监督管理局宣称"药妆"是违法行为

★事件概述

2019 年 1 月 10 日，国家药品监督管理局发文表示，明确对于"药妆""药妆品""医学护肤品"概念的监管态度，指出不存在单纯依照化妆品管理的"药妆品"，化妆品标签、小包装或者说明书上不得注有适应症，不得宣传疗效，不得使用医疗术语，广告宣传中不得宣传医疗作用。对于以化妆品名义注册或备案的产品，宣称"药妆""医学护肤品"等"药妆品"概念的，属于违法行为。此后，各大电商平台迅速下架"药妆"产品。

★事件影响

近年来，药妆市场持续扩张，有些企业看好其市场潜力纷纷向药妆转型，药妆行业已进入野蛮生长期。然而，药妆产品的质量和功效却难以得到保证，另外，我国对于化妆品的相关法律法规还不够完善。因此，国家药监局关于药妆政策的出台将会"及时止损"，十分必要。该政策既保障了消费者的人身安全和合法权益，也将有助于推动化妆品立法完善，规范市场秩序，进一步净化市场环境。对我国的化妆品行业将产生深远影响。

6. 宝宝霜被指含激素事件

★事件概述

2019 年 3 月，有媒体曝光在一些电商平台上宣称"纯天然""无激素"的宝宝霜不仅涉嫌虚假宣传，有的竟然违规添加激素，甚至一些产品被家长当作普通护肤品长期给婴幼儿使用，给婴幼儿的健康带来严重隐患。《中国消费者报》联合专业化妆品成分查询机构"美丽修行 APP"（认证主体：武汉美之修行信息科技有限公司），选购市场上热销的几款产品送检。结果在 8 款样品里，6 款样品含有激素。此外，一些热销的"宝宝霜"代工成本低廉。市面上还存在大量的代办"消"字批文、"妆"字批文的公司，江西省一些代工产品是非法添加的"重灾区"。另有业内人士表示，全国市面上的"消"字号的皮肤用品，估计 90% 以上出自江西省永丰县。

2019 年 6 月，有媒体报道，永丰县许多涉嫌含有激素的皮肤消毒产品被包装成有神奇功效的"纯中药配方"销往全国。之后，永丰县卫健委、市监局等相关部门人员对全县辖区内所有消毒产品生产销售企业开展为期 3 个月的专项整治行动，上百家"消"字号企业被停产整改。

★事件影响

随着媒体进一步曝光宝宝霜背后的廉价代工、代办批文、非法添加等情况，其背后的黑色产业链也浮出水面。同时，"消"字号、"妆"字号等的代办乱象需要引起高度重视。目前网络上可以很容易找到代办机构，对这些造假的代办行为还需要加大打击力度，提高违法成本。

目前,《化妆品卫生监督条例》对化妆品分类的界定已不能满足化妆品行业发展的需求,亟待调整和完善。实际上,不仅是儿童化妆品,还有孕妇化妆品等适用于特殊人群的化妆品均应有更高的标准要求,其相关成分使用强制标准和安全评价标准还亟待完善。

7."维 E 乳"鱼龙混杂

★事件概述

2019 年 11 月初,媒体报道市场上"维生素 E 乳"(维 E 乳)品类繁多,其中一款名为"协和维 E 乳"的产品备受欢迎,最高 7 天卖出 51 万瓶。对此,北京协和医院工作人员表示,"协和维 E 乳"与协和医院没有关系。相关企业并未出过"维 E 乳"相关护肤品,其研发的护肤产品"硅 E 乳"品牌为"精心",生产厂家为北京协和精细化学制品有限公司。日化用品类的"协和"以及拼音已在 1990 年被个人注册商标。随后,"协和维 E 乳"生产厂家苏州市协和药业有限公司回应称,"协和"商标已使用多年,"维 E 乳"没有真假,只有质量不同。

★事件影响

其实,"维 E 乳"的名头是北京医院研制的"标婷维生素 E 乳"打响的,市面上名目繁多的类似产品,均使用了与其相似的外包装加之似是而非的品名混淆视听。"协和维 E 乳"事件也引发舆论对医院自制产品市场的关注。

近年来,因具有医院研制的背景,各大医院陆续推出自制中成药、中药保健品、化妆品等产品,受到广大消费者的青睐。加之"网红"的力荐,医院自制产品甚至被"神化"。对此,消费者要提高警惕,不要盲从,医院自制并不代表"权威",只有符合产品安全标准才是正道。同时也提醒相关部门,要严厉打击诱导性、暗示性的虚假宣传行为,帮助消费者厘清产品信息,提高消费者的认识。

8.欧莱雅虚假宣传事件

★事件概述

2019 年 11 月 22 日,重庆市市场监督管理局发布 2019 年虚假违法广告十大典型案例。其中,欧莱雅(中国)有限公司(以下简称"欧莱雅")在重庆某百货有限公司"欧莱雅"专柜发布虚构使用商品效果的印刷品广告被罚款 20 万元,受到舆论关注。

11月26日，欧莱雅的媒体发言人通过媒体进行回应称，已撤回宣传资料，在内外部开展了排查，以确保未来宣传措辞更精细把控，审核制度更优化。

★事件影响

广告推销成为化妆品企业竞争的手段之一。化妆品广告经常采用形容渲染的手段，大多会夸大产品效果。据媒体报道，欧莱雅在国内、国外多次受到处罚。作为化妆品行业的头部企业，欧莱雅在多次受到处罚之后仍"屡罚不改"，也揭示出虚假宣传的"顽固性"。除了化妆品行业存在虚假宣传乱象，食品、药品、保健食品等领域均普遍存在。因此，对于虚假宣传的"打假"力度还需不断加大，让其违法成本高于利润，从而形成有效震慑。

9. 名创优品指甲油致癌物超标千倍

★事件概述

2020年9月23日，上海市药监局通报一期化妆品抽检不合格情况。其中，名创优品（广州）有限责任公司（以下简称"名创优品"）代理的一款可剥指甲油抽检不合格，其中的一种致癌物质比国家限值高了1400多倍。然而企业进行的两次第三方检测结果均显示合格。

9月26日，名创优品首次就产品不合格问题作出回应。涉事店铺店长表示，不合格商品是2019年被抽检，责任在供应商。此外，由于人气偶像王一博为名创优品的代言人，引发舆论对于艺人代言品牌出现问题是否应该担责的讨论。

9月27日，名创优品公关回应称，该公司与供应商分别对涉事商品进行第三方复检，两次复检显示均合格，但药监局复检仍不合格。公司尊重药监局的检测结果，涉事指甲油已作下架处理，正向药监部门申诉。

★事件影响

在此事件中，名创优品的营销模式、明星代言人的责任、第三方检测机构资质等等议题都有所讨论，话题的延展性较强。不少购买了名创优品该款指甲油产品的网民表示了担忧。问题产品是否只需要下架处理即可，毕竟致癌物严重超标，消费者的知情权、健康权益如何更好的保障值得思考。还需要从化妆品的追溯、召回、损害赔偿以及门店是否应设置相应的提醒尽到告知义务等方面进行考虑和完善。另外，第三方检测机构是否存在潜规则，在检测方法、认定标准等方面是否有值得探讨的问题还需加以重视。

10. 新修订的《化妆品监督管理条例》出台

★事件概述

2020 年 6 月 29 日，国务院总理李克强签署国务院令，公布《化妆品监督管理条例》。《化妆品监督管理条例》是 30 年来首次全面修订，其中，实行注册、备案制度、风险管理、加强惩戒等内容获得舆论普遍认可和支持。9 月，《化妆品标签管理办法（征求意见稿）》《化妆品生产质量管理规范（征求意见稿）》《化妆品不良反应监测管理办法（征求意见稿）》《化妆品抽样检验管理规范（征求意见稿）》公开征求意见。

★事件影响

新的《化妆品监督管理条例》出台以来，舆论持续保持着较高的关注。配套文件的相继发布，细化了《化妆品监督管理条例》内容，使得化妆品监管体系日趋完备，获得媒体盛赞。《化妆品监督管理条例》的宣贯工作是下一步的工作"重头戏"。目前，已有地方陆续开展相关活动。除了监管部门，监管对象、消费者也应被纳入法规宣贯的范围，生产企业之外的销售主体关涉的责任人更加广泛，只有相关方都真正理解了其中的精髓要义，并落实践行，才能让法规真正发挥为"美丽"事业"保驾护航"的作用。

化妆品定义演变及发展历史

一、化妆品定义与分类

改革开放以来，我国颁布了一系列化妆品法规和管理文件，不断完善化妆品定义，同时对化妆品进行分类。

根据卫生部 1987 年颁布的《化妆品卫生标准》（GB 7916—1987），化妆品系指涂、擦、散布于人体表面任何部位（如表皮、毛发、指甲、口唇等）或口腔黏膜，以达到清洁、护肤、美容和修饰目的的产品。

1989 年 11 月，卫生部发布《化妆品卫生监督条例》将化妆品定义为：以涂擦、喷洒或者其他类似的方法，散布于人体表面任何部位（皮肤、毛发、指甲、口唇等），以达到清洁、消除不良气味、护肤、美容和修饰目的的日用化学工业产品。

1995 年，国家技术监督局发布的《消费品使用说明化妆品通用标签》（GB 5296.3—1995）将化妆品定义为：以涂抹、喷洒或其他类似方法，施于人体表面（如表皮、毛发、指甲和口唇等），起到清洁、保养、美化或消除不良气味作用的产品，该产品对使用部位可以有缓和作用。

2002 年，卫生部颁布的《化妆品卫生规范》（2002 年版）规定，化妆品是以涂抹、喷洒或者其他类似方法，施于人体表面任何部位（皮肤、毛发、指甲、口唇、口腔黏膜等），以达到清洁、消除不良气味、护肤、美容和修饰目的的产品。

2007 年，国家质量监督检验检疫总局颁布的《化妆品标识管理规定》（总局令第 100 号）称，化妆品是指以涂抹、喷、洒或者其他类似方法，施于人体（皮肤、毛发、指趾甲、口唇齿等），以达到清洁、保养、美化、修饰和改变外观，或者修正人体气味，保持良好状态为目的的产品。

2020 年 6 月 29 日，国务院公布《化妆品监督管理条例》明确，化妆品是指以涂擦、喷洒或者其他类似方法，施用于人体表面（皮肤、毛发、指甲、口唇等），牙齿和口腔黏膜，以清洁、保护、美化、修饰以及保持其处于良好状态为目的的产品。

化妆品种类繁多，分类方法多样。现行的《化妆品卫生监督条例》将用于育发、染发、烫发、脱毛、美乳、健美、除臭、祛斑、防晒的9种化妆品作为特殊化妆品。新发布的《化妆品监督管理条例》，调整了特殊化妆品的种类，规定用于染发、烫发、祛斑美白、防晒、防脱发的化妆品以及宣称新功效的化妆品为特殊化妆品，不再将育发、脱毛、健美、美乳、除臭5类化妆品作为特殊化妆品。

附表1和附表2，分别按照普通化妆品、特殊化妆品，以及化妆品的使用部位，对常见化妆品进行了分类举例。

附表1　按照普通和特殊化妆品对常见化妆品的分类

普通化妆品	清洁类	清洁蜜、清洁霜、磨面清洁膏、清洁面膜、沐浴化妆品
	护肤类	雪花膏、冷霜、润肤乳液
	发用类	洗发膏、洗发液、发油、护发素、发乳、焗油、定型发胶、发用摩丝、发用啫喱
	美容类	香粉、化妆粉块、唇膏、指甲油、眉笔、眼影膏、睫毛膏、美容面膜、香水
特殊化妆品	染发、烫发、祛斑美白、防晒、防脱发的化妆品以及宣称新功效的化妆品	

附表2　按化妆品的使用部位对常见化妆品的分类

部位	清洁类化妆品	护理类化妆品	美容/修饰类化妆品
皮肤	洗面奶、卸妆水（乳）、清洁霜（蜜）、面膜、花露水、爽身粉、浴液	护肤膏霜、乳液、化妆水	粉饼、胭脂、眼影、眼线笔（液）、唇笔、香水、古龙水
毛发	洗发液、洗发膏、剃须膏	护发素、发乳、发油/发蜡、焗油膏	定型摩丝/发胶、染发剂、烫发剂、睫毛液（膏）、生发剂、脱毛剂

续表

部位	清洁类化妆品	护理类化妆品	美容/修饰类化妆品
指甲	洗甲液	护甲水（霜）、指甲硬化剂	指甲油
口唇	唇部卸妆液	润唇膏	唇膏、唇彩、唇线笔

此外，国家质量监督检验检疫总局 2002 年颁布的《化妆品分类》（GB/T 18670—2002），参照化妆品分类原则，将化妆品分为清洁类、护理类、美容/修饰类化妆品。

二、世界化妆品发展历史

14—16 世纪，欧洲文化复兴带来文化繁荣，人们对美的理解更加丰富，对化妆品的需求更加迫切。工业革命持续深入，新技术的发展帮助化妆品从医药大类中分离，逐渐形成相对独立的工业领域，并于近代迅速崛起。

纵观漫漫历史长河，化妆品的品牌、类别发生了很大变化。总体上来看，可以归纳总结为几个发展时期，它们的更迭变化并不完全割裂，而是逐渐演变同时也有相互交融。

1. 天然化妆品时期

原始时期虽然是人与动物分野的文明初创期，但化妆物成分绝对纯天然。其没有品名，没有品牌，更没有化学成分，全天然、最"环保"。据史料记载，古埃及人 4000 多年前就已在宗教仪式及皇朝贵族个人的护肤和美容上使用动物油脂和植物花朵等原料。一些部落在举行祭祀活动的时候，会把动物油脂涂抹在皮肤上，使自己的肤色看起来健康而光泽，可算作最早的护肤、美肤行为。

18 世纪的欧洲，人们认为用人体油脂做成的膏是治伤和美容的佳品。制作过程开始有进化的影子，但其成分仍然为植物草、花和油以及动物的油脂和蜡，并没有知名品牌。公元 7 世纪到 12 世纪，阿拉伯国家在化妆品上取得了重要成就，其重要成果便是发明了"用蒸馏法加工植物花朵中的'香油'"。中国在云南西双版纳、四川西昌等山区还用简易的蒸馏釜蒸玫瑰油、黄樟油等。

2. 工业化妆品时期

欧洲工业革命后，化学工业长足发展，合成化妆品应运而生。特别是第二次世界大战后，全球化妆品伴随石油化工发展迅速兴起，以矿物油为主要成分，加以香料、色素等化学添加物的合成化妆品诞生。而为了迎合人们追求快速见效的心理，在化妆品中添加激素、铅、汞等有害成分的情况越来越多，导致很多化妆品伤害肌肤的事件发生。

3. 生物技术化妆品时期

化妆品中的化学成分给身体带来的副作用引起了人们关注，于是化妆品界又掀起了回归自然的热潮，开始提倡用天然油代替矿物油，并从皂角、果酸、木瓜等天然植物中提取原料。此外，科学家们还从动物皮肉和内脏中发现了护肤的有益成分，并将提取的深海鱼油等精华加入到化妆品中。同时还制造出了适用于化妆品的表皮生长因子、超氧化物歧化酶（SOD）、胶原蛋白、金属硫蛋白、核酸等一系列生物制品，由此促进了化妆品的跨越式发展。

21世纪后，仿生化妆品兴起，即采用生物技术制造与人体自身结构相仿，并具有高亲和力的生物精华物质。将其复配到化妆品中，以补充修复和调整细胞因子来达到抗衰老、修复受损皮肤等功效。经过纯天然、化学合成、合成与天然融合、细胞护理几个阶段，化妆品的发展变得越来越智慧科技，越来越健康，越来越贴近自然。

三、中国化妆品发展历史

中国是一个文明古国，有着灿烂的历史文化，人们对化妆品的使用也有着悠久的历史。科学家从出土文物的考察中判定，化妆行为大概可以追溯到新石器时代。考古发现，那时候的洞壁上已经可以看到有美容化妆壁画的痕迹。古人也喜好用胭脂抹腮，用油脂滋润头发，衬托容颜的美丽。

我国现存第一部医学理论专著《黄帝内经》奠定了中医理论体系的基础，同时也为传统美容学的发展提供了理论依据。书中不但论述了经络、气血与美容的关系，还介绍了不少美容知识，比如痤疮、酒糟、毛拔、爪枯、发落和唇损等疾病机理以及治疗方法。

晋朝张华著《博物志》记载，公元前便有"纣烧铅作粉"用于涂面而美容。而后，又有密陀僧治疗疮疖等面部患疾的记载。后唐时期《中华古今注》中，有胭脂制作的记载："起自纣，以红兰花汁凝成燕脂"，因其产自燕国而称谓"燕脂"。东汉班固所撰写的《汉书》中有画眉的记载。后魏时期，贾思勰在《齐民要术》中描述，"作香粉，惟多着丁香于粉盒中，自然芬馥"。意思是将紫丁香加入粉盒中，使化妆品的香粉有香气。

古代美容所用的中草药以理血、理气、燥湿、祛风药为主。明代李时珍《本草纲目》载有"自舫檀涂身亦取其清爽所爱，香味隽永"，此方除能去垢、芳香人体外，更有玉肤润面作用。

清朝时期的化妆品制造业始于清道光 9 年（1830 年）。清代慈禧太后、光绪皇帝等宫廷"贵人"使用重要技术研制各种香药、花瓣莲蕾、排草、檀香、皂角、香皂等，以达到美容玉面、防治脱发、沐浴、洁面，并使人体芳香浓烈的作用。

创建于 1830 年的扬州谢馥春香粉铺，既是一家有着深厚历史积淀又充满现代朝气的天然化妆品企业，也是中国第一家化妆品企业，其以制作的形似鸭蛋的香粉闻名于世。创建于同治元年（1862 年）的杭州孔凤春化妆品厂，距今有一百多年历史，产品曾作为"皇家贡品""南极考察队的防冻专用品"而闻名遐迩，其制作的"孔凤春贡粉"专供慈禧太后所用。1898 年，冯福田在中国香港创办广生行有限公司，是现在上海家用化妆品有限公司的前身，堪称中国本土化妆品地道的先驱。

扬州谢馥春化妆品工厂、杭州孔凤春化妆品厂和上海广生行是中国化妆品工业发展的雏形，奠基了中国化妆品工业，是民族化妆品工业的三个"鼻祖"。

1981 年，在资生堂、欧莱雅和雅诗兰黛等外资大品牌进入中国后，国内化妆品市场有 80% 被进口及合资产品所占领[①]，出现了外资品牌和合资品牌唱主角，本土品牌唱配角的格局。在本土化妆品行业整体衰落之时，以差异化定位开拓国内市场的本草品牌——佰草集于 1998 年诞生。随后，珀莱雅、丸美、自然堂等本土品牌相继出现。

---

① 高大忻. 中国化妆品市场近况 [J]. 日用化学品科学，1998（4）:13–14.

随着人民生活水平的逐步提高，化妆品产业发展迅猛。2010年开始，本土新锐品牌不断涌现，完美日记、羽西、花西子、半亩花田等新锐品牌开始尝试将传统文化元素融入时尚设计，打造"国潮"化妆品，快速抢占年轻人消费市场，"国潮时代"悄然来临。